国家社会科学基金项目“加大‘三农’投入力度 整合财政支农资金问题研究”（项目批准号：07BJY107）最终成果

# 财政支农资金整合问题研究

陈池波 等 著

项目主持人：陈池波

项目组成员：郑家喜 胡振虎 潘泽江 彭克强 聂 勇
赵 蕾 吴文智 杜 辉 韩占兵 张跃强

**图书在版编目(CIP)数据**

财政支农资金整合问题研究/陈池波等著. —武汉: 武汉大学出版社,
2015.10
ISBN 978-7-307-16974-6

Ⅰ.财… Ⅱ.陈… Ⅲ.财政支农—资金管理—研究—中国
Ⅳ.F812.2

中国版本图书馆 CIP 数据核字(2015)第 240735 号

责任编辑:范绪泉　　责任校对:李孟潇　　版式设计:马　佳

---

出版发行: **武汉大学出版社**　(430072　武昌　珞珈山)
(电子邮件: cbs22@whu.edu.cn　网址: www.wdp.whu.edu.cn)
印刷: 武汉中远印务有限公司
开本: 720×1000　1/16　印张:17.5　字数:249 千字　插页:1
版次: 2015 年 10 月第 1 版　2015 年 10 月第 1 次印刷
ISBN 978-7-307-16974-6　定价:38.00 元

---

# 摘　要

近年来，国家高度重视“三农”问题，不断加大对“三农”的投入力度，地方政府新增财力的使用正逐渐向“三农”倾斜，“三农”资金投入的绝对量呈大幅度增长趋势。据统计，2011年，中央财政对“三农”投入首次超过1万亿元，达到10 408.6亿元，同比增长21.3%，2012—2014年中央财政用于“三农”投入总额均超过1万亿元。然而，我们的下乡入户调查发现，由于历史原因和体制惯性，“三农”投入还存在诸多问题，多头管理、分散使用、效率低下的现象十分突出。如何充分发挥财政支农资金的使用效益和政策效应？我们认为，持续加大对“三农”的投入力度，加快推进财政支农资金整合，科学构建财政支农资金整合的长效机制是关键。

本书在已有研究基础上，综合运用财政学、农业经济学、投资学、博弈论等理论与方法，从财政支农资金整合行动中各利益相关主体的博弈特征出发，选定典型地区充分考察其财政支农资金整合的实践，评估财政支农资金整合的现实成效，设计一套既切合实际又符合财政支农资金整合本质的整合框架，探索我国财政支农资金整合的独特治理结构，无疑具有重要的理论意义和应用价值。

本书研究目的是在考察财政支农资金整合成效与问题的基础上，揭示财政支农资金整合中各主体的行为特征和行为逻辑，科学界定资金整合范围、整合着力点、整合路径、整合模式，为实现财政支农资金整合的绩效提升和可持续提供合理的制度安排设计。具体内容安排如下：

导论：主要阐述了本书的研究背景和意义，对国内外相关研究进行了系统梳理，架构了全书的研究思路、主要研究方法。

第一章 改革开放以来财政支农资金投入的实证考察。对改革开放以来我国财政支农资金投入状况进行实证考察，对财政支农规模、结构、效率进行了宏观性描述，得出了财政支农资金投入的规模偏小、结构不优、效率低下、急需开展整合等结论。

第二章 整合财政支农资金的必要性与可行性。在充分调研的基础上，运用Q方法和规范分析的方法分别论证了财政支农资金整合的必要性和可行性。

第三章 财政支农资金整合的现状与问题。分别对东、中、西部地区典型省份的财政支农工作进行实证考察，并对当前财政支农资金整合中存在的主要问题进行了深入剖析。

第四章 财政支农资金整合的基本框架。在以上分析基础上，对财政支农资金整合的基本框架进行了探讨，对整合主体、整合逻辑、整合路径、整合模式选择等一系列的整合机制进行了设计与论证。

第五章 财政支农资金整合的重点领域与优先序。运用Q方法、统计聚类方法，分别从政府和农户视角探讨了财政支农资金整合的重点领域和优先序。

第六章 财政支农资金整合的绩效评价。尝试构建了财政支农资金整合绩效评价框架，并成功运用该框架对湖北财政支农资金整合绩效进行了评价。

第七章 政策建议。根据研究结论，提出了深化财政支农资金整合的一揽子针对性强的政策建议。

本书的突出特色和主要建树是：

1. 深入探讨了财政支农资金整合的必要性和可行性。运用Q分析法，从公平型、总量型、优先战略型、部门利益型、骑墙型等6方面探讨了“撒胡椒面”式分散投入难保公益性且难以持续，“聚沙成塔”式整合势在必行；运用规范分析法，从政府执意提升支农绩效、农户需求意愿、产业发展规模经济追求、试点成效明显等方面探讨了整合的现实可行性。

2. 系统构建了财政支农资金整合的基本框架。通过财政支农资金整合过程的解构表明：（1）财政支农项目资金剩余索取权与剩余控制权的缺位；(2) 隐性激励机制——声誉机制的缺失；(3) 整合后比整合前所提供的农村公共产品数量多。以此为基础，深入探讨了整合的基本框架，涉及整合的边界、目标、原则、标准模式等操作性范畴，并从背景、优点和案例三个方面考察了整合的7类实践模式。

3. 实证分析了财政支农资金整合的重点领域与优先序。运用Q分析法，将政府对于整合资金的重点领域与优先顺序可归纳为“三农”型、区域型、农村公共产品与服务型、政府级次型、效率型与政绩型6个类型，每个类型对于此回答都具有差异性。运用农户意愿与统计聚类分析，探讨了农户对于财政支农资金整合的重点领域与优先序。

4. 综合设计了整合资金使用与管理的绩效评价体系。通过对财政支农整合试点县与非试点县财政干部的问卷调查与访谈，并结合文献回顾设计了包括财政支农资金来源指标、财政支农资金投入与整合效应指标、整合支农资金产出指标在内的5级指标。

5. 明确提出了深化财政支农资金整合的方向和政策取向。财政支农资金整合的高效与可持续，在于因地制宜、职能部门整合激励与农户全程参与。因此，加大投入力度和政策设计的重点、创新整合平台、推进制度激励、强化农户参与将是深化财政支农资金整合的方向。

本书为陈池波教授主持完成的国家社科基金项目“加大‘三农’投入力度　整合财政支农资金问题研究”(项目批准号：07BJY107)的最终成果。课题组成员有：郑家喜、胡振虎、潘泽江、彭克强、聂勇、赵蕾、吴文智、杜辉、韩占兵、张跃强等。本书为课题组成员共同研究成果。

# 目　　录

# 图表目录

# 导　论

## 一、研究背景和意义

### （一）研究背景

21 世纪以来，工业化、城镇化进程步入加速期，“三农”尤其是农业的弱势地位进一步“固化”，党中央、国务院高度重视“三农”工作，始终将农业、农村、农民问题的解决作为全党工作的“重中之重”。为充分发挥“四两拨千斤”的作用，中央及地方政府将新增的财力使用安排逐步向“三农”倾斜，各级财政用于农业、农村基础设施改善、农业综合生产能力提升等方面的投资额度不断加大。据统计，“十一五”期间，中央财政用于“三农”的支出从 3397 亿元递增到 8183 亿元，“三农”支出占财政支出的比重由 14.5%提升至 17.5%（国家统计局．农林牧渔业全面发展　结构调整成效明显．2011），2011 年中央财政用于“三农”支出首次超过万亿元，2013 年中央财政用于“三农”的支出安排达到13799 亿元。各级财政向“三农”倾斜幅度的不断加大，不仅有效地缓解了我国的粮食增产、农民增收的瓶颈，而且有力地促进了农业现代化和新农村建设的进程。

然而，“中国财政支农资金总量虽在逐年递增，但是其比重却呈下滑趋势”（陈锡文，2005）①，而且由于历史原因和体制惯性，财政支农资金的投入仍然存在诸多现实性问题，渠道多、项目杂、

① 陈锡文．中国农村公共财政制度：理论、政策、实证研究．北京：中国发展出版社，2005.

投入散、管理乱、投入不足等现象异常突出①，其结果不难预见：其一是稀缺财政支农资金的使用效益依然低下；其二是财政支农资金的杠杠效应的远未发挥。

解决财政支农效率低下问题已成为当前“三农”工作的热点和难点问题，理论界尝试从多个视角对此予以阐释，目前最为普遍接受的观点是：导致财政支农效率低下的主因，在于财政支农资金使用过于分散，使之无法形成应有的合力且易滋生诸多弊病②；整合财政支农资金有利于集中财力办大事，发挥支农资金的整体效益③，并提出了开展以县为主的支农资金整合试点的构想（金人庆，2006）④。事实上，这一观点已经得到中央政府的采纳并付诸实施，自2004年开始，每年中央一号文件均对财政支农资金整合工作提出了具体要求，财政部分别于2006年5月、2009年12月发布了《关于进一步推进支农资金整合工作的指导意见》（财农〔2006〕36号）、《关于深入推进支农资金整合工作的指导意见》（财农〔2009〕439号）两个重要纲领性文件，谋求巩固支农资金整合成果，尝试构建支农资金整合的长效机制，以期达到大幅度提升支农资金使用效益之目的。

可见，当前甚至未来相当长的一段时间内，除了继续加大对“三农”的投入力度之外，还应有序推进财政支农资金有效整合，充分彰显其政策效应和制度效应，这对于夯实农业基础地位，有效支持广大农民平等参与现代化进程、共同分享现代化成果⑤，以及

① 彭克强．改革以来中国财政支农效率的实证分析．南京财经大学学报，2008（4）．

② 姜长云．县乡财政困难及其对财政支农能力的影响．经济研究参考，2004（74）．

③ 张学良，周明军．整合支农资金　促进社会主义新农村建设．财政与发展，2006（4）．

④ 金人庆．扩大公共财政覆盖农村范围，建立支农资金稳定增长机制．宏观经济研究，2006（8）．

⑤ 坚定不移沿着中国特色社会主义道路前进　为全面建成小康社会而奋斗——在中国共产党第十八次全国代表大会上的报告．http：//www.xj.xinhuanet.com/2012-11/19/c_113722546.htm.

发展现代农业、建设社会主义新农村都显得日益重要。

诚然，财政支农资金整合，并非简单的调整和归并，也不等同于单纯将某一部分资金划归一个部门或机构管理，而是要逐步构造一个有机的管理系统和长效机制①，整合工作必将面临诸多来自体制和机制的障碍，整合工作必将阻力重重。近年来，各级财政部门积极探索财政支农资金整合的新路子，整合的理念渐入人心，整合的力度、范围也在不断拓展。然而，也应清醒地看到，目前支农资金整合成效极其有限且仍然停留在浅表层次，仍存在一系列理论和实践问题亟需解答：究竟采用哪些模式推进财政支农资金横向整合和纵向整合，整合是否具有必要性和现实可行性，整合的边界和范围在哪里，整合的重点领域和优先序怎样确定，整合的绩效如何评估，为推进财政资金深入整合需要哪些制度创新和政策创新等。很显然，科学回答并理性解读上述问题，不仅具有重要的学术价值，而且具有现实的指导意义。

基于此，本书拟在已有研究理论和成果基础上，综合运用公共财政学、农业经济学、投资学、计量经济学、博弈论等理论与方法，从财政支农资金整合行动中各利益相关主体的博弈特征出发，选定典型地区充分考察其财政支农资金整合的实践，评估财政支农资金整合的现实成效，设计一套既切合实际又符合财政支农资金整合本质的整合框架，探索我国财政支农资金整合的独特治理结构，这就是本报告研究的出发点。

### （二）研究意义

在我国财政支农资金整合深入开展时期，深入考察财政支农资金整合实践进程，研究财政支农资金整合中各行为主体的博弈行为，阐释财政支农资金整合的制度逻辑，解构财政支农资金整合的动态过程，评估财政支农资金整合的绩效，进而探讨构建合理的财政支农资金整合的治理结构和长效机制，有助于深化对财政支农工

---

① 闫锡杰，李贺东，卢丙文．整合财政支农资金，推进社会主义新农村建设．农村财政与财务，2006（7）．

作的理论研究，有助于提升财政支农资金的使用绩效，有助于支持广大农民平等参与现代化进程、共同分享现代化成果，因而具有重要的理论和现实意义。

1. 理论意义

本课题以“‘三农’投入—财政支农—资金整合”为主线，从宏观与微观、理论与实际的多维角度，剖析财政支农资金整合过程中出现的主要问题，研究财政支农资金整合的必要性和可行性，探讨整合财政支农资金的目标模式、支持领域和优先顺序，构建整合支农资金的绩效评价体系和监督保障体系，不仅有助于深化对整合工作的内部运行机制的认识，而且还能从理论层面为国家制定“三农”投入政策和财政支农政策提供科学依据。因此，本项研究具有重要的理论意义。

2. 实践价值

本课题立足于财政支农资金整合的具体实践，通过对财政支农资金性质、渠道、种类的梳理和运行机制的分析，科学界定了财政支农资金整合的边界和范围，探讨了整合的重点领域和优先序，并尝试构建了财政支农资金整合框架和治理模式。本研究的成果将有助于我们加深对财政支农资金整合的动力机制的认识，了解各类整合模式背后的影响因素及其这些因素的影响程度，有助于科学制定深化财政支农资金整合的行动方案和保障措施。因此，本研究无疑具有非常强的实践价值。

## 二、研究综述

农业发展关系国计民生，农村经济的发展，离不开资金的投入。财政支农资金作为农村资金中的重要部分，对农村经济的发展起着至关重要的作用，其使用效率直接决定了农业发展的速度和质量。近年来，经济理论界对财政支农方面作了许多研究，为全面深化农村改革和支持农业发展提供了强有力的理论支持。

## （一）国外财政支农资金整合的相关研究

国外对于财政支农资金整合直接相关的研究成果并不多见，本研究中我们只对一些间接相关文献进行梳理，以期对我国财政支农资金整合问题的研究提供借鉴。

罗斯托和马斯格雷夫曾分别提出公共财政支出增长的经济发展阶段理论。美国发展经济学家罗斯托（1960）提出了著名的罗斯托起飞模型（Rostovian take-off model），又称为罗斯托经济成长阶段论。他将一个国家的经济发展过程分为5个阶段，1971年他在《政治和成长阶段》中增加了第6阶段。他指出任何一个国家的经济发展都要依次经历传统社会阶段、准备起飞阶段、起飞阶段、走向成熟阶段、大众消费阶段和超越大众消费阶段。其中起飞阶段是经济由落后阶段向现代阶段的过渡期，而要实现这一过渡，必须在农业方面增加财政投入以提高农业劳动生产率，为制造业和服务业的发展奠定基础①。全球著名公共经济学家理查德·阿贝尔·马斯格雷夫（Richard Abel Musgrave，1976）提出了著名的“经济发展阶段增长理论”，该理论把经济发展分为“早期、中期和成熟期”三个阶段，他认为不同时期由于财政支出作用的不同，财政支出数量也会发生变化。早期阶段的经济增长对于未来的经济发展有决定性影响。因此，他主张在早期发展阶段，政府应加大财政支出的比重，主要投资于社会基础设施，为社会经济发展提供条件，从而促进整个社会经济发展；同时，经济基础设施的投资数量大、周期长、收益小，且有较大正外部性，私人部门无力或不愿投资。故在早期阶段，政府的财政支出是必要的。除了做好对基础设施的投资以外，他还特别强调作为国民经济发展基础的农业的作用发挥，因而建议政府的财政支出在农业方面应给予适当倾斜，以促进整个经

① Semenov. The Theory of “the Stages of Economic Growth”（An Essay on W. W. Rostow's Sociological Critique）. Problems of Economic Transition，1964（2）.

济社会的全面协调发展。①

公共选择理论之父布坎南（James Mcgill Buchanan，1960）指出，公共选择理论是一门介于经济学和政治学之间的新兴交叉学科，它是运用经济学的分析方法来研究政治决策机制如何运作的理论。他认为导致政府机构工作低效率的原因主要是缺乏竞争机制和监督信息不完备。因此，他主张在财政资金的分配与管理上，应加大监督机制，避免寻租行为，特别是投资在农业方面的财政资金，应重点做好监管。②

波兰裔美国经济学家埃弗塞·多马（Evsey David Domar，1957）在《经济增长理论论文集》中对一个国家的经济增长问题进行了较为全面的阐述。他认为在经济增长的早期阶段，资本积累和资本投入是经济发展的关键。因此，他主张政府此时应加大财政支出，并重点投资于基础设施领域，通过基础设施的外部经济性带动其他部门的经济增长。③

简·丁伯根（Jan Tinbergen，1956）在1964年出版了《经济政策论》一书，他考察了在特殊情况下集中决策与分散决策相比的优缺点，并指出在动态的经济发展过程中，应根据经济发展条件的差异，灵活的选择决策类型。他的理论为政府在财政支出管理和资金分配方面制定相应政策提供了依据。④

虽然中西方国情差异巨大且所处在的经济发展阶段和选择的发展道路千差万别，但以上学者关于在不同经济发展阶段的财政支出以及政府政策的观点对我国有借鉴意义。一方面，中国虽在总体上步入工业化中期阶段，但因存在城乡二元结构特征，广大

---

① Richard Abel Musgrave, Peggy B. Musgrave. Public Finance in Theory and Practice. McGraw-Hill, 1976.

② James Mcgill Buchanan. Fiscal theory and political economy: selected essays. University of North Carolina Press, 1960.

③ Evsey D. Domar Essays in the Theory of Economic Growth. Oxford University Press, 1957.

④ Jan Tinbergen. Economic Policy: Principles and Design. North Holland Publishing Company, 1956.

农村目前仍处于经济发展的早期阶段，这是不争的事实；另一方面，中国是一个历史悠久的农民大国，国民经济发展最大的基础设施是“三农”问题的基本解决，“三农”问题不解决就无国民经济的可持续发展和整个社会的稳定。因此，依据罗斯托和马斯格雷夫的公共财政支出增长的经济发展阶段理论，中国目前应在努力保持和提高财政支农投入水平的同时，着力提升财政支农效率。

## （二）国内财政支农与资金整合的相关研究

国内关于财政支农资金整合的相关研究文献，主要集中于以下六个方面：

### 1. 财政支农资金投入机制

近几年，国家用于“三农”的财政资金投入绝对数量和相对数量提高都非常明显，财政支农投入不断增加的稳定增长机制初步形成。梳理相关文献可以发现，国内大多数学者认为，自改革开放以来，国家对“三农”的投入逐年增加，但因历史欠账过多，仍显不足。现实中，侵吞、挪用和套取支农资金的现象屡见不鲜，资金损耗浪费及使用效益低下的状态仍然比较严重，应该在关键环节上建立起“逐级砍块、以县为主、公开透明、民主监督”的财政支农投入机制。

段迎春（2004）就目前我国财政支农政策方面存在的突出问题——资金总量不足、资金的分配和使用结构不尽合理、财政资金管理体制不健全、没有完全发挥 WTO 保护规则支持农业发展的作用等，提出了财政支农应创新优化机制、加大支持重点项目力度、调整项目支出结构即增加公益性项目支出、减少竞争性项目支出等方面的改革思路与建议。①

陈少晖（2007）研究认为，社会主义新农村建设赋予了财政

① 段迎春．优化财政支农机制，促进农业发展．中国农业大学学报．社会科学版，2004（3）．

支农工作新的内容，同时也增添了财政支农工作新的任务，为财政支农工作的改革和推进指明了方向、明确了重点。他指出，财政支农工作要紧扣新农村建设这条主线，立足于现代农业建设的要求和目标，创新支农思路，更新支农观念，调整支农政策和机制，重点是在财政支农工作的引导机制、投入支出结构、金融信贷支持、增长机制、管理制度等方面加大政策调整和机制创新的力度。①

多年来，财政支农资金一直存在着多头管理、交叉重复、来源渠道多元、投向零星分散、缺乏统筹协调等问题。单哲（2010）主要围绕来源渠道多元的资金投入机制、协调高效的资金整合机制、科学有效的预算执行机制以及建立健全动态跟踪的绩效考评反馈机制等方面，对健全、优化、完善、整合财政支农资金运行机制进行了深入思考。②

与众多学者不同，邓启明（2011）从浙江省近年来现代农业建设的实践经验出发，以在现代农业建设过程中逐步创新出来的高效优质生态农业和相应的政策财政支持体系构建为研究对象，对政府农业支持与保护的主要理论与政策依据进行了较为全面、深刻的总结。就政府如何扶植管理浙江高效生态农业及其生态农业的发展策略选择问题，进行了比较全面的分析和探讨，并研究和设计了保障高效生态农业又好又快发展所需要的主要财政扶持体系与相应政策安排。③

王胜（2011）在考察分税制以来我国区域财政支农资金配置状况的基础上，指出我国区域财政支农资金配置存在的问题主要有增长不稳、支出上移、功能失衡等，并总结出这些问题存在的根源在于区域财政收入的不均衡性、财政支农体系的复杂性以及

① 陈少晖．新农村建设与财政支农机制创新．福建师范大学学报．社会科学版，2007（1）．

② 单哲．健全完善财政支农资金运行机制的思考．中国财政，2010（10）．

③ 邓启明，胡剑锋，黄祖辉．财政支农机制创新与现代农业转型升级．福建论坛：人文社会科学版，2011（7）．

农业公共产品的特殊性。在此基础上，他从如何处理好政府与市场、政府与政府、政府与农民、政府与社会以及政府内部关系等五个方面问题出发，从构建市场衔接、分工协作、激励引导、内在约束、监督调控等领域提出了提升财政支农资金配置绩效的机制设计构想。①

### 2. 财政支农资金规模

国内大多数学者认为，我国财政支农资金规模偏少，不能保证农业的长期快速发展，国家财政需要加大对农业的投资力度。沈淑霞和秦富（2004）对我国财政农业投入性支持规模效率进行实证分析后得出的结果是：改革开放后，我国财政农业投入性支持的绝对规模总体上呈逐年增长态势；但相对规模却呈动态下降趋势②。刘涵（2008）经实证分析研究得出：我国财政支农资金的确有促进农业产出增长的作用，但存在着财政支农资金总量不足的问题③。

上述学者虽然通过实证分析认为我国财政资金支出规模不足，但是只有少数研究人员对农业支出的最优规模进行了论述，何振国（2006）利用计量模型估计出了我国财政支农资金支出的最优规模，即财政支农资金支出的比重大约为农业 GDP 的 47.2%④；郭玉清（2006）则估算出我国财政支农资金支出最优规模为农业 GDP 的 8.26%⑤。由于他们所采用的财政支农资金的衡量口径不同，所以估计的农业投入最优规模差距很大，但结论都是我国的财

① 王胜．区域财政支农资金配置：问题、根源与机制设计．探索，2011（1）．

② 沈淑霞，秦富．财政农业投入性支持的规模效率分析．农业技术经济，2004（4）．

③ 刘涵．财政支农支出对农业经济增长影响的实证分析．农业经济问题，2008（10）．

④ 何振国．中国财政支农支出的最优规模及其实现．中国农村经济，2006（8）．

⑤ 郭玉清．中国财政农业投入最优规模的估算．河北经贸大学学报，2006（2）．

政支农资金支出规模远小于所测算的最优规模。

### 3. 财政支农资金结构

关于我国财政支农资金结构是否合理的问题，国内学者进行了广泛的分析和研究。学界普遍认为我国目前的财政支农资金存在结构不合理的情况，在研究方法上主要采用回归分析，并且以柯布-道格拉斯生产函数形式进行回归实证研究的居多。

首先是以生产函数分析框架度量财政支农资金结构的研究。李焕彰和钱忠好（2004）运用生产函数在测定财政支农各类支出的边际产出效应的基础上得出了要优化财政支农支出结构的研究结论①。魏朗（2006）在收集我国西部地区 1999—2003 年各省农业经济增长的面板数据的基础上，利用 C-D 生产函数框架对这些数据进行实证分析后发现，农业投资和财政支出是推动我国西部地区农业经济增长的主要因素。其次是借助于经济计量模型对财政支农资金结构进行了研究②。钱克明（2003）借助于单方程模型，并通过将各农业投入要素对农业总产值贡献的大小进行比较，得出了我国农村公共投资分配政策的优先顺序是：科技优于教育，教育优于基础设施③。陆文聪和朱志良（2008）借助于灰色关联分析理论，在对 1990—2006 年上海市财政支农结构进行实证研究的基础上，得出的结论是：上海市财政支农资金在现有财政支农项目中分配不甚合理、有限的财政支农资金未能实现资金的最佳使用效益④⑤。此外，部分学者同时也进行了规范研究。如韩林（2009）

---

① 李焕彰，钱忠好．财政支农政策与中国农业增长：因果与结构分析．中国农村经济，2004（8）．

② 魏朗．财政支农支出对西部农业经济增长的贡献．财经科学，2006（4）．

③ 钱克明．中国“绿箱”措施的效果及投资优先序．经济研究参考，2003（31）．

④ 陆文聪，朱志良．上海财政支农结构及政策优化评析．技术经济，2008（11）．

⑤ 肖碧云，徐学荣．关于财政金融支农资金的文献综述．科技和产业，2010（9）．

研究指出，我国财政农业支出在结构上存在着严重的不合理，突出表现在：投入在农林水利气象和农村生产支出等部门的事业费支出占整个财政农业支出总额的比重过大，与此相反，投入到农业基本建设项目中的支出和农业科技三项费用占整个财政农业支出总额的比重过低。为了切实提高我国财政农业支出资金的使用效率、加强农业的基础性地位，必须采取对我国财政农业支出的结构进行优化的措施①。

### 4. 财政支农资金使用绩效

我国较早开展财政支农资金使用绩效评价试点的省份有广东省和江西省，两省都建立了一定的财政绩效评价指标体系。广东省是站在整个财政支出的角度探索财政资金使用绩效量化评价的，从2003年开始对财政支出绩效评价开展试点工作。江西省是较早开展财政支农整合绩效评价工作的，于2005年制定了财政支农资金整合管理办法。

关于如何对财政支农专项资金的使用效益进行评价，并建立相应的评价方法与指标体系设计，侯石安（2001）进行了较为深入的分析。他指出，在评价方法方面可以采取包括定性与定量相结合、统一性和专门性相结合、事前评估分析与事后评估分析评价相结合、自我评价与专家评价相结合等不同的方法②。黄小舟等（2005）从农民增收的角度出发对我国财政支农资金使用的绩效进行了实证分析和评价。结果表明，财政资金的投入总量对农民纯收入有显著性的影响，但在财政支农资金各项中，投入到农业生产活动及农村水利气象等部门事业费和农村救济费支出对各自的被解释变量能够产生正的效用，农村基本建设支出的回归系数为负并且对被解释变量的作用显著，这已成为增加农民纯收入的

---

① 韩林．我国财政农业支出结构优化研究．求索，2009（7）．

② 侯石安．财政支农专项资金使用效益评价的方法与指标体系的设计．湖北财税，2001（5）．

不利因素①。

王胜（2011）运用 DEA-TOBIT 法对分税制以来中国地方政府财政支农分级支出绩效及其外部影响因素进行了实证分析。结果表明，从总体上看，1993—2007 年分级视角下中国各省份及东中西的财政支农资金的配置效率呈现出持续降低的态势；浙江、江苏、河南始终处于前列，而内蒙古、云南、陕西、宁夏、新疆、山西、黑龙江则处于低效状态②；西部地区均低于东部、中部和全国的平均水平。TOBIT 回归显示，城镇化率因子对于全国以及东中西地区财政支农资金的配置效率均显著，且对中部地区贡献度最大，而农户的固定资产投资、农业机械装机总动力以及劳动力文化程度因子仅对特定区域显著③。

张宏翔（2012）通过生产函数 $Y=F(K, L)$ 的扩展模型，对我国农业财政支出效益进行了实证评估。结果表明，除农业科技三项费、农村救济费以及基本建设支出这 3 项指标外，其他指标显著水平都低于 10%，有些变量甚至在 1%以下，基本上都能很好的反映支出结构指标对农业经济增长的影响。从中可以得出 3 项结果：支援农村生产支出以及各项事业费与农产品补贴都能够显著影响农业经济的增长；基本建设支出与农村救济费对农业经济增长的贡献微弱；农业科技三项费对农业经济增长的贡献为负值④。

姜松（2013）基于 1985—2009 年我国 31 个省级面板数据，在综合运用 DEA-Malmquist 指数与 GARCH 模型的基础上对我国财政支农协同效率及其演化规律进行了实证分析。研究结果表

① 黄小舟，王红玲．从农民增收的角度看我国财政支农资金绩效．中央财经大学学报，2005（1）．

② 尚晓贺．财政支农与城乡收入差距——基于 2000—2009 年省际面板数据的实证分析．山东大学硕士学位论文，2012.

③ 王胜．分税制以来中国地方财政支农绩效评价：基于分级支出视角．中国管理科学，2010（1）．

④ 张宏翔．基于我国农业财政支出的效益再评估．财政研究，2012（11）．

明：随着市场经济体制的建立，我国财政支农协同效率显著提高，但也存在明显的时空差异，具体是西部财政支农协同效率最高，东部地区次之，中部地区最低。同时，我国财政支农协同效率演化中还存在“集簇性”、“非对称性”和长短期演化存在差异的规律性特征①。

### 5. 财政支农资金监督与管理

近年来，国家不断增加财政支农资金投入，财政支农资金的监督与管理变得日益重要。随着财政支农资金监管机制的不断完善，有力地提高了财政支农资金使用效益。但对财政支农资金的监督管理不到位，使用不规范，支农资金被挪用、截留和浪费等违规违纪现象时有发生，部分支农资金的使用效益不高的问题仍然比较突出。部分学者对此进行了深入研究。

张志鹏等（2003）认为，通过对农业基本建设项目资金、支援农业生产方面资金、各种农业专项资金、扶贫开发资金等各项支农资金进行统一管理，强化绩效管理，建立支农资金考核指标体系，加大对财政支农资金的监督管理力度，提高财政支农资金的使用水平，发挥财政支农资金的最大效益②。

许晓东等（2004）指出：要加大对财政支农资金的监管力度、提升财政支农资金的使用水平可通过加强编制财政预算管理、政府采购管理、财政支农资金检查验收管理、财政内部监督、审计监督与社会舆论监督相结合等多管齐下的方式来实现。③

毕瑞祥（2012）从信息技术的研究视角，提出了通过事前监督环节加强“信息公示”、事中监督环节加强“资金网络动态监

① 姜松．中国财政金融支农协同效率及其演化规律．软科学，2013（2）．

② 张志鹏，张悦玲，张丽明．财政支农资金监管中存在的问题及对策研究．经济与管理，2003（7）．

③ 许晓东，谢欣，谢元态．加强财政支农支出监管，提高财政支农支出效益．江西农业大学学报，2004（1）．

控”以及事后监督环节加强“信息绩效评价”等方法，逐步发挥信息技术在财政支农资金监管中的重要作用。①

王中飞（2013）针对乡财政支农资金使用管理中存在的主要问题如配套资金需求量大、条块分割协调难、项目选定不够科学、资金使用效益低以及资金监管体制弱等，提出了完善财政支农资金监管机制、建立并规范财政支农资金绩效评价制度以及调整县乡财政配套政策等措施建议。②

### 6. 财政支农资金整合

目前，财政支农资金整合问题的研究正在受到关注，但系统研究财政支农资金整合的文献较少。主要集中在：

一是关于财政支农资金整合的概念、平台和模式。张维萍等（2006）认为，支农资金整合不是简单的调整和归并，而是要将各渠道、各部门管理的支农资金进行深度整合，适当有机集中起来安排使用，使原来分散的资金握成“拳头”，形成发展合力并组成一个有机高效的管理系统③；金人庆（2006）在如何开展财政支农资金整合工作时提出了以县为主进行资金整合试点的构想④；陈池波、胡振虎（2007）通过总结全国财政支农资金模式后，提出可以通过建立平台来形成整合财政支农资金的模式。这些模式有：以优势农产品、特色农业、主导产业为平台，现代农业、农民教育及培训、农村公共事业为平台，上下结合、整体打包、项目支持为平

① 毕瑞祥．财政支农资金监管研究——基于信息技术视角．财政监督，2012（3）．

② 王中飞．加强县乡财政支农资金使用管理的几点思考．农业经济，2013（4）．

③ 张维萍，张晓明．财政支农资金亟待深度整合．农业经济，2006（6）．

④ 金人庆．扩大公共财政覆盖农村范围　建立支农资金稳定增长机制．宏观经济研究，2006（8）．

台等模式，并在此基础上进行财政支农资金整合①。二是对财政支农资金整合经验的总结和概括。徐怡红等（2012）在总结黑龙江省试点县（市）财政支农资金整合的具体做法与经验的基础上，评价了其财政支农资金整合的效果，探讨分析了实现财政支农资金整合的有效途径，并对如何加强财政支农资金管理，提高财政支农资金的使用效益给出了具体建议②；王奎泉、刘鹏（2013）在对浙江省财政支农资金整合调研的基础上，建立了财政支农资金整合效果测定的指标体系，对富阳市财政资金整合效果进行了实证分析，并考虑研究对象的工作实践，提出了针对县级财政支农资金整合相配套的机制创新和制度安排③。程俊杰（2010）总结出江苏省进行财政支农资金整合的具体思路和经验主要有四个方面：一是加强试点的选择；二是建立省级财政支农资金整合优化试点工作联席会议制度；三是规范县级政府的支农资金管理工作；四是加大财政支农资金的“整合打包”项目建设工作④。

通过系统梳理财政支农资金研究文献，可以看出，我国学者基于不同的角度对财政支农资金的总规模、支农资金结构以及相关的支农政策等内容进行了广泛、深入的研究和探索，研究范围不断扩大，研究领域不断深入，取得了越来越多的研究成果。现有文献普遍认为整合财政支农资金具有重要现实意义，但大多研究仅停留在理论层面，从模式与机制角度对支农资金整合问题展开研究的文献还处于初始阶段。基于此，本课题拟从支农资金整合的必要性、可行性、整合模式、整合配套机制多个层面对财政支农资金整合进行

---

① 陈池波，胡振虎．整合财政支农资金的模式构建．中南财经政法大学学报，2007（6）．

② 徐怡红，李婧坤，李岩．黑龙江省财政支农资金整合效果的调查与评价．东北农业大学学报．社会科学版，2012（2）．

③ 王奎泉，刘鹏．县级财政支农资金整合实现路径研究——基于浙江省的调研．财经论丛，2013（1）．

④ 程俊杰，吕小军，郑江淮．财政支农资金整合的动因：以江苏省为例．财政研究，2010（6）．

深入研究，试图提出我国强农、惠农、富农的财政资金有效整合的实现路径。经过缜密思考后，笔者认为当前财政支农资金整合研究的方向和重点是：

（1）由于中国特殊的政治体制和历史背景，中国财政支农资金管理体制存在“痼疾”，难以在短期内“化解”，需要经历一个漫长而艰辛的历程。中国财政支农资金使用与管理体制存在的历史遗留问题必须引起高度重视，避免重蹈覆辙。

（2）通过对财政支农资金性质、渠道、种类的梳理和运行机制的分析，系统总结财政支农资金的运行规律，科学界定整合财政支农资金的边界和范围。

（3）构建财政支农资金整合的目标、模式与平台。财政支农资金整合的目标是提高财政支农资金使用效率，模式是“前整合”与“后整合”相结合、“以县为主，各级联动”模式、“参与式”财政支农资金整合模式。搭建三大支农资金整合平台，即现代农业发展专项资金整合平台、新农民教育与培训资金整合平台、农村公共事业发展资金整合平台。

（4）创新财政支农资金绩效考评体系，建立以结果为导向的整合资金使用管理新机制和多层次监督保障体系。经过整合后的支农资金由于相对集中，其数额会成倍增加，如果监管不到位，制度不健全，可能造成资金的更大损失和浪费，因此，需要创新管理机制，构建由人民代表大会宏观监督、财政部门日常监督、审计部门事后监督，以及社会监督、法律监督的多层次、全方位监督保障体系。

### （三）简要评述

通过系统梳理国内外财政支农资金研究文献，可以看出，研究者分别从不同的方面对财政支农资金投入的必要性、支农资金的结构、支农资金的分配以及支农资金使用的绩效考核等方面进行了广泛、大量的研究和探索。随着时间的推移，研究结果不断更新、完善，研究内容更为全面，对我国开展财政支农资金整合的指导作用和借鉴意义也越大。在肯定前人研究成果的同时，结合我国财政支农资金整合的具体实际，也还存在一些研究缺失，主要表现在：

1. 一些研究得出的结果不具有广泛的适应性。综观这些研究，它们都是在特定的经济发展条件下取得的成果。随着经济发展条件的一步步变化，已经不具备适用这些成果的条件。而且，由于我国与国外巨大的社会经济制度的差异，对于国外研究成果的应用更应该慎重。因此，对于这些研究成果我们应该有正确的态度和理性的认识，应结合当前的经济发展条件，并对照前人的研究成果，作出正确的决策。

2. 大多研究成果缺乏实践可操作性。从这些研究成果中可看出它们大都是在理论层面对财政支农资金问题进行探讨，对于更为重要的对财政支农资金整合的模式与机制问题的研究还不深入，这就使得现有成果在支农资金整合的实践操作方面的作用大打折扣。同时，对于财政管理体制不足的深层次原因基本没有进行相应的分析和阐述。而财政管理体制关系到我国财政支农资金整合的方向和模式，在很大程度上决定支农资金整合效益的高低，因此需要借助于制度经济学的有关理论、方法建立健全财政管理体制，以期推进我国财政支农资金整合的进程。

3. 理论界至今还没有建立成熟又完善的财政支农资金整合评价及绩效考评体系。现有的一些指标体系在指标设置、权重分配、数值取舍、计算方法等方面缺乏合理性，因此导致对财政支农资金整合评价的结果的说服力不强，现实意义不大，不能为提高财政支农资金效益提供科学、有价值的参考依据，也就不可能彻底解决财政支农资金低效问题。

4. 忽视了农民在财政支农资金整合方面作用的发挥。长期以来，农民为我国经济发展做出了重要贡献，但由于种种原因，农民长期处在社会经济发展中的弱势群体地位。但事实上，支农资金效果的发挥，说到底还是要取决于农民。在财政支农资金整合方面，如果没有农民积极有效的参与，效果是可想而知的。因此，在财政支农资金整合过程中，应充分听取农民的意见，建立相应激励制度和措施，最大限度调动农民的积极性和发挥他们在支农资金整合中的主体地位，以提高支农资金整合的效益。

## 三、研究目标与技术路线

### （一）研究目标

本研究将综合运用经济计量学、博弈论、Q 方法等理论与方法，考察改革开放以来我国财政支农资金投入的状况；财政支农资金整合的必要性、可行性；财政支农资金整合的现状与问题；财政支农资金整合的基本框架；财政支农资金整合的重点领域与优先序；财政支农资金整合的绩效评价；财政支农资金整合的政策建议。针对以上问题，本研究拟探讨我国财政支农资金使用与管理的理论创新与实践视野，以提高财政支农资金使用效率，转变政府职能，规范财政支农资金管理，创新财政支农资金管理制度。

### （二）研究框架和技术路线

关于财政支农资金有很多提法，“财政支农资金”①、“农业财政资金”、“农业资金财政支出”、“财政资金‘三农’支出”、“财政农业投入”等，文中在不同的地方所使用的这些词是同一概念。

本研究依据对我国“三农”问题的新判断，依托我国经济发展的大背景，多角度梳理改革开放以来我国财政支农资金投入的状况，理清现阶段我国财政支农资金使用与管理以及支农资金整合存在的问题，建立加大“三农”投入力度、整合财政支农资金的基本分析框架，运用 Q 方法总结出财政支农资金整合的重点支持领

① 对“财政支农资金”的提法非议颇多，学者认为公共财政对“三农”的投入不是对“三农”的施舍，而应该是“还账”。“三农”用“三弱”来描述，弱势产业、弱势群体、弱势地区，但是“三农”为城市化和工业化作出了巨大贡献，到了“工业反哺农业、城市支持农村”的阶段。

域与优先顺序，为国家解决“三农”问题寻求突破口，为政府制定农村财政支农资金整合政策提供依据和参考，为学术界深入系统研究财政支农资金整合问题提供研究基础。

本研究将对现阶段我国财政支农资金使用与管理中存在的规模与效率问题进行剖析，对财政支农资金整合与使用进行理性分析，并从整合财政支农资金的目标、模式、平台、重点支持领域、优先顺序、绩效评价、监督与管理等角度进行探讨，研究框架和技术路线见图 0-1。本研究综合运用公共品与公共选择理论、制度变迁理论、现代财政学理论、Q 方法论以及博弈论方法，以财政支农资金整合为线索，从理论与实际，定性与定量，宏观、中观与微观等多维角度，梳理了中国财政支农资金使用与管理的基本格局、我国支农资金使用与管理体制的演变过程和进行轨迹，剖析了财政支农资金整合的现实必然性，以财政支农资金整合的资金来源为基础建立了财政支农资金整合的博弈模型，使用 Q 方法对财政支农资金整合的重点支持领域与优先顺序观点进行了归并，构建了财政支农资金整合与使用的绩效评价体系，提出了财政支农资金整合的政策建议。

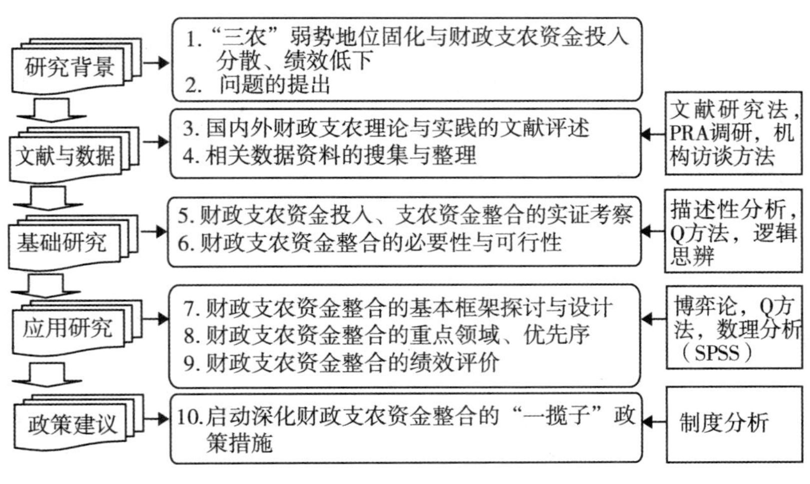


图 0-1　本研究的研究框架和技术路线

## 四、研究方法与数据来源

### （一）研究方法

本书以马克思主义辩证唯物主义和历史唯物主义方法论为指导，系统、全面地分析和研究我国农业财政支农资金整合问题。主要方法有：

1. Q 方法

（1）制作 Q 样本（Q　set）

通过整理访谈论汇，结合现有文献，本书最终选择了 56 个语句作为论汇，涵盖了整合财政支农资金的必然性、可行性、现状与问题、边界、目标、模式、重点支持领域与优先顺序、监督与管理等近 10 个话题。这些话题是经过反复比较分析后提炼出来的。话题确定后，笔者对 56 个句子按照本文涉及的主题进行了编码。①

（2）进行 Q 分类（Q　sorting）

在 2008 年 1 月 2 日江西省财政厅召开全省财政工作会议之时，笔者利用这一有利时机，挑选了 4 个中央财政支农整合试点县的财政局局长，又随机挑选了 22 个市（设区的市）、县财政局局长或者副局长，共 26 个局长作为 P 样本。给每一个局长一套 Q 样本卡和一张带有操作说明②的问卷，问卷上的核心部分是 Q 排序表

---

① 胡振虎．基于 Q 方法的财政支农资金整合研究．广西财经学院学报，2010（3）．

② 操作指南如下：1. 作为一个财政学专业的学生/长期研究“三农”的专家/财政支农资金使用与管理者，您有权、有能力对财政支农资金整合发表有建设性的意见。2. 您首先根据自己对这些卡片的意见（同意、不同意和中立）将卡片分为三堆，然后根据自己的同意程度将这些卡片按照规定的数量细分到每个具体的分值下，整个操作在您的座位上完成。

（见图 0-2），表上的第一行是对 Q 样本卡上陈述内容的同意程度评分（4 表示非常同意，−4 表示非常不同意，0 表示中立），第二行则是受试者在每个评分分值向下放置卡片的数量，第三行是一个表格，当受试者将样本卡排好序后，请他们将卡片上的编号填在表中。具体操作时，首先请每位受试者对 56 张卡片上的陈述进行通读，如果有不清楚或者异议的地方可以当场提出，然后将这些卡片按照自己的意见根据同意、不同意和中立分为三堆，然后按照自己的同意程度将这些卡片按照规定的数量细分到每个具体的分值下，整个操作过程在较大的空间环境下完成，这样可以保证让受试者将卡片完全摊开，不断进行比较而将卡片调整到最理想的位置，最终使卡片的摆放成为一个准正态分布。经事先与 4 个财政部整合试点县的 4 个局长进行交流，并在调查结束时，笔者特意对这 4 个县的局长进行了比较深入的访谈。把每个受试者做出的排列或者分布称为一个 Q 序，该 Q 序反映了每个财政局长根据自己的工作经历和人生经验作出的判断，是主观的。需要指出的是，这里的评分范围和分布都是作者事先设计好的，是武断的，因此对本文的统计分析结果没有影响。

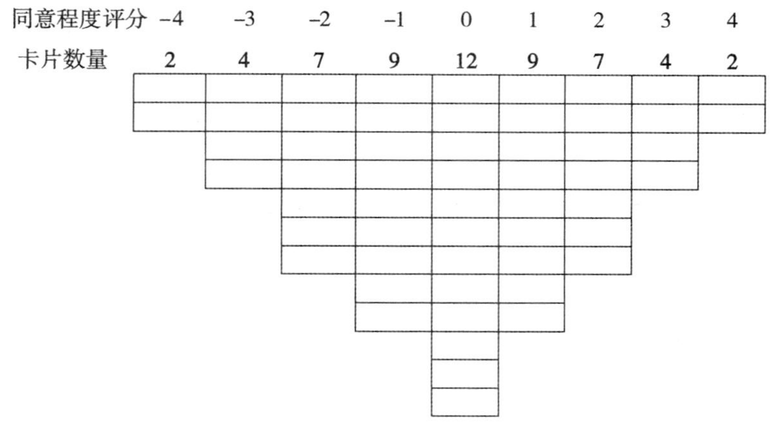


图 0-2　Q 排序表

（3）Q 分析

Q 分析的主要方法是因素分析，因素分析的目的在于找出哪些Q序（也就是被访局长）是相近的，再把持相似观点的财政局长在因素分析后载入到同一个因素中。

通过 26 个 Q 序可以得到 26 个财政局长对每个陈述句的同意或符合程度评分，然后以每个局长作为变量进行统计分析，用 SPSS13.0 进行因素分析，因为图 0-3 的特征值以及前 5 个因子的累计贡献率超过了 85%，本书确定了整合财政支农资金的 5 个因素（见表 0-1）。因为第 5 个因素中有负值，本书确定了整合财政支农资金的 6 个类型，其中负载为负值的标记为第 6 个类型。下一步就是计算 56 个陈述的因素分值和类型分值。可以采用的方法，一种是直接计算同一因素内各个受试者对每个陈述的平均值；另外一种是根据因素内各个受试者的负载情况计算加权平均分。权重的计算公式是 $W=F/(1-F\cdot F)$，$W$ 表征“权重”，$F$ 表征“因素负载”，这种方法更为精确些，本书采用这种方法，通过加权平均后得到每一个陈述的 6 个类型分值。①

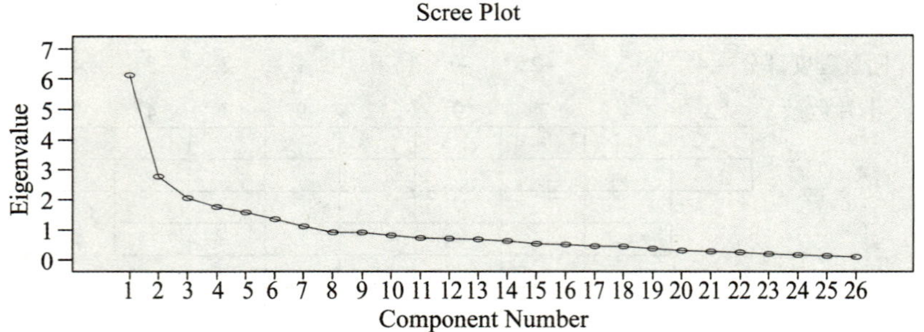


图 0-3　碎石图

① 胡振虎．要“喷头”还是“漏斗”？——基于 Q 方法的财政支农资金整合研究．2008 年全国中青年农业经济学者年会会议论文．

表 0-1　　因素负载及受试者个人特征①

| | 因素负载 | | | | | | 性别 | 年龄 | 成长地 | 学历 |
|---|---|---|---|---|---|---|---|---|---|---|
| | F1 | F2 | F3 | F4 | F5 | W | | | | |
| P10 | 0. 78 | 0. 13 | 0. 00 | −0. 04 | −0. 05 | 1. 95 | 男 | 44 | 城市 | 本科 |
| P1 | 0. 64 | 0. 17 | −0. 05 | −0. 09 | −0. 03 | 1. 09 | 男 | 46 | 农村 | 本科 |
| P18 | 0. 62 | 0. 12 | 0. 23 | 0. 29 | −0. 16 | 1. 00 | 男 | 39 | 农村 | 专科 |
| P22 | 0. 60 | 0. 08 | 0. 18 | 0. 34 | 0. 26 | 0. 93 | 女 | 40 | 城市 | 本科 |
| P6 | 0. 60 | −0. 14 | 0. 16 | 0. 33 | 0. 25 | 0. 92 | 男 | 43 | 农村 | 专科 |
| P19 | 0. 54 | −0. 09 | 0. 05 | 0. 17 | 0. 38 | 0. 76 | 男 | 45 | 农村 | 研究生 |
| P9 | 0. 43 | 0. 40 | 0. 37 | 0. 15 | 0. 23 | 0. 53 | 男 | 45 | 农村 | 本科 |
| P7 | 0. 41 | 0. 03 | 0. 39 | 0. 32 | −0. 27 | 0. 49 | 男 | 39 | 农村 | 本科 |
| P11 | 0. 13 | 0. 69 | −0. 02 | 0. 08 | −0. 18 | 1. 33 | 男 | 44 | 城市 | 本科 |
| P24 | 0. 09 | 0. 64 | 0. 11 | 0. 15 | 0. 11 | 1. 08 | 男 | 47 | 农村 | 专科 |
| P26 | −0. 31 | 0. 61 | 0. 20 | 0. 28 | −0. 07 | 0. 95 | 男 | 39 | 农村 | 专科 |
| P21 | 0. 39 | 0. 57 | 0. 06 | 0. 11 | 0. 26 | 0. 86 | 男 | 43 | 城市 | 研究生 |
| P25 | 0. 03 | 0. 56 | −0. 02 | 0. 03 | 0. 49 | 0. 82 | 男 | 45 | 农村 | 本科 |
| P23 | 0. 00 | 0. 55 | −0. 07 | 0. 09 | −0. 06 | 0. 79 | 男 | 38 | 城市 | 专科 |
| P20 | 0. 42 | 0. 49 | 0. 35 | −0. 18 | 0. 00 | 0. 64 | 男 | 44 | 城市 | 本科 |
| P8 | 0. 37 | 0. 45 | −0. 22 | −0. 27 | 0. 36 | 0. 57 | 男 | 46 | 农村 | 专科 |
| P4 | −0. 02 | −0. 10 | 0. 75 | −0. 02 | −0. 04 | 1. 72 | 女 | 46 | 农村 | 本科 |
| P16 | 0. 18 | 0. 24 | 0. 61 | 0. 00 | 0. 20 | 0. 96 | 男 | 45 | 农村 | 本科 |
| P3 | 0. 41 | 0. 18 | 0. 55 | 0. 26 | 0. 12 | 0. 78 | 男 | 51 | 农村 | 本科 |
| P5 | −0. 11 | 0. 31 | −0. 02 | 0. 70 | 0. 31 | 1. 35 | 男 | 42 | 农村 | 专科 |
| P13 | 0. 15 | 0. 24 | 0. 04 | 0. 68 | 0. 01 | 1. 27 | 男 | 45 | 农村 | 专科 |
| P2 | 0. 34 | −0. 07 | 0. 08 | 0. 62 | −0. 31 | 1. 01 | 男 | 49 | 城市 | 研究生 |

① 胡振虎．基于 Q 方法的财政支农资金整合研究．广西财经学院学报，2010（3）．

续表

| | 因素负载 | | | | | | 性别 | 年龄 | 成长地 | 学历 |
|---|---|---|---|---|---|---|---|---|---|---|
| | F1 | F2 | F3 | F4 | F5 | W | | | | |
| P15 | 0. 15 | 0. 42 | -0. 37 | 0. 44 | 0. 26 | 0. 55 | 男 | 41 | 农村 | 本科 |
| P12 | 0. 17 | 0. 00 | 0. 30 | 0. 05 | 0. 71 | 1. 45 | 男 | 45 | 城市 | 专科 |
| P17 | 0. 11 | 0. 30 | -0. 38 | 0. 01 | 0. 37 | 0. 43 | 男 | 43 | 农村 | 本科 |
| P14 | 0. 34 | 0. 39 | 0. 29 | -0. 01 | -0. 58 | -0. 86 | 男 | 49 | 农村 | 专科 |

### 2. 博弈论方法

大凡运用博弈论方法进行问题剖析时，离不开对参与人、策略、行动、收益矩阵和结果“博弈规则”（rule of the game）等的分析。无论是哪种博弈分析，其目的无非是使用博弈规则预测均衡①。本书在对财政支农资金使用与管理运用博弈论进行分析时，着重分析了财政资金分配与使用过程中的决策主体：中央政府、地方政府以及地方政府之间。很明显，中央政府和地方政府具有不同的目标函数，在财政支农资金分配与使用管理中形成博弈，可以假定中央政府为了全社会的整体利益与社会和谐稳定，从财政政策和资金上对“三农”给予支持，实现国家整体利益最大化。无疑，由于信息不对称和中央政府监管地方政府无限大的成本，致使中央政府对地方政府的监管和惩罚成为不可置信威胁，地方政府在财政资金分配与使用管理中往往带有机会主义色彩，本位思想可能会影响到财政支农资金绩效。基于此，本书试图运用博弈论方法对财政支农资金整合与不整合使用进行分析。

### 3. 比较与整合分析法

比较分析法又称对比分析法，指将两个或两个以上有密切关联

---

① 张维迎．博弈论与信息经济学．上海：上海三联书店，上海人民出版社，2004.

的数据进行对比分析，从而揭示事物的规律。本文进行了横向比较和纵向比较分析，横向总结了我国部分地区的财政支农资金整合经验和做法；纵向回顾了我国改革开放以来财政支农资金投入的状况与规律。与比较分析方法相联系的是整合分析的方法，整合分析的方法主要用来处理比较研究中相似的或相互印证的观点，将它们梳理清楚，合并起来，以更好地发展共同性和规律性，从而使理论更有组织、更系统化。①

#### 4. DEA 分析法

财政支农资金整合的一个重要目的是提高资金使用效率，即通过整合投入来提高投入产出效率。通过构建多指标综合评价体系，运用层次分析法进行绩效评价，把被评价的对象看成一个整体，分析整合前后绩效的变化。从投入产出的角度，把被评价的整体分为若干子对象（决策单元，DMU），运用数据包络分析（DEA）分析各单元及其整体在投入整合前后的绩效对比。虽然层次分析法和数据包络分析法以及模糊综合判别法、灰色关联分析法等都能有效评价各决策单元的“生产有效性”，并在不同的领域得到广泛应用，但“生产有效性”并不能直接与“管理有效性”画等号，“生产有效性”与“管理有效性”的概念内涵是不同的。“生产有效性”衡量的是一个生产单元能够以最少的资源消耗实现其期望目标的能力大小，而“管理有效性”反映的是决策单元在消除客观基础条件的优劣的条件下，由经营管理所产生的生产行为方面的特征。

### （二）数据来源

本书首先从财政支农资金整合文献中整理出关于资金整合的论汇，结合这些论汇笔者与课题组②成员通过小组讨论，形成了问卷提纲初稿。2007 年 10 月，恰逢由湖北省社会科学界联合会、中南

① 毛程连．财政学整合论．上海：复旦大学出版社，1999.

② 作者导师主持的国家社科基金《加大三农投入力度　整合财政支农资金问题研究》（07BJY107），笔者是课题主要组成员之一。

财经政法大学主办，湖北省普通高校人文社科重点研究基地 WTO 与湖北发展研究中心承办的“首届荆楚学术前沿论坛——新农村建设中的政府职能学术研讨会”在中南财经政法大学举行，笔者向参加大会的财政学专家、“三农”问题专家、地方财政局长、市长等随机发放问卷 22 份，回收 20 份，有效回收率超过 90%。随后对湖北省 LHK 市长进行了深入访谈，收集到大量有关农业财政资金整合过程中遇到的现实困难、问题与解决方案。随后，笔者分别对湖北省财政厅 ZXW 处长、QWC 副处长进行两次访谈，对湖北省武汉市财政局 JZ 副局长、ZXY 处长进行半结构式访谈，对江苏省赣榆县财政局局长助理 GX 进行随机访谈，对湖北省农业科学院 SXC 处长进行开放式访谈，获得了大量相关论汇语句的原始材料。

为了使论汇更加具有概括性，笔者于 2007 年 12 月在中南财经政法大学选定了 2005 级财政学专业的学生作为调查对象，在该专业两个班学生合上财政学的课堂上，围绕论汇进行了比较深入的试调查。具体调查方法是：笔者首先将班上的近 50 名学生进行了分组，总共分了 10 个小组，并且指定了组长。在这 10 个组长中，在城市出生并在城市长大和在农村出生并在农村长大的各占一半，然后由组长组织本组同学对论汇进行填答。最后，根据学生的填答结果对论汇进行修改完善并定稿。①

在取得关于财政支农资金整合方面较为深入的认识后，笔者和课题组成员赴湖北省京山县进行了深入调查。京山县作为 2006 年财政部财政支农改革试点县和 2007 年湖北省财政支农改革试点县，在财政支农资金整合方面取得了不错的成绩。通过实地调查，笔者和课题组成员对财政支农资金整合方面的问题取得了比较直观的认识。国家和省依据什么确定财政支农资金整合试点县，试点县和非试点县在发展形式上有哪些差异？当地人民关于财政支农试点改革的认识又是怎样的？带着这些问题，本课题组成员又选择没有被列入财政支农资金整合试点县的湖北省潜江市展开了调查，得到了非

① 胡振虎．要“喷头”还是“漏斗”？——基于 Q 方法的财政支农资金整合研究．全国中青年农业经济学者年会，2008.

试点县对财政支农资金整合问题的基本认识。

湖北省作为我国的“鱼米之乡”，是我国中部地区重要的农业大省和农业强省，财政支农资金整合工作走在全国的前列。那么，除湖北省以外的其他省份关于财政支农资金整合有怎样的理解，围绕资金整合他们做了哪些努力，取得了哪些经验？从这些问题出发，在事先设置好三份调研问卷的基础上，本课题组赴与湖北省接壤的江西省进行调研，主要是选取了江西省于都县进行调研，于都县是2006年财政部和2007年江西省财政支农资金整合试点县。通过调研，了解了于都县在整合财政支农资金方面的特色建设项目——特色产业脐橙项目区以及新农村示范区，通过于都县的调研对江西省财政支农资金整合工作有了比较深入的认识。

# 专题一　财政支农资金管理体制变迁研究述评

## 一、前言

从中华人民共和国成立到20世纪70年代末，我国的经济体制和财政体制都发生过一定的变化，但总的来说仍旧是高度集中的管理体制，体现在财政支农资金管理上也是一种高度集中的管理体制。在财政支农资金分配、管理等方面，无论是财政部门还是农业部门都没有自主权，这是适应建国初期农业生产恢复和初步发展的需要以及人民公社集体所有制经济单一化的结构特征。这种大包大揽的管理体制限制了地方政府、农民以及集体经济组织发展农业生产的积极性，减弱了农户增加农业投入的能力。

财政支农资金管理体制究竟与经济体制变革之间有何种联系，以及对经济的具体影响如何，这是一个在理论和实践上都需要解决的问题。事实上人们对该问题的专题研究比较少，因为财政学者偏爱的是对财政体制的总体研究，财政支农资金管理体制的研究只是财政体制研究的极小部分，而且是一种纯制度上的孤立的理论研究，往往与经济的具体联系相分离。本文通过深入具体地研究财政支农资金管理体制的变迁历程，使人们从历史的过程中深刻把握这一体制演变的特点，并为财政支农资金管理体制的改革指出方向。

## 二、财政支农资金管理体制的演变历程

“财政支农资金”是财政用于发展农业的资金，它可以分为两类：一是用于国家举办的农业企业和事业单位的基本建设支出、事业费、科技三项费用；二是用于支援农村发展生产的资金，包括小型农田水利和水土保持补助费、支援农村生产组织资金、农村开荒补助费、农村农技推广和植保补助费、农村草场和畜禽保护补助费、农村造林和林木保护补助费以及农村水产补助费[1]。中华人民共和国成立以来，财政支农资金的项目、渠道和金额逐渐增多。从资金的项目来说，既有人员机构、设备购置等项目，又有改变生

产条件、保护生态平衡等生产建设项目，还有科研科技、人才培训等项目。从资金的渠道来说，既有国家财政预算内安排的，又有地方预算外安排的。从资金的金额来说，由新中国成立初的2.7亿元增加到2007年的3917亿元，增加了1000多倍。从我国财政支农资金的口径来说，一是大口径；二是小口径[2]。

由于财政支农资金的投入结构比较复杂，其中“农业基本建设支出”、“支援农村生产支出”和“农业事业费”占主要部分，均占各时期财政对农业投入总额的70%以上；从“六五”时期开始，这一比率超过90%，达到90.47%；“七五”时期达到92.81%；“八五”时期达到94.21%；“九五”时期达到94.64%[3]。由此看来，我国财政支农资金投入重点是“基建、生产和事业”。本专题结合财政管理体制的演变，主要从农业基本建设投资、支援农村生产支出、农业事业费这三个大的投入结构的管理变化来研究财政支农资金管理体制演变。

## （一）农业基本建设投资管理体制的演变

农业基本建设资金是指我国财政安排用于农垦、农业、林业、牧业、水产、水利、农机、气象等部门所属企业、事业单位的基本建设资金。基本建设投资是指以货币形式表现的基本建设工作量[2]515。中华人民共和国成立以来至20世纪70年代末，我国财政的基本建设投资一直采取财政无偿拨款、建设单位无偿使用的方式。这种资金供应方式也存在着不讲经济责任、缺乏提高投资效益的弊端，为了提高资金使用效率，1979年国家颁发《农业拨款监督拨付试行办法》，即所谓的“拨改贷”办法的试点[4]368。党的十一届三中全会以后，大多数省、自治区、直辖市将一部分财政扶持农业生产的资金，由无偿补助改为有偿周转使用，实现了财政支农资金分配使用中的一项重要改革。根据财政部〔1981〕财农字第277号《关于加强财政支农周转金使用管理的暂行规定》，财政支农资金属于财政资金，具有偿还性，是属于有借有还、到期收回、周转使用的资金，是提高资金使用效率的有效途径。1980年，经国务院批准，在国家预算中设立了“支援经济不发达地区的发展资金”，从1980年开始，在国家预算中每年安排5亿元，用于经济不发达的革命老根据地、少数民族地区、边远地区以及穷困地区。从1985年开始，国家规定，凡是由国家预算安排的基本建设投资，全部由财政拨款改成建设银行贷款的办法。1986年国家又对豁免支出实行了拨、贷并存的资金供应方式。为了深化财政投资制度的改革，国家在1988年又批准了《投资管理体制近期改革方案》，进行了两个大的改革，即建立基本建设基金制和成立国家专业投资公司。

### （二）支援农村生产支出管理体制的演变

支援农村生产支出项目设立于20世纪50年代，当时主要是用于农村小型水利方面的支出。支援农村生产支出都是根据“社队自力更生为主、国家支援为辅”的方针，坚持“确有物资，物资适用，群众欢迎，讲求实效”的原则分配使用。毛泽东同志指出：“在筹集农业资金方面，农村群众中间有很大的潜在能力。在农业合作化的过程中，在资金方面，国家应当给予农民以必要的援助，但是资金的主要的大量的部分，还是应当依靠农民自己筹集，而这是完全可能的，对于农民的潜在力量估计不足是错误的。”[5]毛泽东同志明确指出发展农业资金的筹集必须以“社队自力更生为主、国家支援为辅”的方针。凡是确定需要举办的事业，群众自愿、社队又有力量举办的，应当由社队自办；社队力所不及而又确实需要举办的，在国家财力可能的范围内，给予必要的资金支援。1980年以前，小型农田水利和水土保持补助费作为农业事业费支出类的一部分，除其中的特大抗旱防汛和农村小水电补助外，基本上是列入地方预算。从实际的支出指标分配和管理权限看，在1980年实行包干体制前，地方财政支出是由中央财政核定，基本上是每年核定一次。农村生产支出的另一主要内容支援公社支出，开始就是作为中央专项拨款，下达到省（市、自治区），然后逐级下达到使用单位。国务院国发〔1979〕170号文件《关于发展社队企业若干问题的规定》第五条第三款规定：“国家支援农村人民公社投资，拨给社队企业管理部门用以扶持穷社队办企业，一般不得少于一半……国家用于扶持社队企业的支出，系属财政资金，应按财政预算管理办法，纳入各级地方预算。”[4]379 1980年随着“划分收支，分级包干”财政体制的实行，支援农村生产支出中，除特大抗旱防汛补助费和支援不发达地区资金外，全部下放到地方财政，列入地方包干基数，由地方管理使用。到1994年分税制改革前，支援农村生产支出在预算管理和实行上采取的是“地方包干基数内支出+中央专项拨款补助”体制。1994年，分税制改革将支援农村生产支出列入地方预算，由地方财政自行安排支出。

### （三）农业（农林水利气象）事业费管理体制的演变

农林水利气象等事业费是指农林、水利、气象等事业组织开展各项农业事业活动所需要的经费。其内容构成主要有三种，按专业性经费划分，有农垦、农场、林业、畜牧业、水产业、水利、农机、气象等事业费；按综合性经费划分，有人员机构、房屋修缮、设备购置、各项业务、生产周转、差额补助等项经费；按农林水利气象等事业费的用途划分，有人员经费、科学研究、技术推广、人才培训、良种繁育、动植物保护、防汛岁修、勘察设计、资源调查、渔政管理等项经费[2]519。农业事业费支出管理方式基本上是根据国家对农业事业单位的财务关系确定的。它的变化大致经历了20世纪50年代的定员定额管理方式、60年代和70年代的分类管理方式、80年代的预算包干管理方式和90年代的全面核算收支的预算管理方式四个阶段。

## 三、财政支农资金管理体制变迁的特点

体制变迁即体制演进，包括体制替代、转换与交易过程。从现实看，体制变迁被理解为一种效率更高的体制对另一种体制的替代过程。任何一种体制产生之后，它的延续条件之一就是体制的效率，而且可能是唯一的充分条件，如果这种体制的效率太低，其实施成本过大，必然要被其他体制所取代或消亡，反之，这种体制将会得到延续。我国财政支农资金管理体制变迁过程，是受到其特定

制度环境制约的，这些制度环境包括中华人民共和国成立后50多年来一系列用于确定生产、交换与分配的基本政治、社会和法律的规则，我国的财政支农资金管理体制正是这种特定环境下的一种制度安排，这种制度安排的变迁不能不受到特定制度环境的制约，背离了这种制度环境的任何制度安排，其替代成本可能过大，由此决定了我国财政支农资金管理体制的变迁具有以下特点。

### （一）政府主导下的强制性变迁

按照变迁是由一个（群）人自发引起还是由政府法令强制推行，制度变迁分为诱致性变迁与强制性变迁。诱致性制度变迁指的是制度的创新是由一个（群）人在响应由制度不均衡引致的获得机会时，所自发倡导、组织和实行的制度变迁。其特点可概括为[6]：一是赢利性，即只有当制度变迁的预期收益大于预期成本时，有关创新群体才会推进制度变迁[7]。二是自发性。诱致性制度变迁是一种自下而上、从局部到整体的制度变迁过程。强制性变迁由政府命令和法律引入并实现，强制性制度变迁的主体是国家（或政府）。国家的基本功能是提供法律和秩序，并保护产权以换取税收。

中华人民共和国成立以来，我国农村经济的发展，迫切需要新的财政支农资金管理体制的安排来替代旧的管理体制，对新体制的需求使得财政支农资金管理体制的供给变得更为迫切。在这种情况下，由政府以法令引起的体制变迁而产生的体制供给就成为现实的成本最低选择，我国财政支农资金管理体制也是这样一种选择的结果。就财政支农资金管理体制而言，中华人民共和国成立以后50多年围绕财政支农资金管理体制，政府先后颁布了一系列相关的法规命令、政策措施。新制度经济学认为，国家之所以采取强制方式变革制度，一是因为它是垄断者，它能通过权力与其他资源的垄断，可以比竞争性组织以低得多的费用提供制度性服务，短期内能够在全社会范围内有效地配置资源；二是国家在制度供给的“生产”上，具有规模经济优势[8]139-140。因此，政府可以采取行动来弥补制度供给不足。财政支农资金管理历史表明，国家在为财政支农资金管理制定和颁布相关政策措施，客观上对提高财政支农资金使用效率发挥了决定性作用。但是，这种强制性体制变迁虽然节约了体制变迁的成本，实现了宏观经济效率，也遏制了初级行动团体的体制创新活力和动力，使某些体制供给无法满足现实需求而变得“无效”。

## （二）明显的路径依赖

路径依赖原来是用来描述技术变迁过程中的自我强化、自我积累性质的，即前期所采用的技术往往决定了后期技术的特点和个性，而后期技术通常是在原有技术上发展而成，后期技术对前期技术在发展方向上存在依赖关系[9]。诺思把技术变迁的上述机制扩展到制度变迁中，认为制度变迁中自我强化的机制取决于初始设置成本、学习效应、协作效应和适应性预期[8]156。任何体制变迁的轨迹大都具有明显的路径依赖性。首先，依赖于文化信仰和组织这两个重要的相关要素，由于文化信仰是未经协调的各种预期，体制变迁受到其历史影响；其次，组织发展本身是一个历史过程，在此过程中现有组织和体制影响着个人与社会对外变化的反应过程，也决定了今后体制和组织的发展；最后，体制变迁之所以表现为路径依赖，是因为过去的行为、文化信仰、社会结构和组织都影响着价值观念和社会实施机制的发展，从而压制了背离旧有行为模式的灵活性。

在我国计划经济体制的建立到向市场经济不断深入的改革历史过程中，财政管理体制经历了四次重大的变革。第一次是中华人民共和国成立初期的国民经济恢复时期到20世纪60年代的三年经济调整时期，实行的是统收统支体制，此时财力和财权高度集中于中央，对地方基本上实行“统收统支”的办法，地方财权很小，机动财力很少。第二次是1958—1979年，实行的是以中央集权为主，适当下放财权的体制，此时财力和财权的相当大部分仍集中在中央，同时给地方一定的机动财力和财权，但是比例比较小。第三次是1980—1990年，实行的是多种形式的财政包干体制，如1980—1984年实行的“划分收支、分级包干”体制，1985—1987年实行的“划分税种、稳定收支、分级包干”体制，1988—1990年实行的是多种包干体制。其主要特点是中央集中的财力过少，负担过重，地方财力大大增强，但财权不独立。第四次是1994年开始实行的分税制分级财政体制，其基本内容是根据中央政府和地方政府的不同职权划分支出范围，按税种划定各级预算的固定收入来源，分别设置机构，分别征收；各级政府有独立的预算权，中央预算与地方预算彻底分开，中央预算通过转移支付制度实现对地方预算的调节和控制。这四次变革演绎促成了我国财政管理体制由计划导向型到市场导向型的质的跨越。通过对农业基本建设投资、支援农村生产支出和农业事业费这三个大的投入结构的管理变化的分析可以看出，财政支农资金管理体制变迁的路径依赖以财政管理体制改革的历程为典型代表。

### （三）不同利益集团博弈的过程

奥尔森认为，利益团体内的成员每时每刻都在理性追求个人的最大利益，团体成员追求最大个人利益的结果却不会促进公共利益，个人往往从自己的利益出发，常常不是致力于集体的公共利益。因此，个人的理性不会促进集体的公共利益[11]。在财政支农资金管理体制变迁的过程中，形成了三个大的利益集团主体，即财政支农资金拨付部门（上级政府财政部门，指中央政府）、财政支农资金使用与管理部门（下级政府财政部门，指地方政府）和地方性生产组织（农户）。中央政府和地方政府是典型的委托代理关系。上级政府是委托人，下级政府是代理人；同时，这二者的身份是多重的，既是委托人又是代理人。财政支农资金管理体制的变迁过程，实际上是这三大利益主体在寻求利益动机引导下相互博弈的过程。在长期计划经济体制下，中央政府管理财政的控制权，中央政府不想放弃这种控制权，其目的在于实现财政资金的重新分配，同时便于对农村财政资金的宏观管理，从而实现国家利益。因此，这也可以看出，计划经济时期和改革开放初期是中央政府主导的强制性体制变迁。

## 四、财政支农资金管理体制改革的方向

现行的农业财政资金管理体制是历史的产物，是在不断创新和改革中形成的。现行的政府财政支农资金管理体制有其合理的一面，但也有其损害效率的一面，主要表现在有限的资金不能产生应有的效用。面对中国农业发展新阶段和建设社会主义新农村的新形势，改革现行政府农业财政支农资金管理体制势在必行。随着市场经济体制的建立以及政府公共支出框架的确立，政府农业财政支农资金管理体制改革主要方向在以下四个方面。

### （一）采取诱致性制度变迁，明确政府职能

我国财政支农资金管理体制的变迁是一种强制性制度变迁，而有效率的制度变迁主要是一种诱致性变迁[12]。这是因为从制度变迁的成本看，诱致性变迁的成本低于强制性变迁，诱致性变迁在个人层次只需考虑预期经营成本，在组织层次考虑预期经营成本和组织成本；而强制性变迁则面临不同利益集团的博弈，预期利益较小或受损的集团可能会阻挠制度变迁，从而强制性的制度变迁面临较大的阻滞成本。从制度变迁的收益看，诱致性变迁的利得大于利失，而强制性变迁的收益则有很大的不确定性。从制度变迁的发展看，强制性变迁可能无法获得足够支持而归于无效，强制性变迁的供给导向决定了它往往缺乏需求基础，从而不能得到足够多的理解和支持。如果政府依靠国家机器强制实施这种违背民众意愿的变迁，较好的结果也只是"阳奉阴违"或"上有政策、下有对策"，这种制度难以发挥其效应。而诱致性变迁则有广泛的群众基础，即使没有政府支持，也能使参与人共同分享和维系一些信念，并逐渐深化为制度。

因此，我国财政支农资金管理体制的改革，要采取诱致性制度变迁的方式，合理确定政府在农业和农村经济发展中的职能，

真正做到该由市场调节的由市场调节，该由政府支持保护的由政府支持和保护。只有明确政府的职能，政府财政支农资金管理体制进一步改革才有基础。按照市场经济条件下政府财政“有所为、有所不为”的方针和农业农村发展的方针政策，合理设置农业财政支出项目，重点支持与整个社会经济发展相关、对提高农民收入和农业竞争能力有重要影响的环节和领域。在职能和分工明确基础上建立政府管理部门有机合作的体系，能够归并的支出事项建议由一个职能部门统一负责，暂时不能合并的事项，一是要对不同种类的资金使用范围加以明确；二是要对各分管部门的职能和分工加以明确。农业财政资金分配、使用及农业财政资金重大项目由人民政府的相应机构统一协调，以确保农业财政资金的有效配置。按照“统一、效能、协调”的原则，明确资金管理的职能部门和部门职能。

### （二）要体现政府间农业事权划分的范围

目前在财政支农方面，重复投资、分散投资、政府投资缺位和越位现象同时存在，一个重要的原因是对各级政府及政府各部门这些利益集团间的管理职责界定不清，甚至习惯于计划经济和压力型行政体制的思维模式，把本应该由中央政府承担的责任，不切实际地强加于地方政府，或者交给其他部门承担。这一问题造成不同渠道的农业投入在使用方向、实施范围、建设内容和项目安排等方面出现相当程度的重复和交叉，致使同一项目可能从不同部门多次获得财政支农资金的支持，从而没有更多的财力去对农业进行投资。因此，中央政府的事务支出由中央财政负担，地方政府的事务支出由地方财政负担。合理划分中央和地方财政在农业和农村发展中的事权，对全局性农业和农村经济发展事项，例如，大中型农业基础设施建设项目、重大或重要农业科技项目、重要的农业公共服务体系和扶贫等由中央负责。

## （三）建立和完善规范的财政支农资金监督和管理体系

各级财政部门、主管部门和农业单位都应主动地、自觉地担负起资金管理和财务管理的责任，努力提高经济效益，并建立一套科学的、规范化的资金管理办法和监督检查手段，对农村企事业单位财务特别是预算外资金流向，制定一个有效约束和激励的制度。因此，首先要建立和完善财政支农资金管理监督机制，全面推行支农资金项目目标管理责任制，建立一套科学完善的管理制度。目前的资金管理制度和办法主要是规定资金的使用范围，没有把资金分配管理程序和资金使用管理过程中各方面应负的责任作为主要内容，而在管理办法上比较注重事后检查，不太重视事前项目评估论证，这是造成资金损失浪费、资金使用效益不高的一个重要原因。实际上，项目的事前评估对提高资金使用效益起着关键性作用。通过项目目标管理，确定资金分配和项目选择的基本程序，可能明确资金使用过程中各方面的责任，提高资金分配的合理性，使资金管理逐步走上规范化；然后是建立规范的政府财政支农资金管理制度体系。制定政府财政支农资金规划或政府农业财政支出立法，规范政府农业财政支出的增减变动和政府农业财政支出的行为，规定政府农业财政资金管理的指导思想和总的原则，完善各类资金的具体管理制度。管理制度的建设既要与国家立法一致，具体制度间又要相互协调，避免制度间的矛盾和冲突，同时建立规范、科学的具体管理体系，包括资金项目的立项、选择、实施、竣工、后续管理等整个资金运行全过程管理的规范。

## （四）要符合WTO贸易规则

长期以来，我国政府农业投入在很多方面都与WTO农业协定的要求不相适应。按照WTO农业协议的有关规则，政府对农业的国内支持政策主要包括三类：一是免予削减的支持措施，即“绿箱”措施；二是要限制的支持措施，即“黄箱”措施；三是属于“黄箱”但不计入“综合支持量”的“蓝箱”措施。加入WTO

后，在我国国民经济发展中处于不利地位的农业将面临更为激烈的竞争，经受更为严峻的考验和挑战。因此，中国加入WTO首先是政府加入WTO，政府农业财政支出管理既要体现公平、公正、透明的原则，同时“黄箱”、“绿箱”政策的运用又要符合中国的实际和WTO贸易规则的要求，有利于中国农业和农村经济的发展。国家要调整财政支农资金的管理体制，真正体现将农业放在国民经济首位的大政方针，不断加强和巩固农业的基础地位。

参考文献（略）

本文发表于《武汉科技大学学报（社会科学版）》2008年第6期。

# 第一章　改革开放以来财政支农资金投入的实证考察

农业作为基础性产业，为工业发展提供了稳定的原料供给，为国民生活提供了基本的生活保障；同时，农业又具较强的弱质性，比较效益低，加之自然和市场的双重风险，资本不愿进入农业领域，因此，资金短缺成为制约农业发展的重要瓶颈。基于农业产业的基础性地位和自身的弱质性，世界各国都对农业发展进行资金扶持和政策倾斜，推动农业现代化进程。

我国作为一个农业大国，同时又拥有庞大的人口基数。因此，我国政府义不容辞地肩负着加大农业支持的责任。改革以来，随着我国经济实力的日益增强，政府对农业的资金投入也呈现快速增长的势头。特别是自 2004 年以来，连续 10 年的中央一号文件都以“三农”为主题，凸显中央政府加大农业投入的决心。我国财政认真贯彻落实党中央、国务院的各项方针政策，在支持农业基础设施建设，提高农业综合生产能力和农产品供给能力，改善生态环境，抵御自然灾害和农村扶贫开发方面做出了积极贡献。国家统计局统计数据显示，“十一五”期间，中央财政安排“三农”投入近 3 万亿元，是“十五”时期的 2.6 倍，投入规模和年均增幅均创新高。最新统计数据显示，2011 年中央财政“三农”投入首次超过 1 万亿元，达到 10419 亿元，较上年增长约 21.4%。2012 年中央财政用于“三农”的投入安排约 12287 亿元，比上年增加 1868 亿元。经过多年的演变和发展，以增加粮食生产、促进农民增收、发展现代农业、加强生态环境建设、推进农村综合改革等政策为主要内容，适应社会主义市场经济体制发展需要和农业农村发展实际的财政支持“三农”政策框架体系已经形成。

# 一、基于财政支农规模的实证分析

财政支农的业务范围宽，牵涉部门多，且支农统计数据不完整①，导致财政支农支出概念模糊不清。考虑到当前部分财政支农数据的不可得性，笔者将“财政支农支出”界定为“国家财政用于农业的支出”与“全国农业综合开发财政投入”两项之和，并在此基础上对1978年以来中国财政支农能力问题展开实证研究。

## （一）绝对量的对比分析

### 1. 财政支农资金规模

财政支农资金总额从1978年的150.66亿元增至1979年的174.33亿元，然后持续下降至1981年的110.21亿元，然后又回升到1998年的1237.82亿元，接着又下调到1999年的1179.85亿元，然后一直增长到2003年的1903.67亿元。在“中央一号文件”连续聚焦“三农”的背景下，财政支农资金总额高速增长到2012年的11777.46亿元。除1981年、1999年两年财政支农资金分别出现环比下降外，其他年份均呈现持续增长态势。其中，1981年财政支农资金下降是国家体制性“重工轻农”的结果，这在未来改革中逐渐得到扭转；而1999年的降低则是1998年特大洪灾后的一种自然回调。从1978—2012年全阶段看，年均增幅约为13.68%，如果从2003—2012年分阶段看，年均递增

① 多部门支农给统计工作带来极大困难，即便是国家统计局也只能统计“支援农村生产支出和农林水利气象事业费”、“农业基本建设支出”、“农业科技三项费用”、“农村救济费”、“农业综合开发中财政投入”等5项财政支农支出，其余的支农项目（如农村中小学教育支出，农村卫生支出，水利建设基金，支援不发达地区支出，农村税费改革转移支付，农产品政策性补贴支出，农业生产资料价格补贴，农业科学事业费，央行对农信社发行、兑付专项票据的支出等）目前均未作统计，这说明目前即使官方统计机构对财政支农的真实情况也未必清楚。

22.44%（见表 1-1）。因此可以说，财政支农资金规模年均增幅在持续增加，但与其他支出项目相比，总体数量还偏小，需要进一步加大财政支农力度。

## 2. 国家财政状况

在 1978—2012 年的 35 年间，除个别年份（如 1978 年、1981 年、1985 年、2007 年），财政收支处于盈余状态外，其他多数年份均保持一定规模的赤字。财政赤字额总体上处于上升趋势，赤字总额从 1978 年的-10.17 亿元上升到 1979 年的 135.41 亿元，然后又在波动中上升到 2012 年的 8502.22 亿元。1979—2012 年间，年均增幅 13.4%（见表 1-1）。总体而言，国家财政压力持续处于偏紧状态。

表 1-1　**1978—2012 年财政支农支出额（单位：亿元）**

| 年份 | 财政支农支出 2 | 农业综合开发财政投入 | 财政支农支出总额 | 年份 | 财政支农支出 2 | 农业综合开发财政投入 | 财政支农支出总额 |
|---|---|---|---|---|---|---|---|
| 1978 | 150.66 | 0 | 150.66 | 1989 | 265.94 | 17.86 | 283.80 |
| 1979 | 174.33 | 0 | 174.33 | 1990 | 307.84 | 25.43 | 333.27 |
| 1980 | 149.95 | 0 | 149.95 | 1991 | 347.57 | 29.22 | 376.79 |
| 1981 | 110.21 | 0 | 110.21 | 1992 | 376.02 | 26.69 | 405.71 |
| 1982 | 120.49 | 0 | 120.49 | 1993 | 440.45 | 33.59 | 474.04 |
| 1983 | 132.87 | 0 | 132.87 | 1994 | 532.98 | 35.00 | 567.98 |
| 1984 | 141.29 | 0 | 141.29 | 1995 | 574.93 | 46.21 | 621.14 |
| 1985 | 153.62 | 0 | 153.62 | 1996 | 700.43 | 56.42 | 756.85 |
| 1986 | 184.20 | 0 | 184.20 | 1997 | 766.39 | 59.60 | 825.99 |
| 1987 | 195.72 | 0 | 195.72 | 1998 | 1154.76 | 83.06 | 1237.82 |
| 1988 | 214.07 | 8.76 | 222.83 | 1999 | 1085.76 | 94.09 | 1179.85 |

续表

| 年份 | 财政支农支出2 | 农业综合开发财政投入 | 财政支农支出总额 | 年份 | 财政支农支出2 | 农业综合开发财政投入 | 财政支农支出总额 |
|---|---|---|---|---|---|---|---|
| 2000 | 1231.54 | 124.88 | 1356.42 | 2007 | 3041.35 | 363.35 | 3404.7 |
| 2001 | 1456.73 | 130.33 | 1587.06 | 2008 | 4151.42 | 392.59 | 4544.01 |
| 2002 | 1580.76 | 137.78 | 1718.54 | 2009 | 6268.15 | 452.26 | 6720.41 |
| 2003 | 1754.45 | 149.22 | 1903.67 | 2010 | 7619.81 | 509.77 | 8129.58 |
| 2004 | 2337.63 | 143.95 | 2481.58 | 2011 | 8948.51 | 572.48 | 9520.99 |
| 2005 | 2450.31 | 164.54 | 2614.85 | 2012 | 11147.88 | 629.58 | 11777.46 |
| 2006 | 3172.97 | 366.4 | 3539.37 | | | | |

注：中国自1988年开始立项实施农业综合开发；

国家财政指中央财政与地方财政的统称，未特别说明时，财政即指国家财政；

财政支农支出=财政支农支出2+农业综合开发财政投入；

财政支农支出2（即国家财政用于农业的支出）=财政支农支出1+农业基本建设支出+农业科技三项费用+农村救济费+其他（1984年后取消）；

财政支农支出1=支援农村生产支出+农林水利气象等部门事业费；

以上三个公式由笔者定义；农村救济是间接生产性财政农业投入，不应从财政支农投入中剔除。

### 3. 财政支农资金规模与国家财政状况的对比分析

改革以来的1978—2012年间，在国家财政总体偏紧的硬约束下，财政支农资金规模持续上升。尤其是2003年以来，在党中央提出的三农工作是“重中之重”思想的指导下，国家财政对于农业的支持力度明显增强，支农资金规模快速增加。如图1-1，尤其是2003—2012年间，快速上升的财政赤字额并没有影响到甚至改变财政支农资金额稳定增长的良好态势。

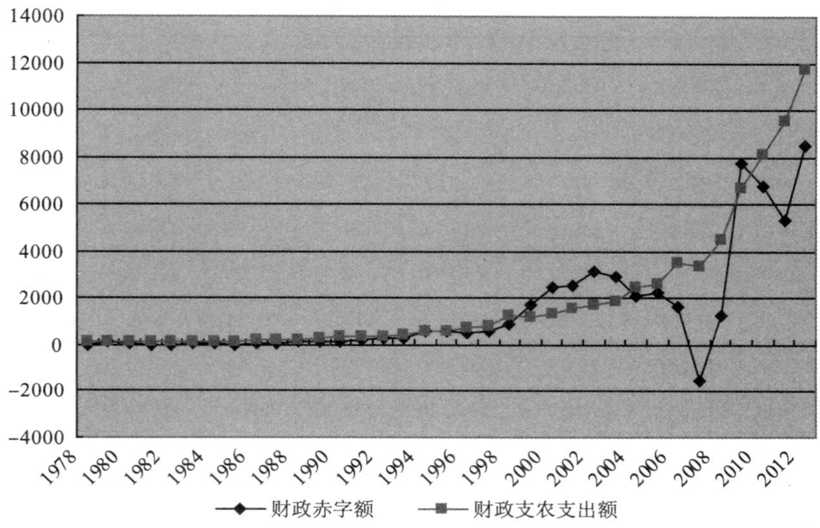


图 1-1　1978—2012 年财政赤字额与财政支农支出额（单位：亿元）

## (二) 相对量的对比分析

### 1. 财政赤字占比与财政支农资金占比的对比分析

财政赤字占财政总支出之比由 1978 年的-0.91%上升到 2000 年的 15.68%，然后一路下降到 2012 年的 6.76%，35 年间共增加了 7.67 个百分点。而另一方面，财政支农支出占比仅出现细微波动，由 1978 年的 13.43%略微增加到 1979 年的 13.6%，然后持续降低到 1995 年的 9.1%，后又增加到 1998 年的 11.46%，此后上下浮动在 8%左右；35 年间降低了 4.06 个百分点（表 1-2）。1978—2012 年间，财政赤字占比呈快速增加趋势，而财政支农支出占比仅出现略微降低，基本保持稳定（图 1-2）。这说明，国家对财政支农工作非常重视，只能加强，不能削弱。

表 1-2 **1978—2012 年国家财政赤字、赤字占比及支农资金占比（亿元、%）**

| 年份 | 国家财政支出 | 财政赤字额 | GDP | 财政支农资金 | 赤字额占财政支出之比 | 财政支农资金占国家财政支出之比 | 财政赤字额占 GDP 之比 |
|---|---|---|---|---|---|---|---|
| 1978 | 1122.09 | (10.17) | 3645.20 | 150.66 | (0.91) | 13.43 | (0.28) |
| 1979 | 1281.79 | 135.41 | 4062.60 | 174.33 | 10.56 | 13.60 | 3.33 |
| 1980 | 1228.83 | 68.90 | 4545.60 | 149.95 | 5.61 | 12.20 | 1.52 |
| 1981 | 1138.41 | (37.38) | 4891.60 | 110.21 | (3.28) | 9.68 | (0.76) |
| 1982 | 1229.98 | 17.65 | 5323.40 | 120.49 | 1.43 | 9.80 | 0.33 |
| 1983 | 1409.52 | 42.57 | 5962.70 | 132.87 | 3.02 | 9.43 | 0.71 |
| 1984 | 1701.02 | 58.16 | 7208.10 | 141.29 | 3.42 | 8.31 | 0.81 |
| 1985 | 2004.25 | (0.57) | 9016.00 | 153.62 | (0.03) | 7.66 | (0.01) |
| 1986 | 2204.91 | 82.90 | 10275.20 | 184.20 | 3.76 | 8.35 | 0.81 |
| 1987 | 2262.18 | 62.83 | 12058.60 | 195.72 | 2.78 | 8.65 | 0.52 |
| 1988 | 2491.21 | 133.97 | 15042.80 | 222.83 | 5.38 | 8.94 | 0.89 |
| 1989 | 2823.78 | 158.88 | 16992.30 | 283.80 | 5.63 | 10.05 | 0.94 |
| 1990 | 3083.59 | 146.49 | 18667.80 | 333.27 | 4.75 | 10.81 | 0.78 |
| 1991 | 3386.62 | 237.14 | 21781.50 | 376.79 | 7.00 | 11.13 | 1.09 |
| 1992 | 3742.20 | 258.83 | 26923.50 | 405.71 | 6.92 | 10.84 | 0.96 |
| 1993 | 4642.30 | 293.35 | 35333.90 | 474.04 | 6.32 | 10.21 | 0.83 |
| 1994 | 5792.62 | 574.52 | 48197.90 | 567.98 | 9.92 | 9.81 | 1.19 |
| 1995 | 6823.72 | 581.52 | 60793.70 | 621.14 | 8.52 | 9.10 | 0.96 |
| 1996 | 7937.55 | 529.56 | 71176.60 | 756.85 | 6.67 | 9.54 | 0.74 |
| 1997 | 9233.56 | 582.42 | 78973.00 | 825.99 | 6.31 | 8.95 | 0.74 |
| 1998 | 10798.18 | 922.23 | 84402.30 | 1237.82 | 8.54 | 11.46 | 1.09 |
| 1999 | 13187.67 | 1743.59 | 89677.10 | 1179.85 | 13.22 | 8.95 | 1.94 |
| 2000 | 15886.50 | 2491.27 | 99214.60 | 1356.42 | 15.68 | 8.54 | 2.51 |
| 2001 | 18902.58 | 2516.54 | 109655.20 | 1587.06 | 13.31 | 8.40 | 2.29 |

续表

| 年份 | 国家财政支出 | 财政赤字额 | GDP | 财政支农资金 | 赤字额占财政支出之比 | 财政支农资金占国家财政支出之比 | 财政赤字额占 GDP 之比 |
|---|---|---|---|---|---|---|---|
| 2002 | 22053. 15 | 3149. 51 | 120332. 70 | 1718. 54 | 14. 28 | 7. 79 | 2. 62 |
| 2003 | 24649. 95 | 2934. 70 | 135822. 80 | 1903. 67 | 11. 91 | 7. 72 | 2. 16 |
| 2004 | 28486. 89 | 2090. 42 | 159878. 30 | 2481. 58 | 7. 34 | 8. 71 | 1. 31 |
| 2005 | 33930. 28 | 2280. 99 | 183084. 80 | 2614. 85 | 6. 72 | 7. 71 | 1. 25 |
| 2006 | 40422. 73 | 1662. 53 | 216314. 4 | 3539. 37 | 4. 11 | 8. 76 | 0. 77 |
| 2007 | 49781. 35 | (1540. 43) | 265810. 3 | 3404. 7 | (3. 09) | 6. 84 | (0. 01) |
| 2008 | 62592. 66 | 1262. 31 | 314045. 4 | 4544. 01 | 2. 02 | 7. 26 | 0. 4 |
| 2009 | 76299. 93 | 7781. 63 | 340902. 8 | 6720. 41 | 10. 20 | 8. 81 | 2. 28 |
| 2010 | 89874. 16 | 6772. 65 | 401512. 8 | 8129. 58 | 7. 54 | 9. 05 | 1. 69 |
| 2011 | 109247. 79 | 5373. 36 | 472881. 6 | 9520. 99 | 4. 92 | 8. 72 | 1. 14 |
| 2012 | 125712. 31 | 8502. 22 | 519322. 1 | 11777. 46 | 6. 76 | 9. 37 | 1. 64 |

注：赤字栏中带括号的数字为盈余额，不带括号的为赤字额；

表中的财政支农资金由笔者界定，其等于支农支出与农业综合开发中财政投入额之和。

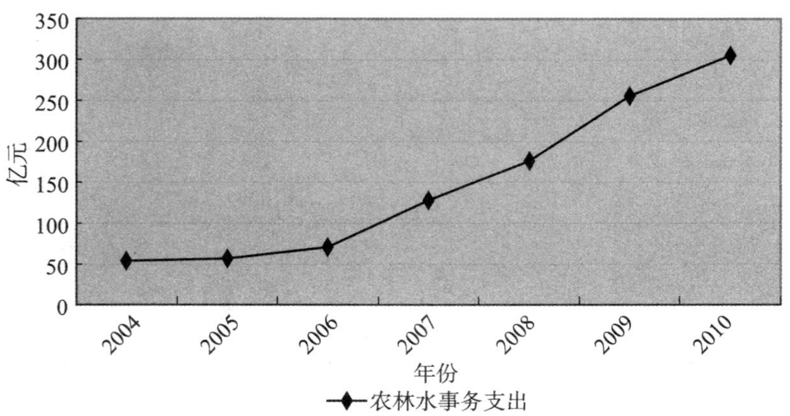


图 1-2　1978—2012 年财政赤字占比与财政支农支出占比（单位:%）

### 2. 财政风险的对比分析

国际上评价一国财政风险的主要指标之一是财政赤字占 GDP 之比，且其国际警戒线为 3%①。1978 年以来，只有 1979 年财政赤字占 GDP 之比超过 3%，达到 3.33%。其余年份中，超过 2%的有 2000、2001、2002、2003 年；超过 1%的有 1980、1991、1994、1998、1999、2004、2005、2010、2011、2012 年，其余 14 年均低于 1%（表 1-2）。这说明我国财政风险尚处于可控范围。

### 3. 财政支农资金占比与农业 GDP 占比的对比分析

由表 1-3 可以看出，财政支农支出占比从 1978 年的 13.43%下降到 2012 年的 9.37%，下降幅度仅为 4.06 个百分点；而农业 GDP 占比从 1978 年的 27.94%以较快的速度下降到 2012 年的 10.09%，下降了 17.85 个百分点，降幅远高于前者。由图 1-3 可见，改革开放以来的 35 年间，在财政支农资金占比仅出现略微降低的情况下，农业 GDP 占比出现了显著下降趋势。这说明，尽管国家支农资金规模持续在增加，但依然处于偏小的状态，无力改变农业 GDP 占比迅速下滑的态势，未来需要进一步加大“三农”投入力度。

表 1-3 **1978—2012 年财政支农资金占比、农业产值占比和财政支农系数**

| 年份 | 支农资金占财政总支出的% | 农业总产值占 GDP 的% | 财政支农系数 | 年份 | 支农资金占财政总支出的% | 农业总产值占 GDP 的% | 财政支农系数 |
|---|---|---|---|---|---|---|---|
| 1978 | 13.43 | 27.94 | 0.48 | 1981 | 9.68 | 31.60 | 0.31 |
| 1979 | 13.60 | 30.99 | 0.44 | 1982 | 9.80 | 33.09 | 0.30 |
| 1980 | 12.20 | 29.91 | 0.41 | 1983 | 9.43 | 32.88 | 0.29 |

① 欧盟统一货币的前提条件之一是各国财政赤字占 GDP 的比率降低到 3%以下，故该比例的 3%值成为国际公认的衡量一国财政风险的警戒线。

续表

| 年份 | 支农资金占财政总支出的% | 农业总产值占 GDP 的% | 财政支农系数 | 年份 | 支农资金占财政总支出的% | 农业总产值占 GDP 的% | 财政支农系数 |
|---|---|---|---|---|---|---|---|
| 1984 | 8.31 | 31.85 | 0.26 | 1999 | 8.95 | 16.22 | 0.55 |
| 1985 | 7.66 | 28.19 | 0.27 | 2000 | 8.54 | 14.83 | 0.58 |
| 1986 | 8.35 | 26.90 | 0.31 | 2001 | 8.40 | 14.15 | 0.59 |
| 1987 | 8.65 | 26.57 | 0.33 | 2002 | 7.79 | 13.49 | 0.58 |
| 1988 | 8.94 | 25.47 | 0.35 | 2003 | 7.72 | 12.57 | 0.61 |
| 1989 | 10.05 | 24.88 | 0.40 | 2004 | 8.71 | 13.11 | 0.66 |
| 1990 | 10.81 | 26.88 | 0.40 | 2005 | 7.71 | 12.60 | 0.61 |
| 1991 | 11.13 | 24.28 | 0.46 | 2006 | 8.76 | 11.11 | 0.79 |
| 1992 | 10.84 | 21.54 | 0.50 | 2007 | 6.84 | 10.77 | 0.64 |
| 1993 | 10.21 | 19.49 | 0.52 | 2008 | 7.26 | 10.73 | 0.68 |
| 1994 | 9.81 | 19.65 | 0.50 | 2009 | 8.81 | 10.33 | 0.85 |
| 1995 | 9.10 | 19.77 | 0.46 | 2010 | 9.05 | 10.1 | 0.90 |
| 1996 | 9.54 | 19.51 | 0.49 | 2011 | 8.72 | 10.04 | 0.87 |
| 1997 | 8.95 | 18.06 | 0.50 | 2012 | 9.37 | 10.09 | 0.93 |
| 1998 | 11.46 | 17.32 | 0.66 | | | | |

本书将财政支农资金占财政总支出的比例与农业产值占 GDP 的比例之比界定为财政支农系数。该指标能够很好的展现财政支农资金占比与农业 GDP 占比之间的动态变化关系。该系数值越大，表明国家对农业投入力度越大。如图 1-4 所示，改革开放以来的 35 年间，财政支农系数呈现快速上升趋势。从 1978 年的 0.48 持续升高到 2012 年的 0.93。所以，整体而言，国家对“三农”工作日益重视，财政投入也逐渐在增强。

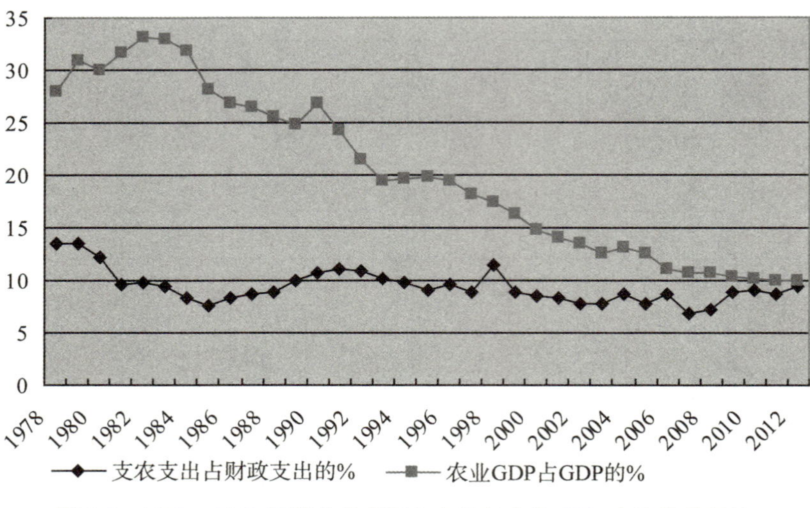


图 1-3　1978—2012 年财政支农资金占比与农业 GDP 占比趋势对比

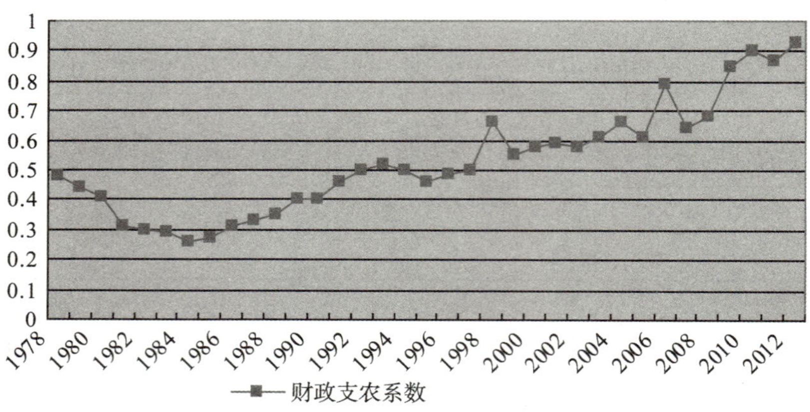


图 1-4　1978—2012 年财政支农系数变化趋势

### 4. 财政支农资金内部结构的对比分析

如表 1-4 所示：（1）1978 年以来，财政支农支出 1 占比总体上呈现上升趋势，只是在个别年份出现环比下降（如 1998 年、2000 年、2003 年）。（2）农业基本建设支出占比总体呈现出先下降、后增加、再下降、再增加的趋势。第一轮增加是因为1998年特大洪灾的影响，国家大力加强农业基本建设支出。第二轮增加是因为国家提出“新农村建设”的历史任务。这说明农业基本建设支出所占份额的大小常常受制于国家政策的调整变动。（3）农业科技三项费用在1978—2012年的35年间年均占比仅为0.82%，而且在1991—2012年间，该指标都低于平均水平。这说明，农业科技三项费用占比在相当长的时期内，处于极低的水平，这是造成我国农业科技发展缓慢的重要原因，同时也反映出我国财政支农资金分配结构不合理。（4）农村救济费占比尽管有所波动，但一般比较平稳，多处于3%~5%之间；（5）农业综合开发财政投入占比总体呈现出先升高后降低的“倒U形”曲线状态，该项支出还处于不稳定的上下波动之中，不利于稳步提高农业综合生产能力。总体来看，财政支农资金的内部结构比较失衡，财政支农支出1占比太大，过高的“财政吃饭供养”份额严重削弱了“生产性支农”部分，严重制约了财政支农效率的提高。（见图1-5）

表1-4　**1978—2012年财政支农资金的内部结构（单位:%）**

| 年份 | 财政支农支出1占比 | 农业基本建设支出占比 | 农业科技三项费用占比 | 农村救济费占比 | 农业综合开发财政投入占比 |
|---|---|---|---|---|---|
| 1978 | 51.08 | 33.94 | 0.70 | 4.57 | 0 |
| 1979 | 51.69 | 35.80 | 0.87 | 5.62 | 0 |
| 1980 | 54.76 | 32.40 | 0.87 | 4.84 | 0 |
| 1981 | 66.85 | 21.91 | 1.07 | 8.24 | 0 |
| 1982 | 66.30 | 23.91 | 0.94 | 7.14 | 0 |
| 1983 | 65.22 | 25.78 | 1.36 | 7.06 | 0 |
| 1984 | 67.90 | 23.80 | 1.54 | 6.76 | 0 |
| 1985 | 65.77 | 24.56 | 1.27 | 8.40 | 0 |
| 1986 | 67.48 | 23.82 | 1.47 | 7.24 | 0 |
| 1987 | 68.55 | 23.92 | 1.16 | 6.37 | 0 |
| 1988 | 71.24 | 17.80 | 1.07 | 5.96 | 3.93 |

续表

| 年份 | 财政支农支出1占比 | 农业基本建设支出占比 | 农业科技三项费用占比 | 农村救济费占比 | 农业综合开发财政投入占比 |
|---|---|---|---|---|---|
| 1989 | 69.46 | 17.84 | 0.87 | 5.53 | 6.29 |
| 1990 | 66.54 | 20.02 | 0.93 | 4.88 | 7.63 |
| 1991 | 64.64 | 20.04 | 0.78 | 6.79 | 7.75 |
| 1992 | 66.31 | 20.95 | 0.74 | 4.68 | 7.32 |
| 1993 | 68.23 | 20.04 | 0.63 | 4.01 | 7.09 |
| 1994 | 70.37 | 18.84 | 0.53 | 4.10 | 6.16 |
| 1995 | 69.26 | 17.71 | 0.48 | 5.11 | 7.44 |
| 1996 | 67.39 | 18.70 | 0.65 | 5.80 | 7.45 |
| 1997 | 67.89 | 19.34 | 0.66 | 4.89 | 7.22 |
| 1998 | 50.57 | 37.22 | 0.74 | 4.76 | 6.71 |
| 1999 | 57.42 | 30.26 | 0.77 | 3.57 | 7.97 |
| 2000 | 56.54 | 30.56 | 0.72 | 2.98 | 9.21 |
| 2001 | 57.84 | 30.30 | 0.65 | 3.00 | 8.21 |
| 2002 | 64.16 | 24.66 | 0.57 | 2.58 | 8.02 |
| 2003 | 59.61 | 27.70 | 0.65 | 4.19 | 7.84 |
| 2004 | 68.25 | 21.86 | 0.63 | 3.46 | 5.80 |
| 2005 | 68.55 | 19.60 | 0.76 | 4.79 | 6.29 |
| 2006 | 61.07 | 14.25 | 0.61 | 5.14 | 10.35 |
| 2007 | 65.88 | 17.83 | 0.72 | 4.90 | 10.67 |
| 2008 | 67.26 | 19.13 | 0.68 | 4.29 | 8.64 |
| 2009 | 68.19 | 20.28 | 0.67 | 4.13 | 6.73 |
| 2010 | 67.78 | 21.14 | 0.74 | 4.07 | 6.27 |
| 2011 | 68.37 | 20.85 | 0.66 | 4.11 | 6.01 |
| 2012 | 69.17 | 21.08 | 0.69 | 3.71 | 5.35 |

注：由于1978—1983年有其他财政支农支出但本表未列入，故表中1978—1983年间各年的各项支农支出占比之和不足100%；农业综合开发是从1988年开始的，故1978—1987年间无此数据。

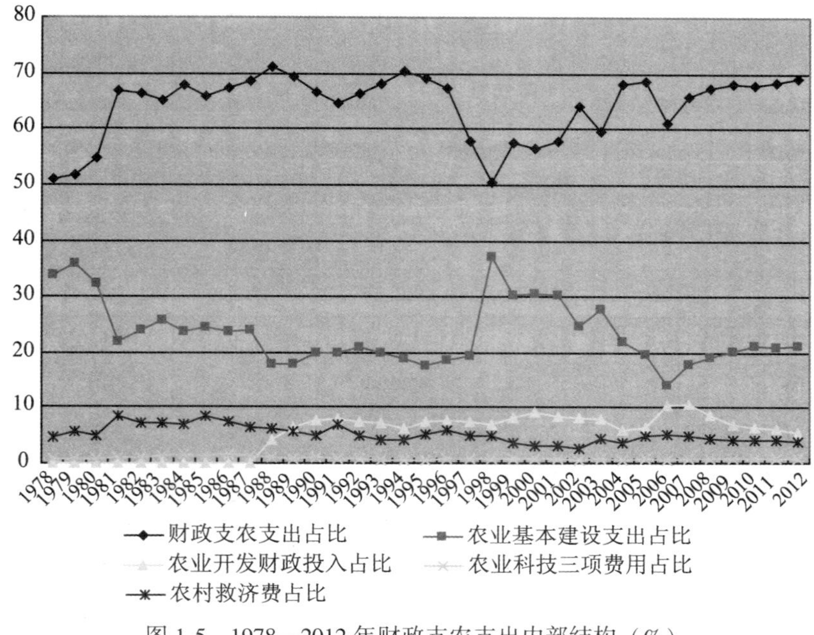


图 1-5　1978—2012 年财政支农支出内部结构（%）

## 5. 农业综合开发各项投入内部结构的对比分析

由表 1-5 和图 1-6 可以看出：（1）农业综合开发投入中，中央财政投入占比呈现逐步增加的趋势，并且日益占据份额第一的位置，这说明国家财政支农的力度在加大；（2）地方财政投入占比相对比较稳定，这可能与地方财政投入多是配套支出有关；（3）银行贷款占比在持续降低，这说明逐渐增加的财政投入使得农业综合开发单位不再过多的借助于金融机构的贷款支持；（4）自筹资金占比呈现日益下降的趋势，并且逐步从份额第一的位置上退居其次。但是，该部分比例依然过大，这说明在农业综合开发中，国家财政支农投入依然任重而道远。

表 1-5　**1988—2012 年全国农业综合开发投入中各成分占比（%）**

| 年份 | 财政投入占比 | #中央财政占比 | #地方财政投入占比 | 银行贷款占比 | 自筹资金占比 |
|---|---|---|---|---|---|
| 1988 | 49. 11 | 28. 18 | 20. 93 | 13. 08 | 37. 81 |
| 1989 | 51. 34 | 29. 00 | 22. 34 | 17. 61 | 31. 05 |
| 1990 | 51. 33 | 28. 36 | 22. 96 | 19. 51 | 29. 17 |
| 1991 | 51. 54 | 26. 90 | 24. 63 | 19. 68 | 28. 79 |
| 1992 | 47. 66 | 25. 32 | 22. 34 | 17. 54 | 34. 80 |
| 1993 | 46. 61 | 25. 27 | 21. 33 | 17. 98 | 35. 42 |
| 1994 | 51. 27 | 26. 68 | 24. 59 | 16. 38 | 32. 36 |
| 1995 | 53. 02 | 26. 98 | 26. 03 | 14. 01 | 32. 98 |
| 1996 | 47. 07 | 25. 47 | 21. 60 | 16. 46 | 36. 46 |
| 1997 | 46. 14 | 22. 69 | 23. 45 | 15. 47 | 38. 39 |
| 1998 | 50. 57 | 25. 64 | 24. 93 | 11. 68 | 37. 76 |
| 1999 | 49. 84 | 25. 03 | 24. 81 | 11. 13 | 39. 02 |
| 2000 | 63. 32 | 34. 31 | 29. 00 | 6. 12 | 30. 57 |
| 2001 | 63. 11 | 34. 31 | 28. 80 | 8. 85 | 28. 04 |
| 2002 | 58. 04 | 32. 09 | 25. 95 | 10. 77 | 31. 19 |
| 2003 | 62. 70 | 36. 44 | 26. 26 | 8. 56 | 28. 74 |
| 2004 | 56. 08 | 33. 37 | 22. 71 | 8. 31 | 35. 61 |
| 2005 | 53. 64 | 33. 19 | 20. 44 | 8. 52 | 37. 85 |
| 2006 | 55. 81 | 28. 17 | 27. 64 | 8. 62 | 35. 57 |
| 2007 | 55. 61 | 28. 79 | 26. 82 | 8. 46 | 35. 93 |
| 2008 | 54. 82 | 33. 05 | 21. 77 | 9. 53 | 35. 65 |
| 2009 | 61. 57 | 36. 70 | 24. 87 | 10. 59 | 27. 84 |
| 2010 | 63. 92 | 38. 28 | 25. 64 | 11. 42 | 24. 66 |
| 2011 | 62. 10 | 40. 18 | 21. 92 | 9. 38 | 28. 52 |
| 2012 | 66. 59 | 46. 06 | 20. 53 | 8. 77 | 24. 64 |

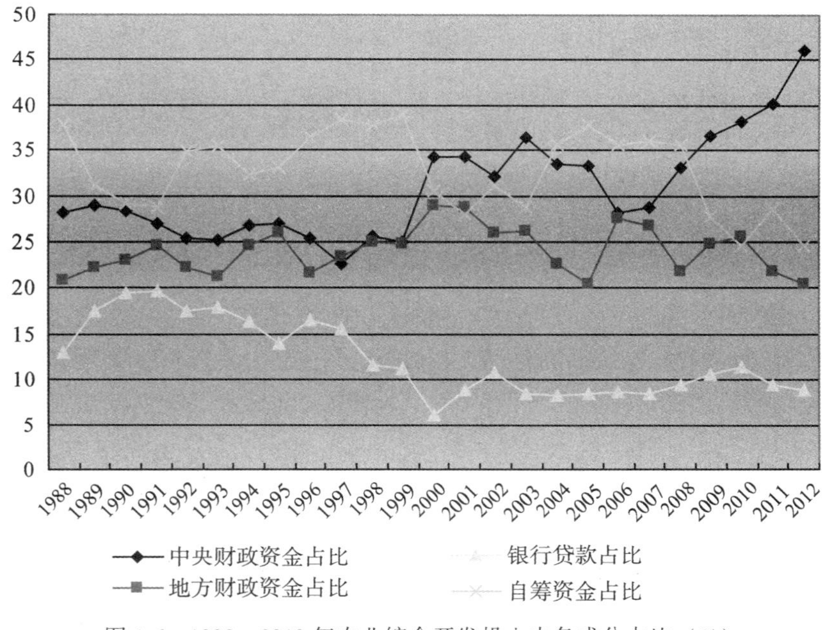


图 1-6 1988—2012 年农业综合开发投入中各成分占比（%）

## 二、基于财政支农效率的实证分析

### （一）财政支农管理复杂，项目繁多，投入缺乏合力，效率低下

#### 1. 管理复杂

由于财政支农资金实行多头管理，从中央到省，再到地、县、乡和村，总共 6 级管理机构，仅中央至少涉及 12 个部、委、办，过于复杂的管理体制使得几乎没有一个部门知道财政支农资金的具体情况，包括国家统计局也可能并不十分清楚财政支农资金的具体数额及使用情况。

### 2. 项目繁杂

财政支农资金项目类别多样、名目繁多①，且各项目之间存在着交叉重复或者彼此之间缺乏联系、相互脱节等问题。

### 3. 投入分散

由于财政支农资金实行的是多头管理的管理体制，管理部门众多使得每个部门可以掌握的支农资金数额并不多，加上支农项目的名目又多，导致单个项目的资金量非常小，不能发挥资金集聚使用的规模效益。这种投入分散的资金使用模式必然会造成财政支农资金的管理成本过高。

### 4. 效率低下

财政支农资金由多个部门进行管理，且在资金的使用上要经过多种层次和渠道按不同的管理方式拨付，造成项目资金有人管理但却无人对资金的分配使用负责的局面；加上支农资金管理的体系庞杂，秩序混乱导致支农资金被挤占、挪用或者即使用在支农项目上，效率也相当低下。这都严重影响了财政支农资金使用效率和规模效益的发挥。(见表 1-6)

表 1-6　**12 个中央涉农部、委、办各自所分配、使用和管理的资金项目情况**

| 中央部门 | 所分配、使用和管理的资金项目 |
| --- | --- |
| 1. 发改委 | 农业科技三项费、以工代赈资金、水利建设基金（基建部分）等；负责农口基本建设投资计划和项目审批 |

① 仅中央财政涉农支出项目就包括建设投资（国债资金）、农业科学事业费、农业科技三项费用、支援农村生产支出、农业综合开发支出、农林水气等部门事业费、支援不发达地区支出、水利建设基金、农业税灾歉减免补助、农村税费改革转移支付、农产品政策性补贴支出、农村中小学教育支出、农村卫生支出、农村救济支出、农业生产资料价格补贴等 15 个大项。

续表

| 中央部门 | 所分配、使用和管理的资金项目 |
| --- | --- |
| 2. 科技部 | 农业科学事业费、部分农业科技三项费、农业科技成果转化资金、科技扶贫资金 |
| 3. 农业部 | 中央本级农业基本建设投资、农业事业费、农业科学事业费、农业科技三项费用等资金 |
| 4. 林业局 | 中央林业基本建设投资、林业事业费、重点生态工程建设资金、林业科学事业费、林业科技三项费等资金 |
| 5. 水利部 | 中央本级水利基本建设投资、水利事业费、水利科学事业费、水利科技三项费、水利建设基金等资金 |
| 6. 防汛抗旱办 | 特大防汛抗旱资金、部分水利建设基金 |
| 7. 气象局 | 气象事业费等资金 |
| 8. 扶贫办 | 参与、协调财政扶贫资金的分配、使用和管理 |
| 9. 财政部（下辖国家农业综合开发办公室） | 支援农村生产支出、支援不发达地区支出、农业综合开发资金、财政扶贫资金、政策性补贴支出（农产品政策性补贴支出、农业生产资料价格补贴）、农业税灾歉减免补助资金、农村税费改革转移支付以及农业科技推广专项资金、农业产业化专项资金、农村小型水利设施建设资金等；负责所有中央级农业财政资金的预算编制、预算执行和决算管理等 |
| 10. 教育部 | 农村中小学教育资金 |
| 11. 卫生部 | 农村卫生资金 |
| 12. 民政部 | 农村救济资金 |

* 2013年国务院整合卫生部、人口计划生育委员会，组建国家卫生和计划生育委员会。

## （二）财政支农数据水分大

在现行财政投资体制下，中央财政资金的用途是非常明确的，即主要用于支援大中型基础设施建设项目的投资。目前中央财政预算内农业基本建设投资的结构是：水利项目建设投入资金最多，林业和生态环境建设投入资金次之，农业投入资金份额最小。2006—2011 年，安排用于农业农村基础设施建设的中央预算内投资总规模达到 7 760 亿元，年度规模从 600 亿元增加到 1930 亿元，增长 2.2 倍，占全部中央预算内投资的比重由 47.8%提高到 50.4%①。由于对大型水利建设项目和生态环境保护进行投资具有很大的正外部效应，因此投资的结果不仅有利于“三农”，还有利于全社会，故将其全部列入财政农业支出的范围，实际上夸大了财政支农资金投入的总规模与总比例。

### （三）县、乡财政支农功能弱化严重

由于财政支农资金管理体系混乱，中央财政层面上的农业基本建设投资资金很难分配到广大农村，省级财政也把重点放在与中央投资配套的大中型项目的建设上，因此农村中小型基础设施的建设投资资金就主要依靠县级和乡镇政府来落实。但县、乡政府财政脆弱，甚至连维持基本的机构正常运转都成问题，更没有资金支持农业农村发展了。②

### （四）财政支农资金闲置、浪费现象值得关注

在一些地方，上级政府把有偿使用的部分财政支农资金的到期回收情况作为考核下级政府的一项主要指标，所以主管部门为了降低贷款风险，常常会出现支农资金的滞拨、缓拨和提前回收资金的现象，致使原本就非常紧张的财政支农资金大量闲置、浪费，影响了财政支农资金的使用效益。

### （五）财政支持农业研发长期、严重欠账

由于农业科技项目具有见效慢、风险大的特点，于是财政管理

---

① 乌云其木格．全国人大常委会执法检查组关于检查〈中华人民共和国农业法〉实施情况的报告．2012 年 12 月 26 日十一届全国人大常委会第三十次会议．中国人大网：http：//www. npc. gov. cn.

② 吴晓灵．合理运用财政杠杆和金融杠杆促进农业经济发展．理论前沿，2006（4）.

部门对农业科研项目的投入热情不高。中国 1978—2012 年 35 年间农业科技三项费用占农业产值之比仅 1978 年、1979 年两年略高于 0. 1%；1995 年该比例为 0. 025%，到达最低点，在此之前该比例呈下降趋势，在此之后呈上升趋势，而 2012 年该比例仍只有 0. 12%（图 1-7）；而按联合国粮农组织（FAO）的标准，发展中国家或地区的农业 R&D 投入应占农业产值的 1%以上。可见，中国的农业科技研发投入是严重不足的，是长期巨额欠账的。

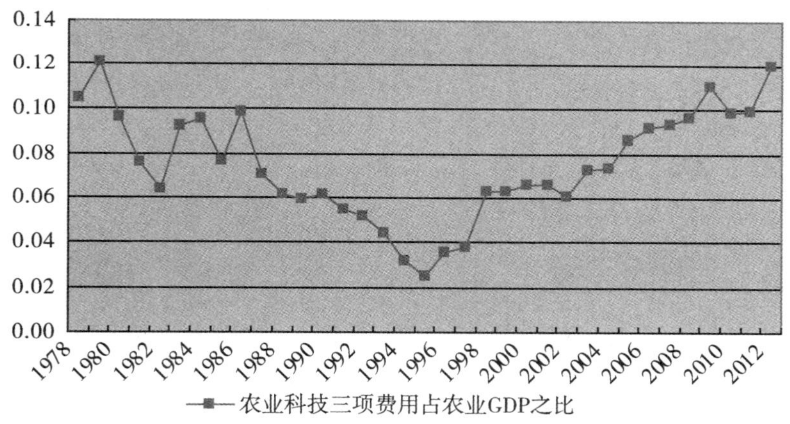


图 1-7　1978—2012 年农业科技三项费用占农业 GDP 之比

## （六）财政支农资金使用中越位、缺位、错位现象并存

1. 越位，是指我国财政支农资金投入方式与国际惯例和 WTO 农业协议的要求不相符合，如粮食风险基金、粮食企业的各种财务挂账和支出均不符合 WTO 规则或公共财政支出范畴。

2. 缺位，即与 WTO 规则相符的市场信息服务、农业科研、农产品质量检验监测体系建设、农民专业合作组织支持、不挂钩的收入支持、政府参与的收入保险和收入安全网计划、针对农民的各种结构调整性补贴等属“绿箱”政策鼓励的有关农民收入保障方面的支持，在现行的支农政策中尚未涉及或支持不够，补贴空间巨大。

3. 错位，即支农补贴和支农资金没有真正用在实际需要的地方。如中国一半以上的“绿箱”政策支农补贴支持了导致农产品成本和价格严重扭曲的流通环节，这与国际惯例和 WTO 规则的要求相违背，支农严重错位。①

综上所述，当前财政支农效率低下，提升财政支农能力的着力点应置于提高财政支农效率上。

## 三、若干结论

从财政支农支出的规模、效率、结构等方面考察，我们可得出 5 点结论②：

1. 规模不大是导致财政支农水平低下的重要因素。改革以来，在国家财政总体偏紧的硬约束下，财政支农资金规模持续上升。尤其是 2003 年以来，在党中央提出三农工作是“重中之重”思想的指导下，财政对于农业的支持力度明显增强，支农资金规模快速增加。但支农资金规模绝对数量依然处于偏小的状态，无力改变农业总产值占比迅速下滑的态势，未来需要进一步加大“三农”投入力度。

2. 效率低下同样是导致财政支农水平不高的重要因素。一方面，我国财政支农重点不突出，“撒胡椒面”式的投入方式致使效率低下；另一方面，资金来源渠道多和投入分散弊端造成资金管理成本高，调度困难，体制转轨的不完善性又使得该问题变得更加复杂。因此，财政支农资金迫切需要大力度进行整合。

3. 财政支农资金分配结构不合理。财政支农资金的内部结构比较失衡，财政支农支出 1 占比太大，过高的“财政吃饭供养”份额严重削弱了“生产性支农”部分，严重制约了财政支农效率

① 彭克强．基于财政支农资金整备的理性反思．调研世界，2008（2）．

② 彭克强，陈池波．改革以来中国财政支农能力的实证研究．经济社会体制比较，2008（1）．

的提高。未来需要进一步提高农业基本建设支出、农业科技三项费和农业综合开发等“生产性”支农资金的比重。

4. 农业综合开发投入中，中央财政投入占比呈现逐步增加的趋势，并且日益占据份额第一的位置，这说明国家财政支农的力度在加大。但是，自筹资金部分所占比重依然过大，这说明在农业综合开发中，国家财政支农投入依然任重而道远。

5. 高效、规范的财政支农机制尚未形成，财政支农资金整合势在必行。尽管近年来，我国财政支农资金管理取得了显著优化，但管理中“重分配、轻监管”的现象仍然大量存在。支农资金使用过程中程序长，环节多，成本高，绩效考评和问责机制薄弱的情况仍未得到明显改观。

# 专题二　从以农补工到反哺农业：对农业补贴短期与长期涵义的探讨

## 一、引言

世界各国发展经验表明，在由欠发达二元经济向工业化经济过渡过程中，为避免陷入“李嘉图陷阱”，在工业化发展到一定阶段必须反哺农业（Kym A. and Yujiro H.，1985），这种反哺表现为农业支持保护或农业补贴。农业补贴是政府对农业生产、流通和贸易进行的转移支付，是政府干预资源向农业领域转移，是财政的一种导向性支出，用以调节各方利益关系，发挥政府对特定群体、特定区域或特定品种以及特定环节的支持和补偿作用（穆月英，2008）。近年来，我国被认为接近或进入工业化的“转折点”，在农业政策上表现为农业补贴支出持续大幅度增长。2011 年中央财政支农四项补贴达到 1 406 亿元，比 2010 年增加 180 亿元，是 2004 年 145 亿元的 9. 7 倍。但引起思考的现实是，虽然近年来农业补贴持续大幅度增加，但农业产出包括粮食产量以及农民收入并没有显著提高，因此，引起学界对农业补贴目标、效率、作用机理、调整对策等方面的广泛讨论。

学界对于农业补贴的研究主要集中在生产者支持领域，探讨不同生产者支持政策的投入、产出、价格、收入及福利效应。对于价格支持，一般认为对农业产出具有显著的促进作用，并且其增产作用比直接补贴强（程国强，1996；Yujiro，2001；Schmitz 等，2002；张红玉，2010；程国强，2011）；我国的挂钩补贴主要是投入挂钩补贴，一般认为对农业产出有促进作用（Schmitz，2006；陈慧萍等，2010；钟春平，2011；张冬平等，2011；Bates R.，2011）；众多学者（Hennessy D. A.，1998；Dewbre，2001；王娇、肖海峰，2006；王玉霞、葛继红，2009；张红玉，2010；钟春平，2011）都认为粮食直补和农资综合直补两项直补是事实上的脱钩补贴或直接收入补贴，认为其增产效应很低，原因可能在于脱钩补贴与农户生产决策相关性很低（张冬平等，2011；钟春平，2011；程国强，2011）；关于补贴对农民收入的影响，学界的观点较难统一：关于价格支持，有学者认为有增收作用（曹芳，2005），有学者却提出由于农产品价格与农资价格的联动关系，价格支持的增收部分被农资价格上涨所抵消（程国强，2011）；关于综合性收入补贴，一般认为对农民有一定的增收效应，但由于农业收入份额趋低而增收效应微弱（程国强，2011）。国外一些学者对农业补贴也进行了一些研究，Lopez Ramon 和 Galinato G.（2007）研究表明，农业直接补贴政策会扩张农地需求从而造成环境压力。怀斯（Wise，2004）提出，由于产出和价格之间的循环作用，农业补贴不断强化、支出负担不断强大，形成农业补贴悖论。

针对农业补贴的大部分研究都是用局部均衡方法针对某一种补贴的作用过程进行分析，基本路径是截取经济系统或过程的某一个局部或环节，揭示一个外生变量对内生变量的影响，实证研究亦建立在这种方法论基础上，这种局部地、静止地分析问题的方法和观点有很大缺陷。此外，现有文献对农业补贴的研究多是短期分析，缺乏对农业补贴长期含义的研究。再有，已有文献关于农业补贴的投入、产出和收入效应的分析都是独立的，实际上，农业投入、产出和收入都处于一个经济系统之中，不仅和外生变量、而且它们之间也具有密切联系，割断联系地分析变量间关系是片面和孤立地看问题。本文试图构建一个一般均衡的分析系统——CGE 模型，全面地、动态地、联系地对农业补贴的经济影响进行分析。农业补贴的完整体系包括生产者支持和一般服务支持两大部分，其中一般服务支持所占比重较小且呈减少趋势，生产者支持分价格支持和直接补贴两类，直接补贴分挂钩补贴和脱钩补贴两类，其中与产出挂钩补贴可视为价格支持，因此，文中的挂钩补贴是指与投入或要素使用相关的挂钩补贴，脱钩补贴视为直接收入补贴。因此，本文把农业补贴分为价格支持、挂钩补贴与直接收入补贴三类进行分析。

## 二、从农业剩余汲取到反哺农业：基于增长理论的考察

### （一）基本假设

假定在任何时刻 $t$，经济的农业部门拥有一定量的劳动 $L$（假设等于农业人口）和资本 $K$，并且它们被结合起来生产农产品，是为农业宏观生产函数，记作 $Y(t) = F(K(t), L(t))$。时间不直接进入生产函数，不考虑技术变化，并假设产出关于资本和劳动是规模报酬不变的。定义 $k = K/L$，$y = Y/L$，$K$、$Y$ 与 $k$、$y$ 分别表示农业部门总量与平均意义上的农业资本与产出，生产函数可化为 $y = f(k)$。此外，假定农业劳动增长率为 $n$，即 $L'/L = n$，$L'$表示 $L$ 对时间 $t$ 的变化率（导数），其他变量亦是如此。

### （二）劳动力过剩型欠发达经济与农业剩余的汲取

在经济转型以前，我国长期处于欠发达二元经济状态，其显著特征是：农业是国民经济的主要部门，与之同时存在一个很小但很有增长希望的工业部门；农业市场化不足；人口高增长并存在普遍的隐蔽性失业（劳动力剩余）。在这样个二元经济结构中，发展的核心问题在于经济重心从农业向工业的转移，这样一个过程的实现需要农业不断向工业提供劳动力和储蓄资金，这种储蓄资金即具有农业剩余的性质。农业剩余定义为超过农业部门自身基本消费需求的产出，利用农业剩余作为工业化投资资金是欠发达二元经济发展过程中的一个普遍规律（Fei，1964）。

欠发达经济主要的、公认的社会问题是农业部门人口过剩，即农业劳动边际产出为零的现象，它表明存在帕累托改进的余地，这是农业剩余最初始的含义。农业剩余在量的规定上涉及“固定制度工资”（CIW）的概念，CIW 是对这样一种现实的抽象概括：农业部门劳动边际产出为零的现实使得社会不可能按市场原则决定农业实际工资，剩余劳动力的持续存在意味着竞争条件不被满足，由此，农业工资水平取决于制度力量，它通常接近生存标准，并与农业平均劳动生产率有关，一般确定为初始的平均劳动生产率。CIW

现象在发展理论的文献中被普遍认可。

假设欠发达经济有一个初始状态，记为时间 $t_0$，工业很小乃至于可以忽略不计，农业劳动力等于整个经济的劳动力，以 $L_0$ 表示，资本和产出用 $K_0$、$Y_0$ 表示，为明确问题性质，不考虑农业的资本变动。若以 TAS 和 $W_{ci}$ 分别表示（总）农业剩余和 CIW 假设下的农业实际工资，则 $TAS = Y - L \cdot W_{ci}$，其中 $W_{ci} = Y_0/L_0$。此外，农业就业量分别为 $Ls$、$Lc$ 时的经济状态分别称为短缺点和商业化点。$Ls$ 表示农业部门劳动力绝对过剩的临界点，$Ls = \min\{L \mid \partial F(K_0, L)/\partial L = 0\}$。$Lc$ 由 $\partial F(K_0, L)/\partial L = Wci$ 确定，一般有 $Ls \geqslant Lc$。根据农业就业和 $Ls$ 及 $Lc$ 的相对大小可以把欠发达经济的发展历程划分为三个阶段：第一阶段，满足 $Ls \leqslant L \leqslant L_0$，为农业劳动绝对过剩阶段，特征是农业劳动的边际产出为零，$TAS = Y_0 - L \cdot Wci$，向工业转移劳动力的机会成本是零，TAS 关于农业就业递减；第二阶段，满足 $Lc \leqslant L < Ls$，为农业劳动相对稀缺阶段，$TAS = F(K_0, L) - L \cdot Wci$，农业剩余关于农业就业亦递减，但向工业转移劳动力的机会成本不再为零，需要以放弃一部分农业总产出为代价；第三阶段，$0 \leqslant L < Lc$，为农业商业化阶段，与前两个阶段不一样的是此阶段农业劳动的边际产出高于实际工资，农业生产者能获利，因此不再鼓励劳动力移出，而是积极同工业部门争夺劳动力，竞争条件的满足使得农业实际工资不能继续等于 $Wci$，而上升为 $\partial F(K_0, L)/\partial L$，此时 $TAS = F(K_0, L) - L[\partial F(K_0, L)/\partial L]$，此阶段，农业部门的组织方式开始向市场机制转变，即开始商业化。

### （三）从以农补工到反哺农业的增长效应

以上是基于农业生产率不变假设下的分析，现实中，农业生产率的提高从而农业剩余的增加使得短缺点不断右移，而商业化点不断左移，当二者重合时经济达到了转折点。转折点以前，欠发达经济对农业的政策主要是汲取农业剩余以换取工业发展，只是在不同的制度安排下这种汲取的形式有所不同，在土地私有制的经济中，这种汲取是通过二元地主的储蓄与投资行为实现的，而在我国，农业剩余的所有权属于公有性质，由国家凭借权力无偿汲取并向工业转移，因此，我国的以农补工政策具有税收性质。在下文中，为简化分析，把这种剩余汲取视为对农业产出按一定比例征税（钟春平，2011）。随着转折点的出现和农业的商业化，欠发达经济走向成熟，二元特征弱化，农业日益成为整个经济的附属，在这种情况下，由于生产率变化太大而导致农业剩余过多，出现了“补助”农业的需要。

需要探讨的是，这种对农业从“挤压”到“补助”的转变对于农业产出和农业生产者的收入与福利产生何种影响及其作用路径如何。转折点以前，经济通过国家从农业部门无偿汲取农业剩余以换取工业的资本积累，农业部门的均衡收入等式为：$y = \tau y + c + i$，其中 $\tau$ 为农业剩余提取率，$\tau > 0$，$\tau y$ 可以视为对农业的负补贴，$c$ 和 $i$ 分别代表农业部门的消费和投资需求，$c = C/L$，$i = I/L$，$I$ 代表总投资（这里不考虑资本折旧），$I = K'$。农业部门均衡收入等式的含义是农业产出的一部分（$\tau y$）作为工业发展基金被无偿提取，其余部分则形成对消费和投资需求的供给。此外，收入等式是价值意义上的，它只考虑价值实现。进入转折点以后，农业剩余不再被无偿提取，代以反哺农业政策，此时，除了农业部门自身收入，还有国家的转移支付来满足农业部门的消费和投资需求。因此，农业部门的均衡收入等式变为 $y + (-\tau)y = c + i$，此时，$\tau < 0$，这里，$-\tau$ 可视为农业补贴率，也可视为负的剩余提取率。

1. 农户动态优化模型。我国的农业是小生产，小农经济的特征是家庭和厂商合二为一，家庭与厂商的行为动机分别是效用最大化和利润最大化。在这里，假定农业部门由 $L$ 个同质的代表性家庭构成，代表性家庭被假定为单个人的简单家庭。代表性家庭决策原则是在既定预算约束下实现终生效用最大化，因此，对农业部门的分析可简化为对单个代表性家庭的分析，代表性家庭的效用函数假定为：

$$U = \int_0^T u(c(t))e^{-rt}dt \qquad (1)$$

其中，$c(t)$ 是 $t$ 时刻的家庭消费，$u(.)$ 是瞬时效用函数，它给出了特定时刻的个人（家庭）效用。$r$ 是贴现率，衡量当前消费和未来消费之间的折算关系或个人消费的时间偏好，$r$ 一般为正。

由人均资本 $k$ 的定义式容易得到 $k'=i-nk$，结合均衡收入等式，可得 $k'=(1-\tau)y-c-nk$，因此有农业增长动态优化模型：

$$\mathrm{Max}U=\int_0^T u(c(t))e^{-rt}\mathrm{d}t \tag{2}$$

$$\text{s.t.}\quad k'=(1-\tau)f(k)-c-nk \tag{3}$$

$$\text{且 } k(0)=k_0,\ k(T)\geqslant 0 \tag{4}$$

其中 $c$、$k$ 分别为控制变量和状态变量，假设对于所有的 $t$ 都有 $c(t)>0$ 和 $k(t)>0$。根据最大值原理可以解得：

$$c'=-\left[\frac{u'(c)}{u''(c)}\right]\left[(1-\tau)f^1(k)-n-r\right] \tag{5}$$

因此，$c'=0$ 等价于：

$$f'(k)=\frac{(n+r)}{(1-\tau)} \tag{6}$$

2. 农业人均资本与人均消费的动态学。$k$ 或 $y$ 不变时的经济状态称为稳态，即 $k'=(1-\tau)y-c-nk=0$ 或 $y'=0$。从农业剩余的提取到反哺的转变可以视为 $\tau$ 由正变为负，分别以 $\tau 0$、$\tau 1$ 表示，即 $\tau 0>0$，$\tau 1<0$。在边际消费倾向为常数的条件下，农业补贴相当于产出的增加从而储蓄率的提高，虽然它不改变稳态增长率，即 $Y$ 与 $K$ 仍然以 $n$ 的增长率增长，但却提高了 $y$ 与 $k$ 的稳态水平。简单论证如下：设典型家庭的边际消费倾向为 $\beta$，则实际投资函数可化为 $i=(1-\tau-\beta)f(k)$，储蓄率可定义为 $s=1-\tau-\beta$。$\tau$ 由正变负会提高 $s$，使实际投资曲线向上扩展，从而使 $y$ 与 $k$ 的稳态水平提高。这表明，从长期来看，决定农业总产出和总资本的是农业劳动增长率，农业补贴对其没有根本影响，农业补贴的影响在于分配意义，即增加农业部门的人均收入并引起资本深化。CIW 假设符合我国以农补工时期的现实状况，因此恒定边际消费倾向假设下的分析是比较符合实际的。

若不对边际消费倾向作具体设定，则稳态可用 $c=c(k)$ 表示，记为 $l_k$，称为稳态曲线，如图 1。以农补工与反哺农业条件下

的 $lk$ 分别记为 $l_k^0$，$l_k^1$，或 $c = c_0(k)$，$c = c_1(k)$，易知 $c_1(k) > c_0(k)$，即以农补工向反哺农业的政策转变使人均消费增加，农业部门的福利增进。与恒定边际消费倾向不同的是，这种假设下稳态的人均资本不是确定值而是变量。使得 $c'=0$ 即满足（6）式的人均资本记为 $k^*$。若以横轴为 $k$，纵轴为 $c$ 的坐标系来表示，则 $c'=0$ 可以用一条垂直于点（$k^*$，0）的垂线表示，记为 $lc$，以农补工与反哺农业条件下的 $l_c$ 分别记为 $l_c^0$ 与 $l_c^1$，如图 1。$l_c$ 与 $l_k$ 的交点记为 $E$，称为均衡点，假设经济存在鞍点路径，经济从鞍点路径收敛于 $E$。经济只有处于 $E$ 点，$c$ 和 $k$ 才不会变化。以农补工与反哺农业时的均衡状态分别以 $E_0$（$k_0^*$，$c_0^*$）和 $E_1$（$k_1^*$，$c_1^*$）表示。$E_1$ 与 $E_0$ 的相对位置取决于 $k_1^*$ 和 $k_t$ 的相对大小，$k_t = \max\{k \mid c_1(k) = c_0^*\}$。若满足 $k_1^* < k_t$，则以农补工到反哺农业的转变使得均衡点向右上方移动，即均衡的人均资本和消费都增加。在以农补工到反哺农业的转变过程中，$r > 0$ 是均衡点向右上方移动的充分条件，因为此时有 $k_1^* < k_g^1 < k_t$（这里不加证明地给出 $k_g^1 < k_t$），其中 $k_g$ 为资本的黄金律水平，即稳态下人均消费最大化时的人均资本水平，$k_g$ 由 $f'(k_g) = n/(1-\tau)$ 确定，$k_g^0$ 与 $k_g^1$ 分别表示两种条件下的资本黄金律水平，易知，从以农补工到反哺农业的政策使 $k_g$ 扩大，即 $k_g^0 < k_g^1$，且 $k_0^* < k_g^0$，$k_1^* < k_g^1$ 成立，即 $l_c$ 恒位于 $c = k_g$ 的左方。

## 三、农业补贴的短期涵义：基于 CGE 模型的分析与验证

### （一）模型结构

CGE 模型是根据瓦尔拉斯一般均衡原理，通过一组方程来描述供给、需求及市场关系，并在一系列优化条件的约束下求解方程组，得出各个市场都达到均衡时的一组数量和价格。CGE 模型的思想是用均衡态的运动来度量非均衡态的变化趋势（Kornai，1971），因此被广泛用于灵敏度分析，尤其被用于研究外生政策变化对经济系统的冲击。

农业补贴是我国近年来大力强化的一项经济政策，会影响一些

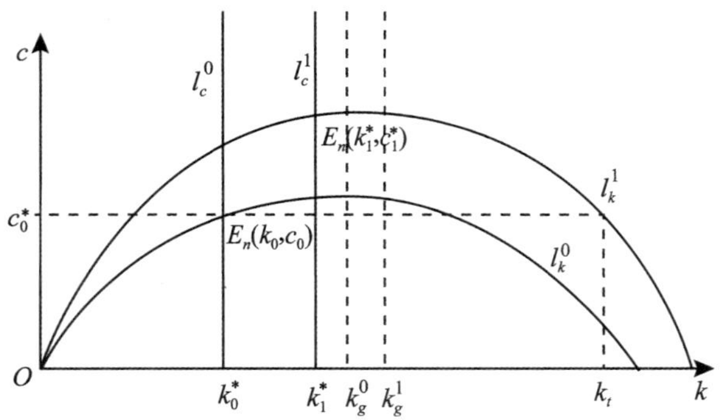


图 1　从以农补工到反哺农业的动态学

重要的经济变量，适用于运用 CGE 模型进行分析。模型由以下几个板块构成：生产模块，由顶层生产函数、增值生产函数和中间投入生产函数三部分组成；贸易模块，由国内产出分配函数和阿明顿方程构成；机构模块，由居民、企业、政府和国外四个部门的收支等式构成；均衡模块，由产品市场、要素市场和投资储蓄均衡组成。四个模块包含 31 个方程和 33 个内生变量，为使均衡系统有唯一解，需要设定模型的宏观闭合条件。模型闭合的本质是区分系统的内生和外生变量，确定系统的边界，这里采用新古典主义宏观闭合＊，即要素充分就业的假设，即 $LS=\overline{LS}$，$KS=\overline{KS}$，这样，构成一个完整的 *CEG* 模型，必有唯一解。限于篇幅，表 1 列出了模型主要的方程（完整的模型可以向作者索取）。

表 1　**CGE 模型主要方程及变量说明**

| |
|---|
| (7) 顶层生产函数 $QD_i=\alpha_P[\delta_i VA_1^{P_P}+(1-\delta_i)QINT_1^{\rho_P}]\frac{1}{P_P},\ i\in A$ |
| (8) 要素和中间投入优化条件 $\frac{PVA_i}{PINT_i}=\left[\frac{\delta_i}{(1-\delta_i)}\right]\left[\frac{QINT_i^{1-\rho_P}}{VA_i}\right] i\in A$ |

续表

| |
|---|
| (9) 顶层价格方程 $(1-t_i^s)\mathrm{PD}_i \cdot \mathrm{QD}_i = \mathrm{PVA}_i \cdot \mathrm{VA}_i + \mathrm{PING}_i \cdot \mathrm{QING}_i,\ i \in A$ |
| (10) 增值生产函数 $\mathrm{VA}_i = \alpha_V[\delta_{L_i}\mathrm{LD}_i^{\rho_V} + (1-\delta_{L_i})\mathrm{KD}_i^{\rho_V}]\dfrac{1}{\rho_V},\ i \in A$ |
| (11) 要素使用优化条件 $W_L/W_K = [\delta_{L_i}/(1-\delta_{L_i})][\mathrm{KD}_i/\mathrm{LD}_i]^{1-\rho_V},\ i \in A$ |
| (12) 增值价格方程 $PVA_i \cdot VA_i = W_{L_i} \cdot \mathrm{LD}_i + W_{K_i} \cdot \mathrm{KD}_i,\ i \in A$ |
| (13) 家庭收入等式 $HR_k = \varphi_k W_L \cdot \overline{LS} + \eta_{Hk} W_K \cdot \overline{KS} + \overline{HPR_k} + GTR_{Hk}$ |
| (14) 家庭消费支出 $HQ_i \cdot P_i = \sum_k \lambda_{k_i}\beta_k(1-t_k^I)HR_k,\ i \in C$ |
| (15) 政府收支等式 $GS = GR - \sum_{i \in C} P_i \cdot GQ_i - \overline{\mathrm{CTR}_B} - \sum_k \overline{\mathrm{GTR}_{Hk}} - \overline{GPE}$ |
| (16) 商品市场均衡 $Q_i = HQ_i + CQ_i + \overline{IQ_i} + \sum_{j \in A} \mathrm{QIN}_{ij},\ i \in C$ |
| (17) 要素市场均衡 $\sum_{i \in A} \mathrm{LD}_i = \overline{LS};\ \sum_{i \in A} KD_i = \overline{KS}$ |
| (18) 储蓄投资均衡 $\sum_i P_i \cdot \overline{IQ_i} = \sum_i HS_k + BS + GS + e \cdot FS,\ i \in C$ |

注：大写字母 $Q$、$P$、$W$ 分别表示商品量、商品价格、要素价格；PD 为国内生产的商品产出价格，PING 为部门总中间投入综合价格，QWG 为部门产出的中间投入总和，LD 为劳动力的需求量，KD 为资本的需求量；$Q$、QD、QS（$C/A$）、$E$、$M$ 分别表示国内销售的商品量、国内生产的商品量、内产内销的商品量、出口量、进口量；VA、QINT 表示增值和总中间投入；$L$、$K$ 分别表示劳动和资本；$P$ 代表财产；$L$、$S$ 分别表示需求与供给；$H$、$B$、$G$、$F$ 分别表示家庭、企业、政府和国外部门；$R$、$Y$、$E$、$S$、$TR$、$T$、$TI$ 分别代表收入、要素收入、支出、储蓄和转移支付、税收和总投资；$A$、$C$ 分别表示国内生产或销售的商品集；$\phi_k$ 表示第 $k$ 阶层居民的劳动收入在社会总劳动收入中的份额，$\eta_{Hk}$ 表示第 $k$ 阶层居民的资本收入在总资本收入中所占份额；$t^I$、$t^s$ 分别表示所得税率和间接税率；$e$ 表示汇率；$\rho_P$、$\rho_V$ 表示弹性参数；$\delta$、$\delta_L$ 表示份额参数；$\alpha_P$、$\alpha_V$ 表示转移参数。此外，大写字母表示内生变量，加上横线的则表示外生变量，小写字母、希腊字母表示外生变量和参数。

### （二）数据结构与参数设定

CGE 模型的数据基础是社会核算矩阵（SAM），SAM 表的主要数据来源是投入产出表，在投入产出表的基础上增加了非生产部门，从而能够反映社会活动中各部门之间的经济联系。根据 SAM 表的构造原理，根据国家统计局 2009 年发布的《中国 2007 年 42 部门投入产出表》等统计资料，设计了中国 2007 年的 SAM，并采用 CE 方法进行了平衡处理，形成的 2007 年 SAM 见表 2。

宏观 SAM 只是提供了一个经济社会的整体联系框架，为分析具体生产部门或机构经济活动或某些具体经济政策的影响，需要对数据进行详细划分，即构建微观的 SAM。本文在宏观 SAM 表的基础上，将账户分解如下：生产活动和商品部门分类相同，都分为农业、工业、服务业 3 个部门；居民分为农村居民和城市居民。

### （三）参数的校准和设定

CGE 模型的参数有两类：一类是份额参数，通常用校准方法求得，如 CES 生产函数、贸易函数中的份额参数与转移参数以及各种税率等；另一类是弹性参数，主要由外生给定，包括生产函数中要素之间的替代弹性、贸易函数中的弹性、居民需求函数中的弹性等。本文中的弹性参数主要根据 Devis、de Melo and Robinson（1982）、Zhuang J（1996）、郑玉歆、樊明太（1999）、张欣（2010）等研究结果直接设定，份额参数则根据 2007 年 SAM 表通过校准法计算得到。

### （四）情景模拟与结果分析

1. 情景模拟。由于 PD 以及 PINT 在 CGE 模型中都是内生变量，为衡量农业补贴政策对经济系统的冲击，需要将政策变化转变为外生变量或参数的变化。在模型中，$t_i^s$属于间接税率，即对生产者的产品销售环节所征税收，是对生产者销售收入的按一定比例的扣除。在农业税时代，$t_i^s$可以视为对农业的征税，符号为正，自取消农业税并实行农业补贴，$t_i^s$的含义发生了改变，它代表着对农业

表 2　　**中国 2007 年调平后的宏观 SAM 表(亿元)**

| | | 生产活动 | | 生产要素 | | 机构部门 | | | | 财产 | 投资储蓄 | 合计 |
|---|---|---|---|---|---|---|---|---|---|---|---|---|
| | | 活动 | 商品 | 劳动 | 资本 | 居民 | 企业 | 政府 | 国外 | | | |
| 生产活动 | 活动 | | 805. 32 | | | | | | | | | 805. 32 |
| | 商品 | 546. 90 | | | | 97. 83 | | 35. 81 | 87. 68 | | 114. 9 | 883. 12 |
| 生产要素 | 劳动 | 107. 27 | | | | | | | 0. 298 | | | 107. 57 |
| | 资本 | 113. 68 | | | | | | | | | | 113. 68 |
| 机构部门 | 居民 | | | 107. 57 | 35. 64 | | 2. 34 | 9. 56 | 2. 64 | 8. 89 | | 166. 64 |
| | 企业 | | | | 78. 04 | | | 0. 60 | 1. 42 | 2. 84 | | 108. 47 |
| | 政府 | 37. 46 | 7. 37 | | | 13. 72 | 10. 23 | | -0. 014 | 1. 36 | | 70. 12 |
| | 国外 | | 70. 43 | | | | | | | 4. 56 | | 75. 00 |
| 财产 | | | | | | 2. 78 | 34. 25 | 1. 04 | 5. 15 | | | 43. 23 |
| 投资储蓄 | | | | | | 52. 32 | 61. 65 | 23. 11 | -22. 18 | | | 114. 90 |
| 合计 | | 805. 32 | 883. 12 | 107. 57 | 113. 68 | 166. 64 | 108. 47 | 70. 12 | 75. 00 | 43. 23 | 114. 9 | |

数据来源:2007 年中国农业投入产出表,中国统计年鉴,中国财政年鉴,中国劳动力年鉴,中国城市(镇)生活与价格年鉴,中国农村年鉴。

的补贴率，$t_i^s$的符号由正变为负，产出挂钩补贴和价格支持可以视为$t_i^s$的提高。投入挂钩补贴的现实含义是 PINT 的降低，但由于在模型中 PINT 是内生变量，考虑农业生产者决策的局部均衡时，PINT 可视为外生，PINT 的降低相当于成本约束的放宽，因为等量要素需求所需支出减少，即等量要素支出所能购买的要素更多，从而产出及销售收入更高，因此产出挂钩补贴、价格补贴和投入挂钩补贴都归结为$-t_i^s$的提高。脱钩补贴以$\overline{GTR_m}$的变化表示。为分析不同性质补贴的政策效应差别，设置两种情景：情景一，$\overline{GTR_m}$增加50%，补贴率（$-t_i^s$）不变；情景二，补贴率（$-t_i^s$）提高，$\overline{GTR_m}$不变。从平均水平来说，$\overline{GTR_m}$增加 50% 与补贴率（$-t_i^s$）提高 6. 7% 对于政府的政策成本而言是相等的，根据 SAM 表计算结果见表 3。

表 3　　**两种性质的农业补贴的政策效应模拟情况表（%）**

| | 要素需求变化率 | 产出变化率 | 农村居民收入变化率 | 消费变化率 | 投资需求 |
|---|---|---|---|---|---|
| 情景一 | 0 | 0 | 2. 1 | 2. 1 | 2. 1 |
| 情景二 | 1. 5 | 0. 7 | 1. 2 | 1. 2 | 1. 2 |

2. 结果分析与农业补贴的作用路径。从模拟结果可以看出，$\overline{GTR_m}$增加 50%对农民生产决策没有影响，而对农民的收入、消费和投资则有显著影响。当$\overline{GTR_m}$不变、补贴率提高 6. 7% 时，要素需求和产出明显增加，而对农民收入亦有促进作用，但远不如转移支付的影响显著。

对此经验结果的分析，需要借助于模型推理，从中找出补贴政策的作用路径。为分析农业补贴的经济影响，必须了解农户的行为路径。对于农户在模型中的地位与作用，必须采取两分法，即对农户双重身份的认知。由于同时从事生产与消费，农户是家庭与企业的合体：作为家庭，农户从事商品消费和要素供给活动，服从既定收入约束下追求效用最大化的行为逻辑，形成商品需求，影响农户消费决策的是商品比价与收入约束；作为厂商，农户从事商品生产供给与要素需求活动，利润最大化和成本最小化是其决策原则，影响因素是要素价格与产品价格。$\overline{GTR_m}$是农民收入的直接构成，所以脱钩补贴全额转化为家庭收入的增加，理论上对生产零影响，因为$\overline{GTR_m}$不进入农户作为厂商的决策模块，对它的分析适用于家庭框架，而价格支持和（投入）挂钩补贴则对生产和收入均有显著影响，对其解释适用于厂商框架。在 CGE 模型的生产模块中，VA 与 PVA（以下分析是针对农产品生产和活动的，为表述简便，省去下标）可以视为综合（生产）要素及其价格，QINT 和 PINT 则可视为综合中间投入及其价格，下文有时统称为要素。从顶层生产函数及优化条件可以推导出（综合）要素需求函数、总（边际、平均）成本函数：

$$VA^*(QD,\varphi)=\varepsilon(\delta\varepsilon^{\rho}+1-\delta)^{-1/\rho}QD \tag{19}$$

$$TC(QD)=(\varphi+\varepsilon)(\delta\varepsilon^{\rho}+1-\delta)^{-1/\rho}PVA\cdot QD \tag{20}$$

$$MC(QD)=AC(QD)=PVA(\varphi+\varepsilon)(\delta\varepsilon^{\rho}+1-\delta)^{-1/\rho} \tag{21}$$

其中：$\varphi=PINT/PVA$，$\varepsilon=[\varphi\delta/(1-\delta)]^{1/(1-\rho)}$，且 $VA^*/QING^*=\varepsilon$，$\varphi$、$\varepsilon$ 分别表示总中间投入与综合要素的比价以及其需求比率。在农户具有同质性的假定下，全国农户进行的农业生产可以视为由一个巨型农户来进行，因此单个农户面临的市场需求曲线和整个农产品行业面临的市场需求曲线重合，它是一条向右下方倾斜的曲线（见图 2），表明整体农户或整个农产品行业是有一定垄断力量的，这样，可以得到向右下方倾斜的边际收益曲线，记为 MR。若单位产出获得的价格补贴为 $\Delta P$，有无价格支持或产出补贴条件下的边际收益函数分别记为 $MR_1(QD)$ 和 $MR_0(QD)$，则 $MR_1(QD)=MR_0(QD)+\Delta P$，即价格支持使 MR 向上平移，且平移 $\Delta P$ 个单位。由于 MR 的增加，导致均衡产出由 $QD_0$增加到 $QD_p$，均衡的市场价格则从 $P_0$下降到 $P_p$，这是价格支持在短期内产生的数量效应和价格效应。对于（投入）挂钩补贴的政策效应则要考察 $\phi$ 的变化导致 MC 的变化，在 PVA 不变的条件下，投入品补贴导致中间投入与要素的比价 $\phi$ 降低，$\phi$ 降低导致 MC 的变化方向是不明确的，一般认为会导致 MC 降低，这样亦会使均衡产出增加，且均衡价格下降。

关于补贴对农民收入效应则涉及补贴对要素供求关系的冲击。通过增值生产函数模块可求得劳动与资本的需求函数 $LD^*$、$KD^*$，结构与 $VA^*$、$QINT^*$ 相同。根据综合要素与总中间投入的需求函数可知，补贴引起的产出增加会导致对 VA 与 QINT 的需求增加，其中对 VA 的需求增加会引起 LD 和 KD 同比例增加，进而导致劳动与资本的价格 $W_L$、$W_K$上升。结合要素充分就业的新古典主义假定，$W_L$、$W_K$上升会引起要素收入增加。一般而言，由于农户小规模经营的特征，生产所需要素基本自给，即要素收入的增加充分转化为自身收入的增加。在对居民要素禀赋（居民对劳动和资本的所有权状况）为外生的假设下，若记第 $k$ 阶层居民的要素收入为 $HY_k$，则农民要素收入可写为 $HY_1 = W_L(\phi_1\overline{LS}) + W_K(\eta_{H1}\overline{KS})$，可以认为 $\phi 1$、$\eta_{H1}$是农民在劳动和资本存量中所占份额，若劳动与资本价格上升量为 $\Delta WL$、$\Delta WK$，则农民要素收入增量为 $\Delta HY_1 = \Delta W_L(\phi_1\overline{LS}) + \Delta W_K(\eta_{H1}\overline{KS})$。当然，价格支持和（投入）挂钩补贴引起对中间投入的需求增加会提高中间投入品的价格，从而提高边际成本，这是现实中农资价格和农产品价格乃至农业补贴之间联动效应的一个理论解释。此外，还可以分析农业补贴对农户经营收入的影响，从图 2 易知，价格支持导致的农业生产者利润变化方向是不确定的，取决于农产品的需求价格弹性和补贴规模，（投入）挂钩补贴对生产者利润的影响需依补贴规模而定。不同性质的农业补贴其作用机理用图 3 予以概括。

以上分析是短期内的结果，从长期来看，由于不存在固定投入，生产规模可变，要素价格可以充分调整。农业补贴导致产出增加进而导致要素和中间投入需求增加，从而引起要素价格和投入品价格的上涨，使得边际成本提高，会减弱或抵消前一轮的产出增长效应。这样，农业补贴在短期的增产效应会被长期内边际成本的调整而减弱或抵消。从增长理论来看，该结论也可以得到映证，长期内，农业增长取决于要素存量、禀赋结构以及技术状况。因此，长

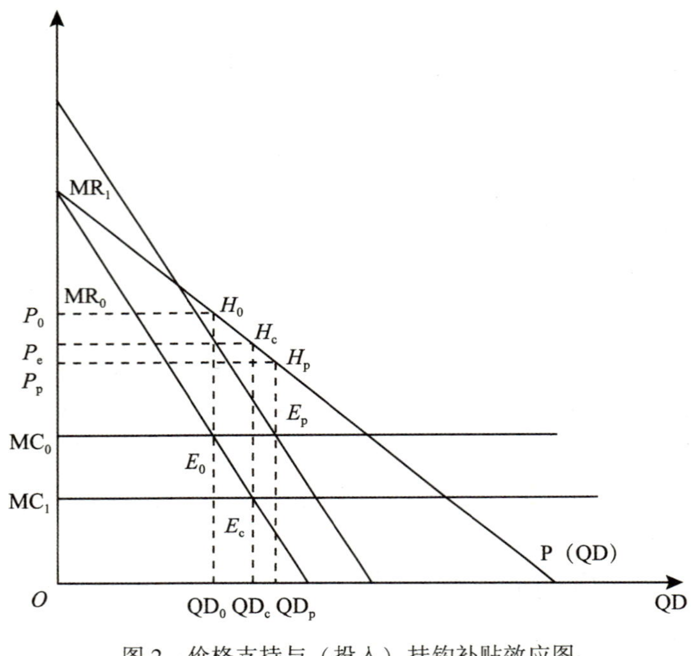


图 2　价格支持与（投入）挂钩补贴效应图

期来看，农业补贴仅具有分配意义而没有生产意义。

## 四、结论与建议

### （一）结论

基于一般均衡模型的分析表明，短期内，农业补贴中的价格支持和（投入）挂钩补贴通过对生产者边际成本和边际收益的影响从而作用于农业产出和生产者利润，农业产出增加进而通过要素供求关系提高要素价格，从而增加农民的要素收入。但从长期来看，农业补贴不具有稳定的产出效应，因为短期内产出增加引起要素价格和投入品价格上涨，进而导致的边际成本上升会抵消先前的产出增加。为了持续的产出增加，必须不断加大补贴支出，长期积累财政必然不堪其负，这印证了怀斯（2004）关于农业补贴悖论的观点，

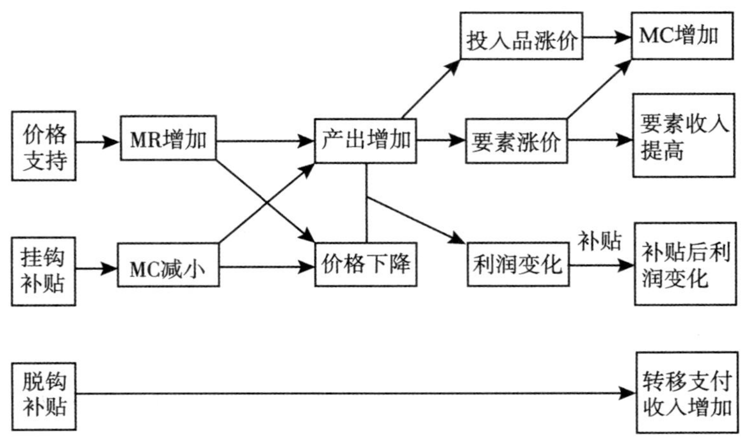


图 3 农业补贴经济综合效应图

也和发展理论的分析一致：农业总产出只和农业劳动增长率有关，农业补贴只能提高农业部门人均收入并引起资本深化，即具有分配意义而没有生产意义。

## （二）对策建议

1. 农业补贴目标的明确。农业补贴的政策目标具有阶段渐进性，依农业的社会经济功能的演进而定。目前阶段，我国虽然已经接近工业化“转折点”，反哺农业是应有之义，但必须明确反哺的首要目的是解决生产问题还是农村贫困问题。有理由认为，因为农业经营规模小以及农村居民人口依然庞大的现状决定了农民贫困问题的解决不能依靠农业，而只能走农村劳动力继续转移和农业规模化经营的道路。此外，我国的人口问题和工业结构决定了农产品供给仍有压力，短期内只能依靠补贴刺激生产来维持供给。

2. 目标导向的农业补贴结构和方式调整。既然短期内的农业补贴目标是生产而非收入含义，那么补贴的结构也应以生产导向为主、收入导向为辅，而目前的现实状况则相反：价格支持和四项农业补贴是农业补贴的主体构成部分，2010 年农业市场价格支持占生产者补贴中的比重为58%，从性质上讲四项农业补贴都属于直接补贴中的挂钩补贴，但出于政策执行成本的考虑，在现实中，“两补”普遍按计税常产或计税面积发放，成为事实上的脱钩补贴，分析表明这种补贴的生产效应是很小的。可以认为当前农业补贴的结构和目标具有一定程度的偏离，是缺乏效率的。因此，应改变这两种综合性收入补贴的执行方式，使之成为实际的挂钩补贴。

3. 依长期趋势进行农业补贴转型。分析表明，首先，农业补贴的增产作用是短期的，维持增产的公共支出负担巨大，导致整个经济的效率损失也极大。其次，由于可用于农业生产的土地、资本和中间投入之间快速递减的边际替代率，且农用土地的供给既定，必然导致生产者支持的补贴政策发生效率递减。再次，随着农业人口的不断减少以及消费结构和产业结构的变化，农产品供求形势会缓解。因此，脱钩补贴是农业补贴的未来发展趋势，从长期来看，农业补贴必须由生产者支持向一般服务支持转型，这符合国际上农业补贴的一般规律。

本文发表于《农业经济问题》2012年第12期第19-27页。

# 第二章　整合财政支农资金的必要性与可行性

## 一、整合财政支农资金的必要性

### （一）基于 Q 方法的考证

在分析 6 个类型对各个陈述的同意程度时，重点考察那些反应比较明显的陈述，即分值为正负 4 分和正负 3 分的，这些项目最能体现一个类型的特征，为了清晰起见，这些绝对值较大的分值在分析过程中都用黑体加斜体进行标注。湖北省农业科学院 SXC 处长说："由于历史和现实的原因，存在财政支农资金多头管理的问题，如农业基本建设投资归计委管，支援农村生产支出归财政管，导致财政支农资金管理上的分散，不能使有限资金集中起来形成资金使用的规模效益，并且重复投资现象比较普遍，严重影响了支农资金的使用效益。"武汉市财政局 ZXY 处长说："针对财政支农资金使用效率低下的现象，整合财政支农资金是一个有效的办法。"由此可见，财政支农资金渠道不畅是财政支农资金整合的重要动因。通过第一章的分析，结合所得 6 个类型中涉及"财政支农资金整合必然性"内容，可以将这些局长的观点归纳为公平型、总量型、优先战略型、部门利益型、骑墙型与其他型等 6 个类型①。

---

① 胡振虎．要"喷头"还是"漏斗"？——基于 Q 方法的财政支农资金整合研究．2008 年全国中青年农业经济学者年会会议论文．

### 1. 因素Ⅰ：公平型

一共有8个局长被载入这个类型。效率与公平问题，不仅在收入分配的问题上，学术界有着激励的讨论，在财政支农资金整合方面也有关于对效率与公平进行取舍的情况，究竟是分散使用还是整合使用呢？武汉市财政局ZXY处长说："相对于无限的支农资金需求来说，有限的财力支持无法满足这些需求，且资金投入分散导致效率损失严重，财政支农资金的整合运作有违公平。"因此，整合与否是在支农政策的公平与效率取向之间的"二难"选择问题，是追求短期公平还是追求长期效率①？整合财政支农资金肯定违背部门利益（陈述4，下文将直接用陈述句编号来表示）。在各省份关于财政支农资金整合做法中，大部分的导向是资金向龙头企业和支柱产业倾斜，对于一些小项目和落后地区的农业发展，往往只有很少的资金，这种资金分配是很不公平的，整合使用模式加大了农村内部差距的分化（3）。武汉市财政局ZXY处长说："由于财政支农资金属于公共财政投入，所以该部分资金需要解决的是公平问题；同时，由于存在资金制约的瓶颈问题，效率难以兼顾。"（参见表2-1）

表2-1 **"公平型"Q论得分情况**

| 问 题 | 统 计 得 分 | | | | |
|---|---|---|---|---|---|
| 3. 农业财政资金整合有违社会公平，对小项目与贫困落后地区而言，很多地方以龙头企业、支柱产业为整合平台，加大了差距的分化 | -4 | 1 | -1 | 0 | -3 |
| 4. 整合财政支农资金有违部门利益公平 | -4 | -4 | -2 | -4 | -3 |

① 胡振虎．基于Q方法的财政支农资金整合研究．广西财经学院学报，2010（3）．

续表

| 问　题 | 统计得分 | | | | |
|---|---|---|---|---|---|
| 10. 农业财政资金整合是为了提高农业财政资金的使用效率 | 3 | 0 | 3 | 3 | -2 |
| 13. 成立大一统的“三农”管理部门，比如“大农业部”，是整合财政支农资金的必要前提 | -3 | 0 | 3 | -3 | 4 |
| 14. 农业专项资金应该逐渐减少 | -3 | -4 | -1 | -4 | -2 |
| 23. 各级政府的高度重视是农业财政资金整合的前提和基础 | 4 | 2 | 2 | 2 | 0 |
| 25. 支持农村经济发展为整合财政农业资金的目标 | 4 | 2 | -1 | 0 | 0 |
| 26. 以造就新农民为目标 | 3 | -1 | -2 | -2 | -1 |
| 31. 整合财政支农资金应该各级政府联动 | 3 | 1 | 0 | -1 | 1 |
| 34. 农业财政资金整合可以有助于激发农民加大三农投入 | 3 | -1 | 0 | 2 | 0 |
| 50. 整合后的财政支农资金应该重点投向现代农业 | 3 | 0 | 2 | -1 | -1 |

### 2. 因素Ⅱ：总量型

一共有 8 个局长被载入这个类型。很多学者认为，财政支农资金投入总量不足是财政支农效果不显著的根本原因。财政支农资金使用与管理中存在的总量不足是整合财政支农资金的前提（6）。究竟是财政支农资金的效率不高还是总量不足？如果是总量问题，究竟是总量的规模较小还是结构不合理呢？湖北省财政厅 ZXW 处长说：“如果财政支农资金分散使用，就像用药一样，分散了剂量不够，达不到用药效果。”财政支农资金总量中存在的规模较小、结构不合理决定了财政支农资金整合使用的必然。（参见表 2-2）

表 2-2 **“总量型”Q 论得分情况**

| 问 题 | 统计得分 | | | | |
|---|---|---|---|---|---|
| 4. 整合财政支农资金有违部门利益公平 | -4 | -4 | -2 | -4 | -3 |
| 6. 我国财政支农资金使用与管理中存在的总量不足是整合财政支农资金的前提 | 0 | 3 | 1 | 1 | -3 |
| 14. 农业专项资金应该逐渐减少 | -3 | -4 | -1 | -4 | -2 |
| 18. 自 1985 年以来我国实施的财政分权有利于财政支农资金整合 | -2 | -3 | -1 | -1 | -2 |
| 20. 除救灾资金、惠农补贴资金等特殊用途资金外，对各级财政部门管理分配的支农资金和农口部门预算项目建设的资金及各类社会融资进行整合 | 2 | 3 | 3 | 0 | 2 |
| 27. 以推进农村公共事业发展为目标 | 0 | 3 | -4 | 0 | -1 |
| 29. 整合财政支农资金应该先从县级层面整合、县为主 | 2 | -3 | 4 | 3 | 2 |
| 43. 农业财政资金整合坚持“跨区域”为重点整合 | -3 | -3 | -2 | -2 | 0 |
| 46. 整合后的财政支农资金应该重点投向落后地区 | -2 | 4 | -3 | 2 | 1 |
| 47. 整合后的财政支农资金应该重点投向偏远地区 | -1 | 3 | -2 | 1 | 1 |
| 48. 整合后的财政支农资金应该重点投向基础设施较好地区 | 0 | -3 | -3 | -2 | 0 |
| 49. 整合后的财政支农资金应该可以按照下列的顺序投向：<br>（1）农村公路；（2）农田水利；（3）农技推广；（4）绿色农业；（5）生产机械化；（6）村庄规划；（7）基础教育；（8）医疗保健；（9）农村救济养老；（10）环境保护；（11）农民技术培训；（12）农业保险；（13）农业信息化 | 2 | 4 | 4 | 0 | 4 |

### 3. 因素Ⅲ：优先战略型

一共有 3 个局长被载入这个类型。无论是整合使用还是采用其他方式使用，财政支农资金投入的目标都是提高财政支农资金使用效率（10）。湖北省财政厅 QWC 副处长说："过去一个支农项目'年年补补、年年烂烂'，就像一个饥饿的人，过一段时间吃一块饼干，总是感觉没有吃好，不如一顿让他吃饱，让一部分农村先富裕起来。"党中央、国务院一直高度重视"三农"问题，财政支农资金投入力度逐年增加，但总是"缝缝补补一年又一年"，财政支农资金犹如泥牛入海、陷入资金"黑洞"，财政支农资金需求深不见底。整合财政支农资金使用是为了改变这种现状，让农村一部分地区、一部分人先富裕起来，通过示范带动、支援等方式逐步破解"三农"问题。（见表 2-3）

表 2-3　　**"优先战略型"Q 论得分情况**

| 问　题 | 统计得分 | | | | |
|---|---|---|---|---|---|
| 10. 农业财政资金整合是为了提高农业财政资金的使用效率 | 3 | 0 | 3 | 3 | −2 |
| 13. 成立大一统的"三农"管理部门，比如"大农业部"，是整合财政支农资金的必要前提 | −3 | 0 | 3 | −3 | 4 |
| 20. 除救灾资金、惠农补贴资金等特殊用途资金外，对各级财政部门管理分配的支农资金和农口部门预算项目建设的资金及各类社会融资进行整合 | 2 | 3 | 3 | 0 | 2 |
| 21. 财政部门管理分配的支农资金以及农口部门预算中用于项目的支出 | 1 | 1 | 3 | 1 | −1 |
| 24. 推动同一区域落后地区发展为整合的目标 | −1 | 0 | −4 | 4 | 0 |
| 27. 以推进农村公共事业发展为目标 | 0 | 3 | −4 | 0 | −1 |
| 28. 农业财政资金整合应该是申报前、分配前的整合 | −1 | 2 | −3 | 0 | −1 |

续表

| 问　题 | 统计得分 | | | | |
|---|---|---|---|---|---|
| 29. 整合财政支农资金应该先从县级层面整合、县为主 | 2 | −3 | 4 | 3 | 2 |
| 37. 搭建发展现代农业的资金整合平台 | 0 | −3 | −3 | −2 | 0 |
| 46. 整合后的财政支农资金应该重点投向落后地区 | −2 | 4 | −3 | 2 | 1 |
| 48. 整合后的财政支农资金应该重点投向基础设施较好地区 | 0 | −3 | −3 | −2 | 0 |
| 49. 整合后的财政支农资金应该可以按照下列顺序投向：<br>（1）农村公路；（2）农田水利；（3）农技推广；（4）绿色农业；（5）生产机械化；（6）村庄规划；（7）基础教育；（8）医疗保健；（9）农村救济养老；（10）环境保护；（11）农民技术培训；（12）农业保险；（13）农业信息化 | 2 | 4 | 4 | 0 | 4 |

### 4. 因素Ⅳ：部门利益型

一共有4个局长被载入这个类型。调查中，湖北省京山县某局长反映，整合财政支农资金已经触动了某些职能部门利益。该局长认为，整合财政支农资金的确是件民心工程，但是，整合方案没有具体考虑到水利等涉农事业的实际，整合效率不高；同时，整合财政支农资金动了部门的“奶酪”，部门利益受损。该县某个财政干部表示，整合似乎是财政部门在唱独角戏，其他部门认为财政部门在“敛权”，阻力非常大。湖北省财政厅QWC处长说：“中国的财政支农资金存在比较严重的条块分割，其中之一是‘条条’现象，农业部门、水利部门、林业部门、扶贫部门等分别把握着属于‘部门权力’的利益。”长期来看，整合财政支农资金不会妨碍部门利益，而会让部门财政支农资金分配和使用权限更加清晰，有利于转变政府职能，提高政府运行效率。所以，短期只能整合受益范

围较窄的，除了特殊用途外的财政支农资金（12），逐步缓解部门利益“短视”行为。（见表2-4）

表2-4 **“部门利益型”Q论得分情况**

| 问　题 | 统计得分 | | | | |
|---|---|---|---|---|---|
| 4. 整合财政支农资金有违部门利益公平 | −4 | −4 | −2 | −4 | −3 |
| 10. 农业财政资金整合是为了提高农业财政资金的使用效率 | 3 | 0 | 3 | 3 | −2 |
| 12. 农业财政资金整合过于注重短期利益，短期整合是指整合除了特殊用途资金（政策性较强、有固定用途、救灾资金、惠农补贴资金等）以及受益范围较窄资金之外的资金；长期整合是指整合所有中央财政支农资金 | −2 | −1 | 1 | −3 | 0 |
| 13. 成立大一统的“三农”管理部门，比如“大农业部”，是整合财政支农资金的必要前提 | −3 | 0 | 3 | −3 | 4 |
| 14. 农业专项资金应该逐渐减少 | −3 | −4 | −1 | −4 | −2 |
| 15. 部分农业财政专项资金不应该划入整合的范畴，尤其是一些关于社会福利与转移支付的款项 | −1 | 2 | 2 | 4 | 1 |
| 16. 农业财政专项资金与整合是一对矛盾的概念 | −1 | 0 | 1 | −3 | −2 |
| 22. 财政部试点工作取得的成绩为农业财政资金整合提供了好的示范效应 | 2 | 1 | 2 | 3 | 3 |
| 24. 推动同一区域落后地区发展为整合的目标 | −1 | 0 | −4 | 4 | 0 |
| 29. 整合财政支农资金应该先从县级层面整合，以县为主 | 2 | −3 | 4 | 3 | 2 |
| 33. 农业财政资金整合能够实现由省级层面先整合，再带动县级整合 | 0 | 1 | −1 | −3 | 0 |

### 5. 因素Ⅴ：骑墙型与模糊型

有3位局长被载入因素Ⅴ，但是其中一个局长的负载为负值

(-0.58)。在财政支农资金使用与管理过程中，财政支农资金分配与管理部门对分散使用现象不能正确对待：一是对整合问题认识模糊，不知道整合是好事还是坏事；二是当本部门利益不受损时，支持整合，否则不支持。武汉市财政局 ZXY 处长说："财政支农资金整合过程中，财政部门内部认识不统一，同时，其他涉农部门上级认识不统一，下级认识也难统一。"湖北省农业科学院 SXC 处长也说："我认为最大的困难是没有形成统一的思想，特别是目前国家对公共品和私有品的划分不清楚，存在公共品私人投资和私人品公共投资的现象。"当整合试点取得了很好的效果后，某些地区管理部门争先恐后地效仿（22）。在调查中，湖北省京山县财政局某干部提到，河南省唐河县财政局曾专门派人到该局取了经。财政部、省级财政支农资金整合试点取得阶段性成果是对财政支农资金整合使用的最好检验，同时可以打消这两种认识，也充分证明了整合财政支农资金的现实必然。(见表 2-5)

表 2-5 **"骑墙型与模糊型" Q 论得分情况**

| 问题 | 统计得分 | | | | |
|---|---|---|---|---|---|
| 2. 农业财政资金整合是为了社会公平 | 0 | -2 | 0 | -1 | -4 |
| 3. 农业财政资金整合有违社会公平，对小项目与贫困落后地区而言，很多地方以龙头企业、支柱产业为整合平台，加大了差距的分化 | -4 | 1 | -1 | 0 | -3 |
| 4. 整合财政支农资金有违部门利益公平 | -4 | -4 | -2 | -4 | -3 |
| 5. 农业财政资金整合在促进效率优先上可以起到正相关效应 | 1 | 0 | 1 | 1 | -3 |
| 6. 我国财政支农资金使用与管理中存在的总量不足是整合财政支农资金的前提 | 0 | 3 | 1 | 1 | -3 |
| 13. 成立大一统的"三农"管理部门，比如"大农业部"，是整合财政支农资金的必要前提 | -3 | 0 | 3 | -3 | 4 |
| 19. 以财政部农业司掌管的财政资金为整合边界 | -1 | -1 | 2 | -2 | -4 |

续表

| 问　题 | 统计得分 | | | | |
|---|---|---|---|---|---|
| 22. 财政部试点工作取得的成绩为农业财政资金整合提供了好的示范效应 | 2 | 1 | 2 | 3 | 3 |
| 45. 整合后的财政支农资金应该重点投向有发展潜力的地区 | 2 | 1 | −2 | 0 | 3 |
| 49. 整合后的财政支农资金应该可以按照下列的顺序投向：<br>（1）农村公路；（2）农田水利；（3）农技推广；（4）绿色农业；（5）生产机械化；（6）村庄规划；（7）基础教育；（8）医疗保健；（9）农村救济养老；（10）环境保护；（11）农民技术培训；（12）农业保险；（13）农业信息化 | 2 | 4 | 4 | 0 | 4 |
| 54. 构建以财政部门为主的日常监督 | 2 | 0 | 1 | 1 | 3 |
| 55. 构建以审计部门为主的事后监督① | 0 | −1 | 1 | 0 | 3 |

## （二）基于宏观视野的考察

现行的农业财政支农资金管理体制是历史沿革的产物，是在不断改革、发展变化中产生的。就现行的我国政府财政支农资金管理体制而言，有其合理的一面，但也有损害效率的一面，集中表现在有限的财政支农资金不能形成发展合力，产生规模经济效益。在我国社会主义新农村建设的进程中，我国农业进入由传统农业向现代农业转变的阶段，因此在新的形势下必须对我国政府农业财政支农资金的管理体制进行改革。

### 1. 改革财政支农资金管理体制，明确政府职能的需要

我国财政支农资金管理体制的变迁是一种强制性制度变迁，而

① 胡振虎．要“喷头”还是“漏斗”？——基于Q方法的财政支农资金整合研究．2008年全国中青年农业经济学者年会会议论文.

有效率的制度变迁主要是一种诱致性变迁①。这是因为从制度变迁的成本看，诱致性变迁的成本低于强制性变迁，诱致性变迁在个人层次只需考虑预期经营成本，在组织层次考虑预期经营成本和组织成本；而强制性变迁则面临不同利益集团的博弈，预期利益较小或受损的集团可能会阻挠制度变迁，从而强制性的制度变迁面临较大的阻滞成本。从制度变迁的收益看，诱致性变迁的利得大于利失，而强制性变迁的收益则有很大的不确定性。从制度变迁的发展看，强制性变迁可能无法获得足够支持而归于无效，强制性变迁的供给导向决定了它往往缺乏需求基础，从而不能得到足够多的理解和支持。如果政府依靠国家机器强制实施这种违背民众意愿的变迁，较好的结果也只是“阳奉阴违”或“上有政策、下有对策”，这种制度难以发挥其效应。而诱致性变迁则有广泛的群众基础，即使没有政府支持，也能使参与人共同分享和维系一些信念，并逐渐深化为制度。

因此，我国财政支农资金管理体制的改革，需采取诱致性制度变迁的方式，合理确定政府在农业和农村经济发展中的职能，真正做到该由市场调节的由市场调节，该由政府支持保护的由政府支持和保护。只有明确政府的职能，政府财政支农资金管理体制进一步改革才有基础。按照市场经济条件下政府财政“有所为、有所不为”的方针和农业农村发展的方针政策，合理设置农业财政支出项目，重点支持与整个社会经济发展相关、对提高农民收入和农业竞争能力有重要影响的环节和领域。在职能和分工明确基础上建立政府管理部门有机合作的体系，能够归并的支出事项建议由一个职能部门统一负责，暂时不能合并的事项，一是要对不同种类的资金使用范围加以明确；二是要对各分管部门的职能和分工加以明确。农业财政资金分配、使用及农业财政资金重大项目由人民政府的相应机构统一协调，以确保农业财政资金的有效配置。按照“统一、效能、协调”的原则，明确资金管理的职能部门和部门职能。

---

① 蔡立雄，何炼成．诱致性制度变迁与农村发展．经济评论，2007(6).

### 2. 科学划分政府间农业事权的需要

目前，在财政支农方面，重复投资、分散投资、政府投资缺位和越位现象同时存在，一个重要的原因是对各级政府及政府各部门这些利益集团间的管理职责界定不清，甚至习惯于计划经济和压力型行政体制的思维模式，把本应该由中央政府承担的责任，不切实际地强加于地方政府，或者交与其他部门承担。这一问题造成不同渠道的农业投入在使用方向、实施范围、建设内容和项目安排等方面出现相当程度的重复和交叉，致使同一项目可能从不同部门多次获得财政支农资金的支持，从而没有更多的财力去对农业进行投资。因此，中央政府的事务支出由中央财政负担，地方政府的事务支出由地方财政负担。合理划分中央和地方财政在农业和农村发展中的事权，对全局性农业和农村经济发展事项，例如，大中型农业基础设施建设项目、重大或重要农业科技项目、重要的农业公共服务体系和扶贫等由中央负责。

### 3. 建立和完善规范的财政支农资金监督和管理体系的需要

各级财政部门、主管部门和农业单位都应主动地、自觉地担负起资金管理和财务管理的责任，努力提高经济效益，并建立一套科学的、规范化的资金管理办法和监督检查手段，对农村企事业单位财务特别是预算外资金流向，制定一个有效约束和激励的制度。因此，首先要建立和完善财政支农资金管理监督机制，全面推行支农资金项目目标管理责任制，建立一套科学完善的管理制度。目前的资金管理制度和办法主要是规定资金的使用范围，没有把资金分配管理程序和资金使用管理过程中各方面应负的责任作为主要内容，而在管理办法上比较注重事后检查，不太重视事前项目评估论证，这是造成资金损失浪费、资金使用效益不高的一个重要原因。实际上，项目的事前评估对提高资金使用效益起着关键性作用。通过项目目标管理，确定资金分配和项目选择的基本程序，可能明确资金使用过程中各方面的责任，提高资金分配的合理性，使资金管理逐步走上规范化；然后是建立规范的政府财政支农资金管理制度体系。制定政府财政支农资金规划或政府农业财政支出立法，规范政府农业财政支出的增减变动和政府农业财政支出的行为，规定政府农业财政资金管理的指导思想和总的原则，完善各类资金的具体管理制度。管理制度的建设既要与国家立法一致，具体制度间又要相互协调，避免制度间的矛盾和冲突，同时建立规范、科学的具体管理体系，包括资金项目的立项、选择、实施、竣工、后续管理等整个资金运行全过程管理的规范。

### 4. 符合 WTO 贸易规则的需要

长期以来，我国政府农业投入在很多方面都与 WTO 农业协定的要求不相适应。按照 WTO 农业协定的有关规则，政府对农业的国内支持政策主要包括三类：一是免予削减的支持措施，即“绿箱”措施；二是要限制的支持措施，即“黄箱”措施；三是属于“黄箱”但不计入“综合支持量”的“蓝箱”措施。加入 WTO 后，在我国国民经济发展中处于不利地位的农业将面临更为激烈的竞争，经受更为严峻的考验和挑战。因此，中国加入 WTO 首先是政府加入 WTO，政府农业财政支出管理既要体现公平、公正、透明的原则，同时“黄箱”、“绿箱”政策的运用又要符合中国的实际和 WTO 贸易规则的要求，有利于中国农业和农村经济的发展。国家要调整财政支农资金的管理体制，真正体现将农业放在国民经济首位的大政方针，不断加强和巩固农业的基础地位①。

## 二、整合财政支农资金的可行性

整合财政支农资金，不仅有其必要性，也有其可行性。

① 聂勇，陈池波．财政支农资金管理体制变迁研究述评．武汉科技大学学报．社会科学版．2008（6）．

### （一）各级政府重视：提高支农资金整合效率

政府及直属机构是财政支农资金整合制度和法规的制定者和整合效率的监测者。2004 年，中央一号文件重新回归到“三农问题”上，各级政府都加快了财政支农资金整合的力度，出台了相应的法规和制度。2012 年中央一号文件《关于加快推进农业科技创新持续增强农产品供给保障能力的若干意见》，2013 年中央一号文件《中共中央、国务院关于加快发展现代农业，进一步增强农村发展活力的若干意见》都明确提出要加快财政支农资金整合，探索财政支农资金整合的有效途径，加强财政支农资金整合的监管，提高财政支农资金的使用效益。财政部也先后出台了《财政部关于进一步加强和规范财政支农资金监督管理工作的意见》（财农〔2007〕53 号）和《财政部关于进一步加强财政支农资金管理的意见（财农〔2008〕9 号），要求各省、自治区、直辖市做好财政支农资金整合试点工作。各省、自治区、直辖市也出台了相应的法规文件，如《黑龙江省财政厅关于开展县级财政支农资金整合工作考评的通知》（黑财农［2009］71 号），《江苏省淮安市人民政府办公室关于进一步推进财政支农资金整合工作的意见》（淮政办发〔2010〕199 号）等，确保财政支农资金整合的顺利推进。

### （二）农民愿望强烈：促进支农资金整合稳步推进

长期以来，由于农民在经济发展活动中处于弱势群体地位，农民对于财政支农资金的使用和分配，不仅没有直接参与权和分配权，也没有资金运行的知情权，存在着严重的信息不对称问题，出现了许多挪用和贪污支农资金的腐败现象。比如有些地方连续出现挪用国家财政分配给农业产业化龙头企业的专项资金，有些地方政府积极争取支农专项资金，不是为了发展本地农业经济，而是凭借这些资金弥补当地财政的“窟窿”。这些现象的发生遭到了越来越多农民的强烈抵制。

随着我国农业现代化进程的加快，广大农村地区涌现了众多有文化、懂技术、会经营的新型农民，他们对于支农资金如何分配、如何使用、效率如何等问题非常关注，要求有关部门适时公布支农资金整合及运行情况。广大农民对于财政支农资金的普遍关注和监督意识的提高，有助于财政支农资金的计划编制、分配使用和整合效率的提高。

### （三）产业化、规模化经营：发挥支农资金整合规模效益

根据拉尼斯-费景汉的观点，当农业的边际生产率低于平均收入水平时，这部分农业劳动力便称为剩余劳动力，包括绝对剩余劳动生产力和相对剩余劳动生产力。当农村出现大量剩余劳动生产力并转移到城市就业时，农产品产量的增加就要求农业劳动生产率的提高。结合我国目前实际，2012 年末，我国城镇化率达 52.57%①，城镇人口超过农业人口。随着农业剩余劳动力的不断增加和农业机械化程度的推进，一个农户可完成几十亩甚至上百亩的农业生产任务，大型家庭农场和农业生产专业组织在我国各地频繁出现。"十二五"期间中央财政对"三农"的投入方向除了重点加大对种粮农民的"四补贴"外，新增资金将向包括粮食在内的主要农产品重点大县、农业产业化龙头企业、种养大户和农民专业合作组织倾斜。

从财政支农资金分配使用的历史经验看，过去资金的投放和使用主要针对小农经营。在这种情况下，农户各自使用财政分配的资金，不具备资金发挥规模效益的经济条件，且这种经营方式还容易造成农户之间为争取资金利益而进行的恶性竞争。因此，财政支农资金的使用和分配改革势在必行。而我国当前夯实现代农业物质基础，积极推进产业化、规模化经营为财政支农资金整合提供了条件

① 中国 2012 年城镇化率达 52.57%，与世界平均水平相当．新华网 2013-06-26. http：//new. sinhuanet. com/politics/2013-06-26/c 116303664. htm.

和机遇。在农业产业化、规模化经营稳步推进的情况下，我国财政支农资金的投放更有针对性，具备规模经济效益产生的条件，发挥财政支农资金整合的整体效益。

## （四）试点取得成效：推进支农资金整合全面展开

从 2001 年开始，全国各地在中央政策的指引下，都在积极探索并进行财政支农资金整合的试点工作。尽管方式不一，做法不同，但都取得了可喜成绩。如江苏省财政厅在苏北地区选择灌南、滨海等县市开展财政支农资金“打包”整合，进一步优化了财政支农资金结构，提高了财政支农资金的使用效益。江西省从发挥支农资金整合的整体效益出发，以打造项目或产业平台进行资金整合。通过资金整合，改变了过去支农资金项目申报，实施以条条框框为主的僵硬做法，不但解决了有关部门虚报项目、挤占挪用财政支农资金的问题，还减少了在争取专项财政支农资金中的腐败现象。

纵观各地区的整合试点工作，取得了以下实效：一是促进了财政支农资金的集中投入。根据各地实际，通过找准重点，强化重点，集中投入，充分发挥了财政支农资金的聚集效用，提高了财政支农资金的利用效率。二是促进了财政支农资金的规范管理，通过对试点县市的财政支农资金进行整合，项目选择更加科学合理，项目与支农资金的配套更加优化，资金的管理更加透明。三是促进了机制的创新。在财政支农资金整合的过程中，各试点县市的机制创新主要有：初步建立了资金整合的激励约束机制，建立了各部门的资金协调配合机制，完善了资金项目管理机制。四是促进了机构职能的转变。首先，改革了资金使用管理，简化了审批工作程序，集中精力进行资金监管。其次，县乡政府进行了机构改革，精简了人员，在资金监管问题上，通过签订项目承诺书来设计有效的信号发送（signaling）和信息甄别（screening）机制，监督和约束支农资金的使用过程和结果。最后，采用公开招投标制度对支农资金的分配和使用进行改革，改变了过去农业部门“等米下锅”的依赖思想，增强了他们争取资金的主动意识。

根据以上试点成功的经验，全国范围内财政支农资金的整合有了比较好的实践基础，有助于财政支农资金整合工作的拓展和效率的提高。

# 专题三　基于财政支农资金整合的理性反思与展望

财政支农指国家财政（中央和地方各级财政）为扶持“三农”而向其投入财政资金的一种政府投资行为，财政支农资金则是财政支农的物质手段。解决“三农”难题以及在新农村建设中，财政被寄予厚望。然而，受国家财力制约，财政支农投入在短期内不可能大幅增长；且现行的财政支农体制存在严重缺陷，导致本已不足的财政支农资金又被贪污、挪用、挥霍、浪费或被低效、无效甚至负效使用。① 可见，当前财政支农问题的主要矛盾在于财政支农资金的使用效率。因此，在努力增加财政支农投入的同时，必须将工作的着力点置于努力提高财政支农资金的使用效率上。

财政部于2006年5月发布了《关于进一步推进支农资金整合工作的指导意见》（以下简称《指导意见》），正式在全国范围内展开财政支农资金整合工作。可是，在当前的财政支农整合中，存在着诸如对“财政支农资金”、“支农资金”、“财政支农”等关键概念模糊不清，对整合财政支农资金的目标定位、整合财政支农资金与行政机构改革的关系、整合财政支农资金的成功概率、整合后财政支农资金的操作主体等重要问题缺乏前瞻性战略研究等不容忽视的问题。因此，迫切需要对当前财政支农资金整合模式做出前瞻性理性反思，以利于财政支农资金整合能尽可能取得预期的效果。本专题在梳理财政支农资金整合的必要性的基础上，对现行整合方案、模式进行深层剖析，最后提出必须扭转“单打独斗”式的财政支农资金整合模式并应及早将财政支农与金融支农予以整合的政策建议。

---

① 笔者认为，财政支农资金的使用效率可大致分为高效率、低效率、无效率、负效率4档。其中无效率指财政支农资金使用的损益刚好相抵，负效率则指财政支农资金使用的损大于益而产生净亏损的情况。

## 一、整合财政支农资金的必要性

财政支农资金整合的必要性源自现行财政支农体制存在的诸多问题，其主要是：

1. 财政支农渠道多、项目杂、投入散、管理乱。(1) 渠道多。财政支农资金多头管理，有中央、省、地、县、乡和村等6级，仅中央至少涉及12个部、委、办，给统计工作带来极大不便。① (2) 项目杂。财政支农项目五花八门②，且项目之间存在交叉重复或相互脱节等问题。(3) 投入散。由于财政支农资金多部门分散管理，每个部门所掌握的支农资金量不算大，加之支农项目多，造成单个项目的资金量较小，难以发挥资金使用的规模效益，并在一定程度上造成资金管理成本高。(4) 管理乱。由于财政支农资金分布于多个部门，经多种渠道，按不同管理方式拨付，常出现同一项目多部门管理但无部门负责的局面。尤其是支农项目管理的混乱致使有限的支农资金被挤占、挪用或被低效、无效甚至负效使用。这在一定程度上影响了支农资金的使用效益和政策效应的发挥。

2. 现行统计方法存在缺陷。按现行财政投资体制，中央财政主要负责大中型基础设施项目投资，在目前中央财政预算内农业基本建设投资中，水利投入最多，林业和生态建设投入次之，农业投入份额最小。2001—2005年中央农业基础设施投资为2 840亿元，其中用于重大水利工程和生态建设的占70%以上，直接用于农业综合生产能力建设的占11%（乌云其木格，2005）。而大型水利和

---

① 因多部门支农给统计工作带来极大困难，即便是国家统计局也只能统计“支援农村生产支出和农林水利气象事业费”、“农业基本建设支出”、“农业科技三项费用”、“农村救济费”、“农业综合开发中财政投入”等5项财政支农支出，其余的支农项目目前均未作统计。

② 仅中央财政涉农支出项目就包括建设投资（国债资金）、农业科学事业费、农业科技三项费用、支援农村生产支出、农业综合开发支出、农林水气等部门事业费、支援不发达地区支出、水利建设基金、农业税灾歉减免补助、农村税费改革转移支付、农产品政策性补贴支出、农村中小学教育支出、农村卫生支出、农村救济支出、农业生产资料价格补贴等15个大项。

生态环境投资具有很大的正外部性，故将其全部列入财政农业支出范围，事实上夸大了财政支农投入的规模与比例。

3. 县、乡财政支农功能不强

目前，中央财政的农业基本建设投资很难覆盖到广大乡村，省级财政也主要是与中央投资的大中型项目配套，农村中小型基础设施建设的职责在基层县（市）和乡镇政府；而县、乡财政基本上连国家投资项目的配套资金都难以落实，就更难保证对农村中小型基础设施的投入（吴晓灵，2006）。

4. 财政支农资金闲置、浪费现象值得关注

一些地方将有偿使用的部分财政资金的到期收回情况作为一项政绩考核指标，于是主管部门为防范贷款风险，滞拨、缓拨或提前回收资金的现象严重，导致原本不足的财政支农资金被大量闲置、浪费。

5. 财政支持农业研发投入不足

由于农业科技项目往往见效慢、风险大，于是财政对农业科研项目的投入热情不高。我国1978—2005年28年间农业科技三项费用占农业产值之比仅在1978年、1979年两年略高于0.1%；1995年该比例为0.025%，达最低点，在此之前该比例呈下降趋势，在此之后呈上升趋势，2005年该比例仍只有0.086%（见图）。按照联合国粮农组织（FAO）的标准，发展中国家或地区的农业R&D投入应占农业产值的1%以上，可以说我国的农业科技研发投入长期欠账。

6. 财政支农资金使用中越位、缺位、错位现象并存。(1) 越位。财政支农投入方式与国际惯例和WTO《农业协议》的要求不符，如粮食风险基金、粮食企业的财务挂账和支出不符合WTO规则或公共财政支出范畴。(2) 缺位。与WTO规则相符的市场信息服务、农业科研、农产品质量检验监测体系建设、农民专业合作组织支持、政府参与的收入保险和收入安全网计划、针对农民的各种结构调整性补贴等属“绿箱”政策鼓励的有关农民收入保障方面的支持，在现行支农政策中尚未涉及或支持不够，补贴空间巨大。(3) 错位。我国一半以上的“绿箱”政策支农补贴导致的流通环

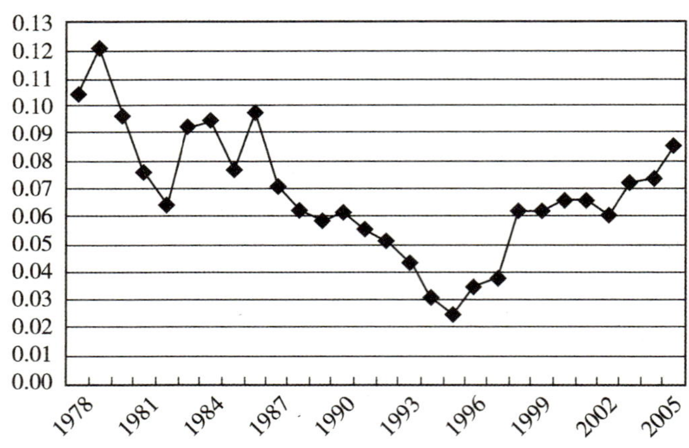


1978—2005 年农业科技三项费用占农业产值之比变化图（%）

节农产品成本和价格扭曲，与国际惯例和 WTO 规则相悖，支农严重错位。

## 二、整合财政支农的可行性

目前，尽管整合财政支农资金已成为学界的主流观点并已被政府采纳，但对整合财政支农资金的一些深层次问题认识不到位。笔者从整合财政支农的可行性角度，对若干问题讨论如下：

1. 两组核心概念辨析。（1）整合财政支农与整合财政支农资金。财政支农是政府基于扶持“三农”而向其投入财政资金的一种政府投资行为，其可以是主体性投入，亦可以是先导性投入；而财政支农资金则是政府用于支持“三农”发展的财政预算资金。可见，财政支农是一个涉及财政支农资金，并基于一定价值判断、通过一定机制、模式对“三农”予以支持的综合性活动过程；而财政支农资金仅是财政支农的物质手段。因此，整合财政支农与整合财政支农资金有质的区别：后者仅强调将各级政府（尤其是政府各部门）分散掌握且被低效使用的财政支农资金予以归并、整合，以减少财政支农渠道，从而达到提高财政支农资金使用效率的目的；而前者除了涉及应将财政支农资金进行数量整合之外，更注重财政支农机制、模式的创新，是在更大的范围内对财政支农资金进行有效整合。(2) 整合财政支农资金与整合支农资金。整合财政支农资金，指对各渠道的财政支农资金进行归并、集中，减少中间环节漏损，实现财政支农的规模效应，从而提高财政支农资金使用效率；整合支农资金，指通过协调、整合以财政支农资金、金融支农资金为主的各种支农资金，使它们合理搭配，形成稳定的效率结构，从而既充分发挥财政支农资金的支农功能，又有效激发其他商业性资金的支农积极性，也能有效调动农村内部资金投入农业、农村的积极性，从而为“三农”发展组织庞大的资金流，并以资金要素为纽带牵引、带动其他生产要素支农的这样一种良性、可持续的支农局面。可见，二者有本质区别。

2. 整合财政支农资金的目标定位问题。明确财政支农资金整合目标是判断其整合成败的首要问题。笔者认为，其目标有三：一是下层目标，即通过财政支农资金整合，减少财政支农资金被挤占、挪用、贪污、闲置等腐败浪费损失；二是中层目标，即经过财政支农资金整合，有效减少财政支农资金的腐败浪费损失，并提高在用财政支农资金的使用效率①；三是上层目标，即通过整合财政支农资金，达到从根本上提高各种支农资金的经济效益，并促进“三农”可持续发展。笔者对这三层目标分析如下：(1) 下层目标不可取。因下层目标即使达到，也仅表明财政支农领域的反腐斗争有成效。(2) 中层目标只是部分可取。它不仅兼顾减少腐败成本，而且考虑到提高财政支农资金使用效率，但问题在于达此目标的可能性有多大。不论是减少腐败成本还是提高在用资金的使用效率都有赖于两点：一是提高财政支农资金的管理效率，而整合后的财政支农资金仍由某些政府部门操作，以往的财政支农弊病仍会以不同

① 笔者认为，减少财政支农资金腐败损失与提高财政支农资金的使用效率既有联系也有区别。其联系在于减少腐败损失本身即是提高使用效率的一部分；其区别在于提高资金使用效率不仅需要减少腐败浪费，更需提高在用资金的经济社会效益。

面目出现，甚至更严重①；二是提高财政支农的使用效率，而整合后的财政支农资金量仍严重短缺，若不引入其他资金参与支农，则其支农绩效难有实质改善。（3）上层目标是一个战略目标，基本符合当前中国国情，应将其作为未来支农资金整合的指导方针。它试图跳出财政支农小圈子，着眼于资金支农全局，以更宏观的战略视野审视财政支农，使财政支农资金与金融支农资金有机配合，实现扬长避短、优势互补，形成支农合力。本专题秉持上层目标作为研究的出发点和归宿。

3. 财政支农的具体方式选择问题。目前，政府对部分农业生产和农业综合开发项目采取直接投资或有偿使用方式予以扶持的做法尚存不妥：其一，财政直接介入市场价值较好的农业项目，不符合公共财政的要求。原因一是政府直接投资易导致投资主体虚化从而致使投资效率低下；二是农业项目的投资风险较大，项目的贷前评估、效益评价和贷后监管需要雄厚的专业人力且成本高昂，财政及综合开发机构难以胜任，若硬性参与则会导致非效率；三是农业开发项目是通过各级政府层层考察选定的，故难以界定项目选取责任和资金偿还责任。其二，虽然部分农业生产和综合开发项目的市场价值较好，不应由财政直接投资，但因其正外部性较强，政府完全不投入也不符合公共财政要求。因此，笔者认为，政府应通过补贴、担保或补偿等方式引导更多的金融资金投入农业生产和农业综合开发项目。同时，还应充分运用市场机制，增强财政补贴、担保、补偿的透明度，从而增强财政投入的杠杆效应。

4. 整合财政支农资金成功的概率问题。应辩证地看待财政支农资金整合问题，一方面，若整合得好且后续监管有力，则有限的财政支农资金的利用效率会有所提高，但也不应对此寄望过高，因整合成本很高，而整合收益未必很大；另一方面，若整合得不好或整合后监管跟不上，则可能造成更大浪费或更低的使用效率。财政支农整合的成功须同时满足三项条件：一是整合后财政支农资金的

---

① 政府部门作为掌握公共资源的特殊利益集团，天然地对微观经济利益的动机不足。

使用效率得以大幅度提升；二是整合后财政支农资金的规模急剧扩张，能基本满足“三农”发展对资金的需要；三是国家开展彻底的行政机构改革，建立一支精干高效、廉洁奉公的涉农公务员队伍，从而清除财政支农资金被腐败浪费、低效使用的根源。笔者认为，这三个条件目前均难以满足，原因有三：一是在现行行政管理体制下，部门间的利益关系盘根错节，整合就意味着利益关系的调整，而这正是改革的难点所在。二是在目前财政状况下，大幅增加支农财政投入并不现实。三是现阶段彻底改革行政体制并不可行。可见，整合财政支农资金只是达到整合财政支农目标的必要条件而非充分条件。

5. 整合财政支农与政府行政机构改革的关系问题。应改革政府支农资金的管理体制，减少管理部门和层级，强化支农资金使用的监督机制，努力控制机构人员费用的支出。在中、下层整合目标下，要取得良好的整合绩效，势必要精简涉农机构、人员，这会造成某些社会不和谐因素；若没有行政机构改革的配套，整合财政支农资金很可能流于形式。而在上层整合目标下，将财政支农资金与金融支农资金整合起来，则会产生另样效果：一方面，巨额金融资金跟进，可扭转以往财政资金因规模偏小、金融资金又不愿配合而难以发挥支农作用的尴尬局面，充分发挥其“四两拨千斤”的杠杆功效，其支农能力必将大幅度提升；另一方面，有限的财政支农资金可运营更多项目，项目监督的工作量增大，在以金融机构为项目监管核心的前提下，涉农政府部门的辅助监管不可或缺。

6. 财政支农资金的具体操作主体问题。确定操作主体关系到有限财政支农资金的使用效率高低，关系到财政支农能否公开、公平、公正、廉洁地进行。财政支农资金属于公共资金范畴，似乎理应由财政等政府部门具体分配、使用和管理。但由政府部门操作的弊端很大，主要有：一是每个政府部门所掌握的支农资金量不太大，难以形成规模效益，甚至无法达到项目的起点金额要求，这使一些社会经济效益较好的项目迟建甚至无法建设。二是政府部门、公务员管理财政支农资金，在监管不到位的情况下，容易产生腐败浪费问题，而任何监督都是受成本约束的，由于信息不对称，因而对公务员的监督成本很高，甚至存在监管失灵的可能。三是财政支农资金的“公共地”性质决定了极易在政府部门之间形成“分赃式”利益共同体，共同瓜分财政支农资金“剩余”，最终导致极难治理的腐败顽疾。四是外部审计力量难以有效介入，因民间审计（即注册会计师审计）须先受托再执业，而委托人（不论是财政部门还是审计部门）往往是财政支农资金腐败的既得利益者，他们很可能在选择会计师事务所时“以劣驱良”，从而出现财政支农资金的监管悖论。① 在整合的中、下层目标下，这个监管悖论是难以打破的；但在整合的上层目标下，此悖论可能较易被打破，因为在整合财政支农与金融支农的背景下，有限的财政支农资金仅充当支农项目的先导资金，而项目的主体资金是金融资金，这就决定了金融机构在项目监管上的主导权，从而打破了政府既得利益集团内部错综复杂的利益纠葛。

7. 整合财政支农资金与整合财政支农资金和金融支农资金之间的关系问题。(1) 整合财政支农资金是整合财政支农资金和金融支农资金的必要准备。通过财政支农资金的整合，可达到五项具体目标：一是按财政支农资金的性质对其进行整合清理，大幅度减少财政支农渠道，从而形成财政支农合力；二是加强各财政支农资金管理部门的沟通协调，避免财政支农资金使用上的交叉重叠或相互脱节；三是实行财政支农资金集中支付，减少划拨中间环节，从而抑制财政支农中间环节的腐败现象；四是以县为主整合财政支农资金，因为县级是各渠道财政支农资金的汇聚点；五是改善财政支农资金的监管机制，因整合后的财政支农资金相对集中，监管难度可能降低。(2) 整合财政支农资金和金融支农资金是整合财政支农资金的必然趋势。单纯整合财政支农资金，若整合后管理跟不上，可能造成资金的更大损失和浪费等。因此，必须摆脱财政支农资金整合的局限，将其与效率较高但对农村经营风险较敏感的金融

① 财政支农资金的监管悖论，指若不对其进行监管，则无法对腐败进行甄别、惩治；而若进行监管，则在既得利益集团已形成的背景下难以进行有效监管，监管只会带来更大的腐败成本这样一种进退维谷的局面。

支农资金整合在一起，从而产生财政支农资金与金融支农资金二者优势互补的双赢格局，最终可能使二者均走出支农困境。

由上可知，单纯整合财政支农资金很难实现整合的上层目标，甚至中、下层目标也难以完全达到，即仅对财政支农资金进行整合不具备效率性与可行性。

## 三、结论与建议

### （一）几点结论

基于对整合财政支农必要性与可行性的理性分析，至少可得出如下结论：

1. 单纯整合财政支农资金虽具有必要性，但基本缺乏现实可行性。单纯整合财政支农资金的难度大、成本高，在经济上未必合理，即使形式上整合“成功”，也很可能是整合成本远大于整合收益的面子工程。① 可见，整合财政支农资金以增强其支农能力并不可行，必须转换思路，找到前瞻性战略理论来指导财政支农改革实践。

2. 当前财政支农资金整合缺乏科学性和可持续性。目前财政支农资金整合工作带有强烈的政府强制性制度变迁色彩，尽管政府基于整合财政支农资金的必要性已开展整合工作，但由于对整合财政支农资金的可行性缺乏深入研究，对整合的规律性缺乏应有的把握，这样很可能达不到预期的目标。

### （二）政策建议

基于上述对整合财政支农资金的理性反思，笔者提出如下两点政策建议：

1. 政府要妥善区分“财政支农资金整合与支农资金整合”、

① 事实上，决策层凭其过去改革的经验与教训，似乎已初步认识到单纯整合财政支农资金的局限性与艰巨性，故在2006年5月财政部发布的《关于进一步推进支农资金整合工作的指导意见》中特别强调要注重支农资金整合方式的创新，在坚持以县为主进行整合的基础上，积极探索其他切实有效的整合方式。这事实上也为本专题的研究提供了一个切入点。

“财政支农资金整合与财政支农整合”这两组概念。应以整合财政支农和整合支农资金为视野开展相关的可行性研究和科学论证，在前瞻性战略理论的指导下科学有序地开展整合工作，并在积累经验的基础上对具体整合方案进行修正、完善，用以指导后续的整合实践。

2. 可考虑将财政支农的整合与金融支农改革调整工作结合起来通盘考虑。主要应做到4点：(1) 将财政支农与农民金融培训整合起来。由于中国广大农村的金融难题是供求双方扭曲的结果，且以农民的有效金融需求不足为主要矛盾，所以提升广大农民的金融意识和利用金融资源的能力刻不容缓，而金融培训是达此目的的必要途径。笔者认为，具体金融培训事宜应由金融机构进行，但若没有财政专项资金予以扶持，则金融机构很难有开展培训业务的积极性。(2) 将财政支农与商业性金融支农予以整合。财政支农与金融支农是增加农业投入的两翼，但二者的运作理念、原则、机制不同（吴晓灵，2006）。若将低效率的财政支农资金与趋利性强、高效率的商业金融资金整合起来，以财政资金为补贴基金、担保基金或补偿基金，诱导逐利性的金融资本支农，则既可提高财政支农资金的使用效率，又可增强商业性金融机构的盈利能力从而不断消化存量金融风险，还可有效增加对“三农”的资金投入，最终达成政府财政、商业性金融、“三农”的“三赢”局面。

3. 将财政支农、农信社改革、政策性金融支农进行三维整合。既然农村信用社改革的前途既不应是合作制，也不应是商业化，那么只应是政策性（张杰，2004）。政策性金融因其资金短缺、机构网点少而无力支农，加之财政支农的低效状况，那么，若将农信社改革目标调整为农村政策性金融，并辅以财政支农资金予以贴息、担保或补偿，则既可搞活农信社，又可增强政策金融的支农能力，还可提高财政支农效率，从而达到“一石三鸟”的改革绩效。

4. 把财政支农与农村金融增量支农有机整合。若将财政支农与农村金融增量整合起来，则可以较小成本扶持农村金融增量的发展。应将一部分财政支农资金用于支持新型农村金融机构的发展，具体可考虑把一部分财政支农资金按新型农村金融机构支农绩效标准以奖励形式向其注入，从而使更多的农村增量金融组织能顺利诞生并健康成长，以增强金融支农力量，同时也提高财政支农资金的利用效率。

本专题发表于《新疆财经大学学报》2008 年第 1 期第 48-53 页。

# 第三章 财政支农资金整合的现状与问题

近年来，在党中央、国务院相关政策指引下，全国各地加大了财政支农资金整合的力度，针对本地区的具体情况提出了切实可行的做法和模式，取得了一定的成绩。但是在财政支农资金整合的过程中，还存在“网状格局和块状管理，多头管理和分散使用以及监督缺失”等问题，因此，本部分主要就财政支农资金整合的现状与问题进行探讨，以期对今后的财政支农资金整合工作提供指导。

## 一、财政支农资金整合的现状考察

当前，随着现代农业的逐步建立和完善，各地财政支农资金整合工作进度很快，并逐步发挥资金整合在促进农业生产和农村经济发展中的重要作用。在借鉴国外财政支农资金政策的基础上，吸取兄弟省份和国外对于财政支农资金使用的经验，各地财政支农资金整合取得了一定的成果。

### （一）国内部分省份财政支农资金整合的主要做法

《财政部关于进一步加强财政支农资金管理的意见》（财农〔2008〕9号），要求各省、自治区、直辖市因地制宜做好财政支农资金整合工作。为此，处在我国东、中、西三个经济发展地带的不同省份采取的具体做法是不同的。

### 1. 东部省份财政支农资金整合的主要做法

（1）广东省财政支农资金整合的主要做法

近年来，广东省不断加大“三农”财政投入，财政支农资金占全省财政支出的比例不断上升，2003—2010 年共投入“三农”资金 1001.04 亿元。广东省在财政支农资金整合中的主要做法有：

一是建立组织得当、保障有力的领导协调机制。为保障财政支农资金整合取得成效，从广东省到各市、各县相继成立了支农资金整合工作联席会议制度或成立工作领导小组，形成了跨部门的领导协调机制。各部门之间相互配合、通力合作，构建了高效有力的工作格局。二是以项目建设为抓手，引导财政支农资金向重点项目和重点领域倾斜，并积极完善对财政支农资金整合的监管措施，由省财政厅作为牵头单位指导各地的财政支农资金整合工作。三是在立足产业和区域发展的基础上，分类别构建财政支农资金整合平台。在省级支农资金整合层面，构建了生产类和产业类资金、生态保护和治理资金、农田建设类资金等多个资金整合平台。四是建立并完善支农资金整合的各项管理制度。在《广东省县级财政支农资金整合工作考评实施细则》的指导下，各县市相继制定了更为细化的适合本地实际情况的财政支农资金整合管理制度，从事前、事中、事后等多环节做好资金整合的监管工作。

（2）江苏省财政支农资金整合的主要做法

江苏省在整合财政支农资金时，最大的亮点是“打包”整合分配资金。主要做法有：

一是对各项财政支农资金切块，并切块安排到县，逐步下放财政支农资金的分配和使用权；二是在增量资金安排上，省财政对于在财政支农资金整合过程中的先进地区以及农业大县，给予适当倾斜。在扶持增量上，省级资金主要用于当年新建或扩建现代高效农（渔）业项目建设，扶持农民，重点用于扶持直接从事规模种养经营的合作经济组织和农户，扶持产业化，对促进农业增效、带动农民增收致富显著的农业龙头企业给予扶持；三是在项目申报时，围绕重点产业和重点项目，以项目为载体进行申报。

（3）山东省财政支农资金整合的主要做法

目前为止，山东省已逐步建立起省、市、县三级上下联动，财政与有关部门、项目单位协调配合的财政支农资金使用管理模式。山东省财政支农资金整合的主要做法有：一是横向整合。山东省要求各级行政部门在遵循预算内外统筹、跨部门整合的基础上，对现有的各项财政支农资金进行梳理，对效益低下或到期的项目资金进行压缩，对资金用途比较接近的要适当合并，对效益好的项目资金要予以追加，同时要增加支农资金安排综合性项目的建设。同时在整合过程中，还要重视各部门之间的相互配合和协调。二是在纵向整合上要创新体制。通过下放资金审批权、加快预算执行进度，做好财政支农资金纵向整合的体制机制建设。三是扩大县级整合范围和规模。2011 年，山东省财政厅继续支持平阴、鄄城等 11 个县（区）开展支农资金县级整合试点工作，并要求各试点县认真总结试点工作经验，巩固完善已经建立起来的好体制、好机制，探索建立上级财政引导性资金退出后资金整合工作持续开展的长效机制。同时，鼓励各市、县自主开展支农资金整合工作。对依靠自身力量开展支农资金整合效果好的市、县，省财政厅将在资金分配中给予倾斜或奖励。

### 2. 中部省份财政支农资金整合的主要做法

（1）湖北省财政支农资金整合的主要做法

截至 2012 年底，全省年均整合各级财政支农资金 4 亿元，年均吸引社会投资 10 亿元，涉及直接受益农民累计达 350 万人。经过梳理，总结出湖北省的主要做法如下：

一是建立领导协调机制，认真部署整合工作。由省财政厅作为牵头单位，全面负责全省的财政支农资金整合工作。在前期做好“仙湖新农村建设试验区”和“鄂州城乡经济一体化”财政支农资金整合试点的基础上，扩大财政支农资金整合范围，各县市要加强对财政支农资金整合的领导，成立专门机构，强化垂直领导和部门协商，做好支农资金整合工作。二是立足于产业和区域发展，大胆探索多途径整合平台。经过多年的不懈努力，各项目区立足于产业和区域发展实情，大胆探索了“优势主导产业”、“民生工程项目”、“整村推进扶贫”、“新农村建设试验区”、“城乡一体化”等多途径整合平台，收到了较好的整合成效。三是下放审批权限，提升各地开展财政支农资金整合的积极性。为鼓励各地区结合本地实际情况，及时有效开展财政支农资金整合工作，湖北省采取有步骤、有选择的下放财政支农资金的审批权，突出县级部门在财政支农资金整合中的重要作用。

（2）江西省财政支农资金整合的主要做法

为缓解农业资金供求矛盾，发挥资金集聚效应，提高资金使用效益，江西省从 2002 年开始以重大项目建设为平台，整合部分省级财政支农资金，有效地突破了欠发达地区财政支农资金投入不足的瓶颈。从 2008 年起，江西省实行省、市、县三级联动，加大资金统筹和整合的力度，通过直接统筹和衔接统筹两条渠道筹集资金，横向方面整合省财政厅、省发改委、省扶贫办、省交通厅、省卫生厅等各涉农部门中央和省级专项资金，纵向方面带动全省各市、县本级专项资金的投入，有效扩大财政支农资金总规模，推动了新农村建设进程。从主要做法中提炼的亮点有：

一是明确原则，使用到位。通过科学规划、突出重点，先易后难、稳步推进，自主试点、先建后补等原则，改变过去只为争取上级财政投入才进行的消极整合，通过充分理解整合的重要现实意义，从自身找准资金整合的突破点，以实在的项目成效、可行的体制机制措施、完善的成功经验来争取上级更大支持。二是突出平台，资金监管到位。江西省财政支农资金整合模式和范围突出了三个平台：一是以新农村建设为平台，采取直接统筹和衔接统筹相结合，纵向通过省、市、县三级共建，横向要求各部门同心协力，集中全省力量抓好财政支农资金整合工作；二是以农业产业发展为平台，归并整合产业发展资金和零散资金；三是以农业生产发展基础设施为平台，以病险水库为切入点，争取预算安排一块、水利建设基金挤一块、水利维修经费切一块、水利基本建设筹一块等方式，集中整合资金，解决农村水利设施问题。①

（3）安徽省财政支农资金整合的主要做法

作为“中国农村改革试验田”的安徽，在财政部主导的财政支农资金整合改革中，率先走在全国前列。其主要做法有：

一是以县为主抓支农资金整合，充分发挥县级政府在财政支农资金整合中的“主力军”作用。二是优化产业结构，明确主导产业，将财政支农资金的投放重点放在主导产业上。规范项目的申报、审批、管理、实施与绩效考评工作。三是对财政支农资金的流向和分配进行改革，按照项目发展规划的要求，分配并使用财政支农资金。四是突出农业主导产业的作用。通过农业主导产业的发展引领支农资金的整合。五是同步加大省级财政支农资金整合力度，通过存量的调整来实现增量的整合，按照各个项目经济效益的高低来确定财政支农资金的分配，对经济效益好的项目可以追加资金，对经济效益差的项目减少资金，同时还要对所有涉农部门的资金进行整合，发挥资金的规模效益。

### 3. 西部省份财政支农资金整合的主要做法

（1）四川省财政支农资金整合的主要做法

四川省开展了以市县为基本单位的财政支农资金整合工作，积极探索高效整合财政支农资金之路。具体做法是首先由市县领导牵头成立支农资金整合试点工作小组，把财政、农业、畜收、水利、农机、扶贫、以工代贩、教育、卫生等 17 个相关部门负责人纳入整合支农资金试点工作领导小组。解决财政支农资金多头管理的问题。然后归并项目，打造整合平台，通过对支农项目的分类处理，明确财政支农资金的重点投向，达到统筹使用财政支农资金和提高资金使用效益的目的。接着通过科学规划，突出资金的使用重点，依据新农村建设规划，突出重点支农项目，形成资金使用合力。例如四川省德昌县在支农项目实施中实行项目资金公示制、项目工程

① 陈智辉，等．浅谈整合省际财政支农资金支持农村社会经济发展．江西农业学报，2012（12）.

监理制，在资金管理方面严格执行县级财政保障制，由县财政局统一管理、专户储存、专人管理、专账核算并实行会计电算化。

（2）陕西省财政支农资金整合的主要做法

为更好实施财政支农资金整合工作，陕西省财政厅制定了《关于开展财政资金支农管理年活动的实施方案》。在该方案中，明确了陕西省在开展财政支农资金整合中可采取的主要做法：

一是建立健全各项制度。对现有的各项财政支农资金整合管理制度重新进行审视，并按照实际需要，及时增加新的制度，并注意管理制度之间的有机衔接，从财政支农资金的分配、拨付、使用、绩效考核、监督管理等各环节以制度化的形式确定下来，逐步建立科学合理、层次清晰、全面有效的支农资金管理制度体系。二是要创新管理机制。为了发挥财政支农资金的最大效用，在管理机制上，从资金的拨付、分配、使用、绩效考核、项目审批权限等各方面都要进行改革，以实现财政支农资金整合的最大效果。三是规范部门预算。加强各部门之间的联系，对各部门之间的预算进行管理，并重点规范和加强农口部门的预算管理。四是加强对财政支农资金的监督管理。在财政支农资金整合过程中，要着重对财政支农资金监管的薄弱环节、区域进行监管，并逐步对财政支农资金的分配、管理、使用等环节进行监控。对于在财政支农资金违规违纪易发地区和环节，采取必要有效措施，确保财政支农资金的有效使用。

（3）贵州省财政支农资金整合的主要做法

贵州省对于财政支农资金的整合一直处于积极的探索中。近年来，贵州省逐渐形成了上下联动、稳步推进省级和县级财政支农的资金整合模式。省级整合，增量先行，存量后动。这种做法是指在现行财政支农资金整合管理体制下，贵州省财政按照先易后难、逐步推开、积极争取资金的原则，重点在增量上做文章，即先通过整合增量充分发挥增量的作用，然后再逐步盘活存量，采取了先整合增量、再逐步盘活存量的做法。县级整合在省级整合推动的同时铺开，试点逐渐增加。最后，贵州省基本探索出来的经验总结为“书记部署、县长主抓、部门联动、合力推进”。各县立足本地实际，反复研究论证，确定本县的主导产业，并围绕主导产业科学编制产业发展规划和建设实施方案，为支农资金整合搭建平台。上下联动则指的是省级整合除了整合增量、盘活存量外，省财政厅还通过安排专项资金、集中部分省级农口部门支农专项资金的形式，将资金“切块”下达，把资金使用和项目审批权限下放，由各县自主统筹安排。在县级整合方面，从本地产业规划着手，各农口部门密切配合，加上选择的主导产业具有一定的群众基础，能很好的带动农民增收，很多地方的农民主动投工投劳投入到产业建设中，贵州全省逐渐就形成了“省—县—乡（村）—群众”上下联动、合力推进的局面。

通过介绍广东、江苏、山东、湖北、江西、安徽、四川、陕西、贵州等省份在财政支农资金整合方面的具体做法和采取的措施，不难得出：随着国家逐年对财政支农资金投入的不断加大，各地越来越重视财政支农资金的整合工作，并结合当地实际，创造性的建立了制度机制，形成了我国财政支农资金整合的发展现状。主要表现在：一是突出县级行政机构在财政资金整合中的桥梁和纽带作用。因此，各地都在不同程度上给县委、县政府放权，赋予各县在财政支农资金整合中的项目审批权和资金使用权，刺激了县级行政机构在财政支农资金整合方面更加积极发挥作用。二是建立相应的激励和考核机制，规范县级行政机构在财政支农资金整合中的行为，防止贪污、挪用财政支农资金，提高财政支农资金的使用效率。三是以重点项目为中心开展财政支农资金整合工作。为此，各地都对财政支农项目进行了规范管理，并从中抽选出对农业生产经营活动有重大作用的重点项目，积极引导财政支农资金整合工作向重点项目倾斜，通过重点项目的发展助推整个农业生产活动进入新阶段。四是以主导产业发展来推进财政支农资金整合工作。主导产业本身具有发展速度迅速，且能对其他产业产生强大辐射效应的作用。因此，在财政支农资金整合过程中，要界定清楚农业产业化龙头企业，并以此为中心，开展财政支农资金整合工作，并通过资金的整合发挥对农业生产的最大效益。五是成立财政支农资金整合工作的领导机构。由于财政支农资金整合工作是一项庞杂的事情，工作量大，涉及的关系复杂。为确保财政支农资金整合工作的顺利开展，需要组建专门的领导机构来组织、管理和协调财政支农资金整合工作。六是多项措施多管齐下，共同推进财政支农资金整合工作。各地在开展财政支农资金整合过程中，从建立领导协调机制、对县级行政机构适当放权、健全和完善激励和监督机制、选择重点产业和重要区域、创新财政支农资金分配机制等多种方法和手段，综合开展财政支农资金的整合工作，确保整合工作取得实效。

### （二）国内部分省份财政支农资金整合的启示

虽然各省在财政支农资金整合上采取的做法以及提出的对策各不相同，但经过梳理，得出各省在财政支农资金整合上，有共性的方法与机制可以借鉴。

#### 1. 建立高效、协调有力的组织结构

在上述省份开展财政支农资金整合工作中，首先都是建立组织严密、协调有效的领导机构。从省委、省政府，到省财政厅，再到各县市，都成立了相应的组织机构。统一指挥、协调、领导本地的财政支农资金整合工作。逐步下放财政支农资金整合项目的审批权，建立相应的激励和约束机制，加强对财政支农资金整合的绩效考核，确保财政支农资金整合发挥对当地农业生产和农村经济发展的最大效益。

#### 2. 以县为主开展财政支农资金整合工作

财政支农资金整合的最终落脚点和归宿是乡镇和农民，最终受益者也是乡镇和农民。而县级政府作为联系省与乡镇、农民之间的纽带，在财政支农资金整合过程中，除了发挥“上传下达”作用以外，更重要的是要利用县级机构与乡镇、农民的密切联系，发挥在财政支农资金整合中的主导作用。但由于在财政支农资金整合之初，对支农项目的审批权和资金的分配使用权由县级以上机构来决定，这样必然造成审批环节过多，程序过于复杂，不利于财政支农

资金整合工作的开展。因此，为便于县级政府在财政支农资金整合过程中发挥更大能动作用，各省份基本都建立了以县为主来开展支农资金整合工作。

### 3. 突出重点项目，加大资金投入

在财政支农资金整合过程中，依据当地农业生产经营活动和涉农服务项目的具体情况，从中选择对农业发展、农村建设、农民增收关系重大的重点项目进行扶植，支农资金适当向这些项目进行倾斜，并将这些重点项目作为财政支农资金整合的重要领域。通过扶植重点项目的发展，发挥其对其他项目的带动作用和辐射效应，促进财政支农资金整合工作取得实效。

### 4. 围绕主导产业进行整合

在发展经济学中，主导产业是指本身经济增长迅速，且能对邻近地区和相关产业产生强大辐射作用的产业，这足以看出主导产业在经济发展中的重要地位。在当前我国农业产业化经营迅速发展的情况下，各地区根据本地的农业发展实际，首先确定出对本地农业发展有重要作用的主导产业，然后根据财政支农资金整合的目标和要求，围绕这些主导产业重点进行整合，以带动相关产业的发展，发挥财政支农资金整合的集聚效应。

### 5. 实行省、市、县三级联动，增加财政支农资金

各省在开展财政支农资金整合过程中，充分发挥省、市、县三级政府的主导作用，由省作出财政支农资金整合工作的整体规划和部署，各市针对本地实际作出切实可行的财政支农资金整合实施方案，由县级政府组织并实施好本县的财政支农资金整合工作，然后由省、市做好资金整合的绩效考核。同时，统筹省、市、县各级政府支农资金，增加资金总规模，满足农业生产发展需要。省、市、县各级政府分工明确，协调有力，实现了财政支农资金整合工作的较好效果。

### 6. 搞好农业生产结构的布局规划，突出农业产业发展的优势区域

在各地的财政支农资金整合过程中，依据当地农业产业生产的布局规划结构，找出本地区农业产业发展的优势区域，在此基础上，整合各方面的财政支农资金，并将这些资金集中投向优势产业区域，促进优势农产品向重点区域集中，实现农产品的规模化和集约化生产经营，以达到提高当地农产品市场竞争力的目的。同时，在资金整合过程中，还要重视各方面的利益协调，要把生态环境建设、农林水利保护、农村扶贫开发、农业综合开发、农业基础设施建设、农业科技服务和农村卫生及教育等公益性设施建设等相关的项目建设和资金紧密地结合起来，统筹安排，做到项目配套，协调有力，实现农村经济全面又好又快发展。

## 二、财政支农资金整合中存在的主要问题

反思我国财政支农资金整合的发展历程，自 2004 年中央一号文件首次提出财政支农资金整合工作的原则性要求，2005 年开始在全国试点资金整合工作，2008 年开始实施整合工作有奖激励，各级财政部门和涉农部门不断解放思想，积极探索财政支农资金整合实践的新模式，资金整合的规模和范围都在不断拓展，应该说我国财政支农资金整合取得了阶段性成效；但我们也应清醒地认识到，我国财政支农资金整合仍处于“初级阶段”，整合工作“雷声大雨点小”，资金整合多限于增量资金整合和“表面整合”，存量资金整合难以迈开实质性的步伐，深化资金整合工作还将面临以下主要问题：

### （一）投资管理体制“条块分割”、“多重代理”，整合工作仍然停留于浅表层次

课题组通过对我国财政支农资金整合工作的实地考察后，做出以下基本研判：从总体上来看，我国财政支农资金整合仍然停留在

浅表层次，而“条块分割”、“多重代理”的“三农”投资管理体制，是制约着支农资金整合工作纵深推进的主因。财政支农资金整合的状况可以概括为四个方面：一是财政支农资金投入规模和在财政支出中的比重仍然较小；二是支农资金投入渠道极为分散，从中央政府的层面来看，至少涉及农业部、科技部、教育部、民政部、发改委、劳动与社会保障部、财政部、建设部、水利部、卫生部、交通部、国家扶贫办等12个部级部门；三是支农资金整合难度大，整合行动主要限于增量资金整合和以县为主的整合；四是现行支农资金整合的运行成本高，资金使用绩效低下，支农资金的政策效应和制度效应远未得到有效发挥。然而，中央实施整合工作的根本初衷在于将分散在各个部门的资金整合起来统一使用，发挥规模经济、范围经济、降低管理成本的作用，以提高稀缺的支农资金的使用效率，充分发挥出财政投入“四两拨千斤”的功效，开创我国农业农村改革发展的新局面。

财政支农资金整合不是一次简单的资金拼盘和组合，而是一项繁杂的系统工程，不能一蹴而就，必然要突破现行的农业投资管理格局，势必引发部门间激烈的利益调整和冲突，因而，其协调难度大，运行成本高。如果不深入地开展农业管理体制改革，从源头上理顺财政农业投资与管理体制机制，这些原发性矛盾将难以从根本上得到妥善解决，财政支农资金整合就只能停留于“浅表层次”。

以湖北省为例，从2005年开始全省各级财政和涉农部门探索实施财政支农资金整合试点，相继制定一系列政策和措施，多措并举，强力推进整合工作，取得了阶段性成效。截至2012年底，全省年均整合各级财政支农资金4亿元，年均吸引社会投资10亿元，涉及直接受益农民累计达350万人。然而，从全省总的情况来看，省级层面整合只限于增量资金整合，而存量资金整合由于牵涉部门的利益激烈冲突，只停留在“雷声大雨点小”局面，难以迈出实质性步伐；县级整合多限于优势产业培育整合平台，满足于县域经济短期快速发展目标与干部任期考核制要求，整合项目“形象工程”、“政绩工程”多，“非农化”倾向强烈，可持续性差，项目惠及的农户较为有限；跨行政区域的财政支农资金整合还停留在探索阶段，仙洪试验区的整合经验尚需总结和推广；深化财政支农资金整合的长效机制尚未构建起来，财政支农资金投入的使用效益仍然低下。

## （二）资金整合的边界模糊、重点不够明确，现行整合工作的示范效应难以有效发挥

财政支农资金整合的边界模糊、重点不够明确，究竟是怎样整合，谁整合谁的问题是各省整合工作面临的又一重大难题。财政支农专项资金的制度安排与财政支农资金整合行动之间本来是一对天然的矛盾体，两目标之间犹如鱼和熊掌二者难以兼得。推进整合行动中常常使得基层财政部门工作人员陷入难以适从的窘境，若实施整合的话将违背专项资金使用规范，难以应对上级职能部门的业务检查和审计部门的项目审计；若不推进整合，将难以提升支农资金的使用效益，难以将农村改革开放推向新的局面，同时还将因不作为而承担上级政府的咎责处理。因而，从委托代理视角考察，基层政府对支农资金整合工作的积极性不高，促使其整合的源动力明显不足。一些地方的整合工作开展情况，主要取决于行政首长的威望及其对整合工作的热情度状况。因而，科学界定财政支农资金整合的边界，已成为深化资金整合工作中的一项重要课题。

其实，理论界和实践界关于资金整合边界、整合后资金投向重点问题的争议一直没曾间断过：（1）是对所有的财政支农资金整合，还是只针对使用效率低下、受益范围广泛的资金整合？（2）财政支农资金整合的边界范围究竟界定在哪里比较合理？（3）中央和省级政府对整合工作与农业专项资金之间的冲突的容忍度究竟有多大？（4）在“级次”、“项目”、“资金”、“跨区域”等选择中，财政支农资金整合应坚持以何为重点？（5）在“产业基础的地区”、“有发展潜力地区”、“偏远落后地区”、“基础设施较好地区”等地区中，整合后资金应重点投向哪些地区？（6）在现代农业发展、新农村建设、新农民培育等三个发展目标中，整合后资金投入应重点投向哪个目标？（7）在农业发展的具体项目中，整合后资金投向优先序是什么？等等。迄今为止，这些事关财政支农资

金整合工作成败的重要问题，还未在理论界和实践界达成比较一致的认识。

由于财政支农资金整合的边界模糊、重点不够明确，再加之各整合试点县自然条件、产业发展、民生发展、财力状况各异，在资金整合的实践中，各地区依据本地实情采取形式各样的整合行动和整合模式，其实际整合效果也千差万别。虽然整合工作客观上较好地促进当地的“三农”事业发展，但由于项目实施地区的整合试点工作风格迥异，因而难以总结出一套行之有效的“共性规则”，来加以推广示范，因而，一定程度上制约了财政支农资金整合工作的示范效应的有效发挥。

按照现行财政管理体制，预算资金实行自上而下逐级拨付制度。而县一级强农惠农项目和资金计划一般由各涉农部门自行研究确定，并按各自渠道申报，缺乏综合统筹平台和协调机构加以平衡，这就使得县级规划的重点产业和项目，与相应的项目投入计划不能实现有效衔接，建设项目重点和强农惠农投入重点相脱节，常常造成整合项目资金到位难到位晚，极大地影响了整合项目的顺利实施和项目应有成效的发挥。一个直接的后果，就是农业项目覆盖面广，单个项目投资额较小。一些县直部门在安排支农资金时，为平衡各乡镇对项目支持的需求，仍然存在撒“胡椒面”的现象，难以形成支农资金集中使用的合力。

### （三）以县为主的整合模式并不能从根本上解决问题，整合工作模式单一、绩效较低

在现行条块分割、多头共管的“三农”投资管理体制下，重点推进以县为主体的财政支农资金整合模式，从其本质上而言，只是使中央部门间难以协调的矛盾“下移”到县里。由于问题的症结并未消除，以县为主的资金整合模式注定不能从根本上解决问题，其整合绩效低下，整合前景不容乐观。从县级资金整合的实地考察来看，各部门之间的利益冲突严重，违规行为难以查处，配套措施难跟上，深度整合亟待突破。

由于县（市）行政体系依然维持着条块分割管理体制，各类

下拨的财政支农资金汇聚到县（市）层面以后，由于部门间利益客观存在使得部门间对资金和项目争夺的格局不可避免，资金使用及管理中的问题不可能从根本上予以破解。实地调研中我们发现，部分县（市）的财政支农资金整合只限于“形式整合”、“虚假整合”，如湖北某县为彰显农业综合开发资金整合平台的工作业绩，虚假地将其他涉农部门使用和管理的支农资金也统计进农业综合开发整合资金。

由于支农资金整合主要停留在县级进行，下面整合上面没有整合，下面上报的资金额度和项目情况上级部门可以随意变更，使得项目确定和资金整合难以一致。在整合项目申报和实施中常常患得患失，一方面担心资金不能如期到位，形成整合资金缺口；另一方面担心项目不能立项，导致整个资金悬空。现行以县为主的财政支农资金整合中常暴露出部门职责难落实、协调配合难、项目资料收集难、信息沟通严重滞后等问题。

鉴于我国现行财政体制“上面千条线，下面一线牵”的现状，迄今为止绝大多数专家学者认为，整合支农资金应该先从县级层面整合，以县为主。然而，我国从1985年开始实施的财政分权体制，却不利于支农资金的有效整合。公共财政理论认为，事权决定财权。县级政府对公共产品需求大，但由于县级政府内生财力普遍微弱，投入仍显不足。尤其是在我国的武陵山区、乌蒙山区、秦巴山区、罗萧山区等14片集中连片特困地区，中央转移支付主要用于维持本级机构的正常运转，县级财政就更为困难。在我国当前财政配套体制下，县级政府往往在争取强农惠农整合项目时面临“两难”：若争取项目，将面临配套困难或“虚假配套”；若不争取项目，将可能失去难得的发展机遇。

由于县级政府内生财力微弱，在现行政府政绩考核体制下，县级政府在开展财政支农资金整合工作中，往往会过度偏重“效率优先”和经济绩效的考量，常常忽略综合效益、长远效益、全局利益的考虑，整合模式较为单一，项目短期化趋向明显，可持续性差，难以形成县域内生发展能力；项目整合多限于龙头企业支持、特色产业培育、先发区域发展等整合平台，常常忽略了对民生项目和落后地区发展项目的关注，虽然有效地促进龙头产业、重点项目的发展；但客观上导致了财政投入较多地区对私人投入产生“挤出效应”，同时“垒大户”式整合投资模式，进一步加剧“马太效应”，带来农村地区更严重的贫富差距和社会问题，有违社会公平。

由于信息不对称及监督成本高昂，中央和省级政府无法全面监测和掌握下面各级政府财政资金的真正投向。在调查中我们发现，由于农业和农村发展投入的比较效益较低，短时期内难以产生实质性绩效，县级财政支农资金整合中不可避免地存在投资“非农化”倾向；项目整合中存在大量的“虚假配套”现象；“跑”、“冒”、“滴”、“漏”仍然没有根本杜绝；资金到位晚、后续发展资金不足问题较为严重。以上种种问题多重叠加，使真正用于“三农”的资金大为减少，严重削弱了资金的使用效益。

### （四）促进资金整合的激励约束机制作用有限，参与整合的可持续性差

财政支农资金整合不是简单的资金整合，牵涉涉农政府部门的职能转换和利益调整，因而，构建行之有效的促进财政支农资金整合的激励约束机制就显得尤为重要。

为推进支农资金有效整合，各级财政部门先后制定过一些促进资金整合的激励约束机制，如：湖北省财政厅设立“支农资金整合‘激励性转移支付’专项资金”，每年拿出2000万元，用于对全省范围内整合支农资金取得明显成效、各项资金整合工作规范的县（市、区）进行奖补；从2007年开始，全省财政支农资金整合试点工作实行滚动淘汰制，依据整合绩效确定下一年度整合试点县（市、区）的名额。

调研中，我们发现，现行促进财政支农资金整合的激励约束机制作用极为有限。财政支农资金项目主要是提供农村公共产品和公共服务，不存在直接的经济收益，而地方政府在财政支农资金整合项目取得绩效后，地方政府会获得政治租金，政治租金较经济租金更具有吸引力。而现行财政支农资金整合激励机制主要限于经济激

励，较少涉及地方政府所关注的政治租问题，也没有制定硬性的与职位升迁相关的考核机制；况且资金整合会损害一些涉农部门的既得利益，不能使这些部门产生资金整合的内在动力。从委托代理关系上来说，如果以国务院作为委托方，其他中央部门作为代理方，代理方没有做好整合工作的原动力，却拥有大量的财政支农资金分配和管理的设租权和寻租权，财政支农资金整合只是减少代理人，即代理方当然不愿意接受“煮熟的鸭子飞了”的现实，必然会千方百计保住自己的既得利益。在课题调研中发现，一些县级政府的涉农职能部门负责同志也普遍害怕资金整合后，会失去原来支配一部分支农资金的管理权限，无法维护本部门利益。因而，现行制度安排难以形成有效的激励。

财政支农资金整合的根本目的在于集中有限的财政资金为农民群众办大事，从而推进农村改革发展大局。项目选择必须群众欢迎、市场认可，才能实现整合资金的有效使用，才能赢得社会各界的响应，才能带动社会投入。然而，现行“自上而下”的财政支农资金整合工作，主要是政府主导和强力推行的，农民是支农资金“受益者却缺乏应有的话语权”，政府官员总有营造政绩工程的冲动，他们将自己的意志强加给农民，而农民却一再被排除在外，整合工作就演变为政府官员的“独角戏”，直接影响整合工作的有序开展。调研中，我们发现，项目区农户不一定有对政府强力推行项目的需求或获得较大效用，从而缺乏相应的热情和积极性；而实际上有急迫需求的非项目区农户却得不到支农资金的扶持，供求错位从而带来整体福利受损。

从政府的角度整合财政支农资金，只是整合工作的初级阶段，整合工作深化阶段应该是如何让农民“到位”，让农民充分享有知情权、话语权和监督权，对整合项目实施全程参与。现行财政支农资金整合的主要工作平台，多为具体项目、产业、“公司+农户”，为实现国家财政支农资金的投入与“三农”事业发展进行有效对接，构建真正能使农民得到最大实惠的组织化程度高的合作体系整合平台，将是未来深化整合工作的必然选择。

### （五）制度整合跟进极为迟缓，多元化全过程监督机制亟需完善

目前，财政支农资金整合工作主要是依赖行政力量来推进的，之所以采用行政推动方式，主要是因为财政支农资金整合工作还处于初步探索阶段，没有建立起完善的制度性工作机制，制度整合跟进缓慢，进一步加强财政支农资金整合和统筹的制度建设，不断提高支农资金的科学化精细化管理水平，不仅重要而且紧迫。

“各项制度之间常常相互打架，搞得我们常常无所适从！”调研中多位受访财政干部向我们抱怨。从县级整合平台来看，各个涉农部门都有各自的专项资金，有各成体系的资金使用管理制度，由于部门利益分割、财政支农资金整合还缺乏统筹协调的工作机制，各管理制度间覆盖范围交叉重叠、目标指向不一致、程序控制差异较大，制度整合始终未迈出实质性步伐；然而，各项政策和制度的整合，形成财政支农合力，恰恰是县级平台承载探索各项涉农资金整合最需要有所为之处。我们认为，只有从制度建设着手，创新和完善财政支农资金整合和管理机制，才能从根源上破解资金分配不规范、使用范围欠明晰、管理监督不严格、职责效能难统一等诸多现实性难题。

目前，财政支农资金整合和统筹的监管力量有限，多元化全过程监督机制尚未构建，借整合资金名义挪用支农资金的现象时有发生，严重制约了资金整合绩效提升，造成不良的社会影响。加强对财政支农资金整合的监管，建立健全支农资金日常监督检查机制，探索完善支农资金检查方式，对重点财政支农专项资金实行常态化的监督检查，强化宏观监督、审计监督、社会第三方监督，形成支农资金管理使用监管的高压态势，已经迫在眉睫！

# 专题四 财政支农项目评审中的信息不对称及其治理

信息不对称是信息经济学中的一个基本命题。在财政支农项目评审中，由于人们知识的有限性，信息搜寻成本的高昂以及信息垄断者的障碍使得上下级政府之间、政府与评审专家之间、政府与农户、农业企业、农民经济合作组织之间都存在信息不对称，由此在项目评审中，一方比另一方占有较多的相关信息，信息优势方(称为代理人，如农户、农业企业、农民经济合作组织）可能会以此谋求不当的利益，而信息劣势方（称为委托人，如政府）则可能因此受损，即产生委托人在项目评审中的“逆向选择”行为，以及项目执行过程中代理人的“败德行为”。本文拟分析财政支农项目评审中的信息不对称，并探讨治理对策。

## 一、财政支农项目评审中的信息不对称

财政支农项目评审中的信息对称与否主要取决于政府在进行项目评审决策时，是否拥有作出最优决策所需要的全部信息，如果拥有，则属信息对称，否则属信息不对称。

### （一）政府与农户、农业企业、农民经济合作组织之间的信息不对称

政府与农户、农业企业、农民经济合作组织之间的信息不对称包括两个方面：一是下情无法上传造成的信息不对称，即政府对农户、农业企业、农民经济合作组织的经营状况、项目的必要性和可行性缺乏完全的信息。在信息不对称的情况下，个体利用管理者对其行为事前无法预测、事中无法观察和监督、事后无法验证而造成“逆向选择”和“败德行为”。二是上情没有下达所造成的信息不对称。在财政支农项目政策的制定、执行、评估和监督过程中，因种种原因造成的一部分人占有信息，而另一部分人得不到信息。也就是说，只有一部分农户、农业企业、农民经济合作组织了解财政

支农项目的相关信息，还有一部分农户、农业企业、农民经济合作组织则根本没有财政支农项目支持的对象、申报的时间和程序等信息。这种信息不对称不仅使财政支农政策的公平性降低，造成对公民知情权的侵犯，同时也会加剧“逆向选择”。

高昂的信息成本是造成政府与公众间信息不对称的客观原因，因为获取信息需要成本，如果寻找信息的成本过于高昂，或者有些人不愿意为获取信息支付成本，而能够降低信息成本或者愿意支付这种成本的一方就形成了对另一方的信息优势，从而导致了信息不对称的格局。另外，信息传递不畅也会导致政府与公众间的信息不对称（李磊、刘鹏，2005）。信息成本的存在是信息不对称的客观原因，而沟通不畅则加剧了我国政府与公众间信息不对称的情形。

### （二）上下级政府之间的信息不对称

财政支农项目的评审一般是由县级政府部门、地（市）级政府部门向省级政府部门申报，省级政府部门初审后择优上报到中央财政等部门。依靠信息来决策的上级政府与提供信息的下级各组织在掌握信息的数量上不对称，下级相对上级就形成了一种信息优势。如果下级政府出于自身利益的考虑，则会加剧上下级之间的信息不对称。在实践中，中央财政往往将财政支农资金这块“大蛋糕”切块到各省和直辖市，各省和直辖市的任务就是将属于自己的那一小块蛋糕拿回来，因此，各省和直辖市在申报时非常注重项目申报材料格式上的规范性，而同时可能隐瞒项目的一些真实情况，中央财政可能无法从申报材料中了解项目的一些真实情况，特别是这些项目在当地农业和农村经济发展中的作用。

公共选择理论认为，政府依赖行政层级管理经济，而政府及其官员也是寻求自身利益的“自利人”，他们在决策时也是追求自身利益或效用的最大化，由于众多的政府部门与多级代理层层相嵌，信息搜集、传递、处理、反馈过程中和决策形成、贯彻、实施过程中不可避免地存在着失真、扭曲、拥挤、延误与机会主义行为、官僚主义行为，其间不可避免地存在信息不对称。在政府行政机构运行缺乏透明度、信息不对称的状况下，代理人违背委托人意图、侵害委托人利益就难以避免，大量的贪污、挪用、挥霍、滥用职权、短期行为、在职消费、权钱交易、寻租腐败等现象就难以从根本上得到遏制（江龙，2002）。

### （三）政府与评审专家之间的信息不对称

为了体现财政支农项目评审中“公开、公平、公正”的原则，力求项目决策的民主和科学，避免上下级政府之间、政府与农户、农业企业、农民经济合作组织之间的信息不对称问题，省级和中央财政通常都要选择相关专业的专家组成专家组来进行项目的评审。由专家根据项目所在区域的气候、资源情况，对生产品种、生产工艺、建设方案、资金筹措和财务效益等情况作出评价分析，并进行市场调研和现场考察。从理论上讲，评审专家和这些项目的申报单位、各级政府之间是没有利益关系的，不是项目的利益相关者，是“独立”的；同时，专家具备本专业的专业知识，是“懂事”的，其作用和地位正如公司董事会中的独立董事一样。然而，正如一些公司的独立董事只不过是作为“摆设”和“橡皮图章”，这些评审专家要真正地“独立”和“懂事”也非常困难。因为，评审专家通常会受到一些引导或诱导。

同时，委托人与代理人之间存在着信息不对称，即代理人拥有更多的真实信息，而作为委托人要获得相应的信息就需要付出高额的成本。在实践中，一些项目申报单位可能会通过各种关系、利用各种方式影响评审专家的行为，有些评审专家可能会“受人之托”对某些项目进行照顾，而政府作为委托人却无法洞察此事，从而影响项目评审的公正性。此外，政府与评审专家之间是一种委托代理关系，由于委托人与代理人的利益不一致、对评审结果所承担责任不对等，这种不对等行为有可能导致代理人对委托人利益的损害。

## 二、信息不对称导致的逆向选择和道德风险

上述信息不对称可能发生在项目评审之中，也可能发生在项目评审之后，分别称为事前不对称和事后不对称。信息的事前不对称

导致“逆向选择”行为，而信息的事后不对称则导致“道德风险”。

## （一）逆向选择

1. 造成劣货驱逐良货

这里的良货和劣货分别指好项目和差项目。农业企业、农民经济合作组织一般缺乏完善的公司治理结构和财务数据，资产透明度低，也没有可供调查的信誉历史记录。同时，我国还没有建立农户、农业企业、农民经济合作组织（代理人）的信用评级体系，政府（委托人）很难获得代理人的真实信息，而经济转轨时期我国的立法及执法体系尚不健全，企业及个人制造虚假信息几乎不受成本的约束，虚假信息的普遍存在进一步加剧了信息不对称程度。

在项目申报中，农户、农业企业、农民经济合作组织知道较多关于自己的能力和项目质量的信息，而政府或评审专家却知之甚少。当政府无法确知农业企业、农民经济合作组织的能力和项目质量，而按平均水平来确定资金投入的规模和回报率时，就会使高于平均水平的高能力的农业企业家和高质量的项目另谋他路，最终使得政府失去高质量的项目选择机遇。政府将资金用于支持的那些符合评审条件的所谓“高质量”的项目，实际上可能是低于平均水平的劣货，即比较差的项目。况且，有些农业企业、农民经济合作组织为了获得政府支持可能会美化企业的财务、技术等各方面的状况，有些申报人甚至造假套取财政资金，这样政府就不能达到支农的初衷。

2. 造成不公平竞争

目前，农民在获取各种信息上处于不对称的地位，缺乏有效的政策信息传导机制。中央以文件形式下达的有关农业方面的政策，通过逐级传达到达农民手中，信息传递层次多，不仅存在时间差，而且容易造成信息失真。此外，农村教育落后，一些农民文化素质相对比较低，进而导致获取信息的能力比较弱。在财政支农项目的申报过程中，由于只有一部分农户、农业企业、农民经济合作组织了解项目申报的相关信息，而很多农户、农业企业、农民经济合作组织并不了解相关信息，从而导致项目申报中的不公平竞争。同时，由于一部分农户、农业企业、农民经济合作组织可能与政府部门联系较多，在项目评审中也会受到某些照顾，进而加剧了不公平竞争。信息对称是公平竞争的前提条件之一，而公平竞争是经济资源得到最优配置的必要条件，信息不对称会导致不公平交易、不公平竞争，从而也就不能使经济资源得到最优配置。

3. 为腐败者提供“隐身衣”，对政府信用产生不利影响

对于财政支农的政策信息，政府处于信息优势地位，而公众处于信息弱势地位，难以作出表达其真实意愿的选择。信息不对称导致行政神秘化，影响公民对政府的信任，导致政府公信力的下降（李磊、刘鹏，2005）。此外，政府官员可能还会利用自己的信息优势谋取私利，从而使公共政策偏离公共利益的轨道。有学者提出：只要政治代理人即政府是信息优势者，即拥有一些为政治委托人所不知道的信息，而政治代理人的本性中又包含有自私自利的成分，那么，理性的政治代理人就有可能利用其信息优势谋取私利。一般来说，政治代理人具有双重角色：即公职人员和利益个体。他们所从事的职业，既代表着公共利益，同时也代表着私人利益，在自私自利这种人性的诱惑下，就很可能利用其相对的信息资源优势，实施追求自身利益最大化目标，导致政治委托人的风险成本增加或造成其权益损失，从而引发公众对政治信用的怀疑，导致信任危机（侯琦，2004）。

4. 造成财政支农的越位和缺位

合理确定财政支农项目的领域、规模和方式是实现财政支农政府目标的前提，根据公共财政理论，财政支农应优先选择那些市场不愿意和不能做，而对农业农村经济发展却至关重要的基础性和公益性的项目。如果政府不能了解农业和农村经济发展的真实需要，存在信息不对称，在支农项目领域的确定上“逆向选择”，则会造成财政支农的越位和缺位。一方面造成资源的极大浪费，另一方面农业发展得不到应有支持。财政支农决策的合理性取决于政府所依据的决策信息，如果信息不对称，导致决策所依据的信息是片面的甚至是被扭曲了的，则其决策就不可能是最优的甚至是错误的，这

会导致经济资源的配置和利用达不到最优。

### （二）道德风险

1. 农户、农业企业、农民经济合作组织事后违约

在委托代理中，由于委托人、代理人目标不一致和他们之间信息的不对称，加上契约的不完备和事后无法验证（促进农业产业化、促进农业科技水平的提高等效果无法精确衡量），事后违约的道德风险问题便随之而生。

财政支农项目的事后违约是指项目申报人在项目获得财政资助后的违约行为，主要是更改项目资金用途，此外还包括在项目实施过程中片面追逐经济效益，偏离财政支农的目标。财政支农项目的目的是通过所支持的项目实现增加农民收入、改善农业生态环境、提高农业产业化水平、促进农业科技水平的提高等目的，因此，在项目评审中非常重视项目的社会效益和生态效益。很多项目在获得财政资金之后，就违背了申报材料中的承诺，仅仅从自身经济利益出发，很少顾及甚至危及其他农民的利益。信息的严重不对称是产生事后违约风险的必要条件，其充分条件是契约的不完备。契约的不完备是指契约中包含缺口和遗漏，即由于受信息传递、认知能力和人的心理因素等条件的限制，不能对项目申报人事后的所有行为进行约束，主要表现为财政支农项目的各种管理制度和法规的不完善，无法通过契约的最优设计，形成有效的监督与约束机制来规范项目主体的行为，导致项目主体严重的道德风险行为。

2. 政府财政支农效率低下

财政支农项目是贯彻国家产业政策的重要手段之一，财政支农效率的高低，取决于项目从申报到验收的各个环节中项目的所有利益相关者的行为，其中各级政府及其行为对财政支农效果的影响至关重要。行政执行过程是依据政策目标，充分调动组织的人力、物力、财力，通过一定的组织形式和组织运作机制实施政策的过程。在项目从申报到验收的各个环节中，政府与公众之间、中央政府与各级地方政府之间信息的不对称和地方政府作为理性经济人的天生的自利性，必然导致行政效率低下，而行政效率的低下必然导致财

政支农效率的低下和效果的扭曲。

因为政府与财政部门之间、财政部门与财政资金使用部门或各涉农单位之间构成了一组多级委托代理关系，在长长的委托代理链中，委托人和代理人中不可避免地存在着信息不对称，如上级行政组织拥有更多的决策信息，而下级组织拥有的决策信息太少，那么他们对政策的理解必定不准确，政策的执行必然迟缓或变形（江龙，2002）；下级组织对政策执行情况知之甚多，而反馈给上级组织的信息很少，结果上级组织就无法及时有效地对下级组织实行监督和控制。如地方政府易出于自身利益考虑多，而表现出隐瞒偏好、虚假申报等问题；在横向组织之间，由于信息不对称，每个涉农部门只了解本部门的信息，而对其他部门的信息了解太少，每个部门在制定支农政策时都只立足于本部门，必然造成部门之间的政策不尽协调，部门之间相互扯皮，从而降低财政支农效率。

3. 行政监督和评估困难

加强对财政支农项目的行政监督是提高财政支农效果的重要手段。行政监督主要通过对财政支农决策、执行过程和执行结果的监督检查，改善行政管理，维护廉洁，惩治腐败，包括国家权力机关的监督、国家司法机关的监督、政党的监督、各种社会组织的监督、人民群众和社会舆论的监督。不论哪个主体对财政支农的监督，对相关信息的了解是最重要的。但由于信息不对称，监督者很难真正取得关键和“致命”的资料和信息，导致行政监督困难或失灵（孟飞平，2006）。

行政评估是指对财政支农执行活动的进展情况和效果进行评价的总和，包括执行过程评估和执行效果评估两个方面，其前提是需要广泛收集相关信息。由于政府对相关信息的垄断，并往往以保密为由拒绝发布应该发布的信息和相关资料，对相关信息和相关资料公开设置障碍，导致评估主体无法获悉相关信息，势必影响评估的科学性和可靠性。

## 三、信息不对称的治理对策

根据财政支农项目评审中信息不对称的成因及其危害，应采取以下治理对策。

### (一) 完善信用体系，规范信用秩序，消除信用约束

在项目评审中，政府需要了解申报主体的信用水平、偿债能力、盈利能力、管理水平以及项目的可行性。政府与农户、农业企业、农民经济合作组织之间的信息不对称，其根源是信用体系不完善、信用秩序混乱，政府难以了解到申报主体的真实情况。

1. 建立健全农户、农业企业、农民经济合作组织的信用评级制度

要解决信息不对称的问题，必须建立健全农户、农业企业、农民经济合作组织的信用评级制度（谢平等，2001），并以立法的形式尽快建立所有农户、农业企业、农民经济合作组织的信用档案，并对信用档案的记录与移交、管理与评级、披露与使用及评级机构与被评级单位的责任与权益做出明确的规定（蒋海，2002）。

2. 完善信息披露制度，增加信用市场的透明度

增加信用市场的透明度，是防止逆向选择和道德风险行为的关键，而要做到这一点，就必须努力加强和完善信息披露的法规体系，要求农户、农业企业、农民经济合作组织在不涉及商业机密的条件下充分公开自己的信用及相关信息，增加信用过程的共同知识而减少私人信息或隐蔽信息。

3. 加强法制建设，改善信用秩序

要形成良好的信用体系，其关键是要建立一套使诚信者得到利益、失信者付出代价的制约机制。目前，有些企业或农民经济合作组织的违约行为没有得到应有的法律制裁，使得其违约的收益远远高出成本，形成了企业或农户违约的激励。因此应加大执法力度，提高农户、农业企业、农民经济合作组织的违约成本，减少逆向选择和道德风险行为的发生。

### (二) 完善信息交流机制

完善信息交流机制是降低信息搜寻成本，打破信息垄断，消除上下级政府之间、政府与评审专家之间、政府与农户、农业企业、

农民经济合作组织之间信息不对称的关键。

1. 改进信息传递方式

信息的传递方式如何，关系到信息不对称程度和信息交流机制的运行效率，高效的信息传递必须依赖于不断创新的信息披露方式，增加信息传播渠道。对于财政支农项目评审的相关信息除在指定报刊、广播、电视、网络上发布信息外，还应充分地考虑农民之间信息传播的特点，创新传播方式，提高信息传播效率，增强各方信息透明度，弱化信息不对称（吴梅兰、刘勤志，2006）。

2. 完善事前信息披露和事后验收信息的公开是保证信息趋近对称的基础，因为信息上的公开不仅可以监督信息优势方，尽量提供更多的信息，而且还可以使所提供信息的真实性得以提高。此外，完善事后验收，规范对项目的验收，是对信息对称性的检验，它实现的是信息对称上的事后监控（吴梅兰、刘勤志，2006）。

3. 加强政府信息公开的制度和程序建设，公开信息实际等于一种权利的社会分享过程。这种权利分享到什么程度、以什么方式，都需要制度和机制来保障。当前，除了立法之外，还应建立必要的行政程序，即在项目评审程序各环节、各制度中贯穿信息公开的原则和精神。程序保护有助于在公众与政府之间建立起信任关系，而信任关系能从根本上消除抵触与冲突，增进支持与合作。因此，项目评审程序必须让公民逐渐了解和接受，并全面体现信任关系，否则只会流于形式（侯琦，2004）。

## （三）实施公众参与减少政府效率损失

虽然财政支农项目的评审采用了专家参与评审的办法，但是专家并没有全程参与。所谓公众参与是在社会分层、公众需求多样化、利益集团介入的情况下采取的一种协调对策，它强调公众对财政支农项目评审全过程的参与、决策和管理，是对决策过程和结果的监督与参与。

在财政支农政策的制定、执行、评估和监督过程中，因种种原因造成的一部分人占有信息，而另一部分人得不到信息，这种信息不对称不仅使公共政策的合法性降低，同时也会妨碍政策的成功执行，甚至政府官员可能还会利用自己的信息优势谋取私利，从而使公共政策偏离公共利益的轨道，使公共政策出现非公共化倾向（李磊、刘鹏，2005）。农户、农户团体、专业服务性组织（如咨询、设计、中介机构）参与到地方政府财政支农决策过程中，不仅可以减少处于不完全信息状态下的中央和地方政府博弈的风险损失，还可以减少地方政府及其职能部门与农业企业的合谋几率，提高财政支农的效率。

当然，在公众参与模式下，无论是政治领域多方的博弈还是经济领域的组织招投标都是需要成本的，决策不容易也不会很快做出，容易造成决策效率低下，但参与的这种民主优势以及解决政策问题所产生的创新理念使得额外花费的时间具有了正当性。因此，我们应采取提高公众参与意识、明确公众参与的途径和范围等措施，并在制度安排上作出创新，以减少公众参与本身带来的效率损失（岳书敬，2005）。

### （四）完善项目专家评审制度

在项目评审中，政府主管理部门和项目申报主体都对评审专家寄予厚望，希望专家们能够科学、客观、公正地进行评审。

1. 完善评审专家任职资格制度

要界定评审专家的任职资格，确保评审专家在职业道德，专业知识、社会资历等方面能胜任评审专家之职，同时要确保评审专家在经济上和人格上的真正独立。

2. 界定评审专家的职能范围和权力

评审专家不是顾问，他们代表公众行使表决权，监督财政支农项目的管理和运作是否规范，监督项目的决策是否有损公众的利益。为确保评审专家能真正发挥作用，应从制度上切实保证评审专家的合法权力，这些权力和权利主要包括知情权、监督权、独立的审核权和否决权等。

3. 完善评审专家约束机制和激励机制

在信息不对称条件下，由于专家的想法不能完全被政府所观测，专家存在发生评审不公行为的可能，如果将来出现问题，则会将其归咎于不利的外界环境和条件来推脱自己的责任。为了避免专家的道德风险行为，将激励约束机制引入项目评审制度中显得尤为重要。

一方面，建立合理的激励机制。评审专家也是现实的“经济人”，评审专家发挥作用的动力来源于声誉及报酬机制，可以对评审专家采用收入激励、声誉激励等方式，促使评审专家认真、公正地履行职责，发挥应有的作用。另一方面，建立合理的约束机制。如果评审专家不勤勉尽责地履行义务，出现了工作失误或不作为，甚至败德行为，造成损失的，应承担相应的法律责任。

### （五）完善项目的激励、约束机制，改进项目支持方式

根据西方委托—代理理论，在委托代理中，由于委托人、代理人目标不一致和他们之间信息的不对称性，道德危害问题便随之而生。设计良好的激励、约束机制是解决道德危害的有效方法，它促使委托人与代理人目标趋于一致，使自利行为变得接近设计者需要的行为，使代理人与设计者的利益更加和谐。因此，应完善项目的激励、约束机制，改进项目支持方式，使代理人在追求个人效用的同时，实现委托人预期效用最大化。这类契约机制一方面可以防止农户、农业企业、农民经济合作组织采取机会主义行为，另一方面可以规避和控制由于事后信息不对称给政府带来的风险。

1. 实施“信贷配给”

目前，很多财政支农项目按统一的额度进行资助，而不管不同规模、不同盈利能力、不同信用等级的申报企业对资金的真实需求，以及不同申报企业的违约风险。为保证申报企业的项目获得相应的资金支持，同时又有效防范申报企业的道德风险，应根据信贷配给的原理，根据各申报企业违约（实施道德风险行为）成本的不同，给予不同的资助金额。

2. 分段投资

政府通过定期对项目实施的情况进行评估，以决定是否继续注入资金，可以防止农户、农业企业、农民经济合作组织采取隐蔽行为谋取个人利益，或者降低自己的努力程度。政府一开始只注入项

目发展所需资金的小部分，后续投资与中间目标的成功完成挂钩，或者说与政府对项目进展的观察结果挂钩。这使得每个受资企业知道它只拥有支持它发展到下一个阶段的资金，而政府拥有在一个项目发展偏离支农目标时放弃该项目的权利。事实上，分段投入资本让政府保留了对项目进行增资的期权，这种期权对农户、农业企业、农民经济合作组织的行动是一种激励和约束。

3. 财政投资参股采用复合式的金融工具——可转换优先股

与纯粹的债务融资及普通股融资这两种方式相比，可转换优先股既克服了纯粹债务融资不能分享企业成长潜力的缺点，又避免了普通股在企业破产清算时面临的不利地位，其本质上是直接债权和直接股权的综合，使财政投资参股拥有当企业运作较差时保护自己和当企业运作较好时为自己谋利的机会。

首先，可转换优先股从"激励优于监督"的原则出发，引进"期权"因素，设定灵活的转换比例，政府可根据企业的业绩来确定转换比例。若公司经营良好，则转换价提高，减少对管理者普通股的稀释；若业绩差，转换价降低，优先股转成普通股数量多，管理者所拥有的普通股相对比例减少。灵活的转换条件意味着一种选择权，使政府可以相机改变风险和收益的分配，防止企业消极的"偷懒式敲竹杠"行为。

其次，可转换优先股设定了优先的受偿权。如果由于技术、市场风险或其他原因导致企业破产，此时政府的受偿顺序优于其他股东。通过优先受偿权的制度安排，政府可以有效地防止企业以退出为谈判筹码的"威胁式敲竹杠"行为。

最后，可转换优先股设定了优先的表决权。政府在企业中的控制权远大于其拥有的股权，企业控制权的分配不适用"同股同权"、"一股一票"的原则。政府在企业董事会的构成、企业管理层的人选、企业的发展和关闭、现金流转等重大问题上，具有独立的决策权。这种优先的表决权进一步强化了政府对于企业的控制，有利于减少企业的机会主义行为。

总之，可转换优先股可以满足契约双方不断调整企业控制权和索取权分配的要求。若企业的经营业绩良好，政府会逐步让渡一部分控制权和索取权；当企业业绩不如人意时，契约赋予政府更换企业管理层，并加强企业控制的权力。

### （六）提高财政监督有效性

根据公共选择理论，政府是由个人组成的，即政府行为中的最终决策者、选择者和实施者都是个人。政府决策过程就是将个人选择或者偏好通过民主机制转化为集体的选择或者偏好，而在这样的决策过程中会出现利益交换或利益妥协（孟飞平，2006）。因此，应加强对财政支农项目的财政监督，并妥善处理财政监督与其他经济监督的关系；应建立独立的监督主体，提高外部监督的比重；在实施财政监督的过程中避免部门或团体利益交换，确保财政支农项目决策过程的透明度和民主决策。

本文发表于《宏观经济研究》2009 年 05 期第 32-38 页。

# 第四章　财政支农资金整合的基本框架

## 一、财政支农资金整合的主体

目前，我国财政支农资金来源多，直接分配和管理财政支农资金的中央部门就多达十多个，包括国家发改委、财政部、水利部、农业部、国务院扶贫办、国家防汛抗旱办等十多个部门，此外，安排涉农专项投资资金的部门还包括交通、教育、卫生、文化等部门，形成了财政支农资金来源广泛的组织结构体系。

财政支农资金来源有 17 个部门①，而且，在每个财政支农资金来源部门内部，又分别由多个业务司做财政支农资金的分配和管理工作。由于财政支农资金的管理部门众多，加上各个部门对于国家支农政策的具体理解以及执行和使用资金的标准不尽相同，政策

---

① 在主要支农投资的组织管理和实施中，基本建设投资（含国债投资）由国家发展和改革委员会统一平衡，在与有关行业主管部门和地方安排计划协商的基础上组织实施；支援农村生产支出项目、农业综合开发支出项目、农林水气部门事业费等由财政部门直接安排或与有关部门协商安排；支援不发达地区的资金支出首先由国务院扶贫领导小组确定分配原则，审定分配方案，然后发展和改革委员会与财政部分别负责管理以工代赈资金和其他专项扶贫资金；农产品补贴项目资金由财政部门或财政部门与主管部门共同管理。此外，国土资源部还负责安排中央分成所得用于土地开发、整理和复垦的新增建设用地土地有偿使用费。资料来源：李若云．整合财政支农资金 确保提高使用效益．农村财政与财务，2008（4）；李含光．泰安市农村基础设施投资研究．山东农业大学硕士学位论文，2009.

之间难以有机协调，基本上是各自为政，难以形成合力。这种管理模式弊端很多，主要表现在：

第一，单个管理部门拥有和掌握的财政支农资金数额并不多，不能很地发挥规模经济效益，甚至与有些项目的最低起点资金要求还有距离，导致一些具有发展活力、经济效益较好项目推迟开工建设或者根本无法建设，同时在管理过程中还会增加挪用、贪污支农资金的腐败行为；虽然通过整合财政支农资金可使问题缓解，但仍无法根本解决问题。

第二，公务员普遍具有“见机捞一把”的机会主义动机，从而任何政府部门、任何公务员管理财政支农资金，都会产生腐败浪费问题，其仅有量而非质的差别；而凡是监督行为都是要受到成本限制的，加上所掌握的信息不充分、不完全，对公务员实施监督花费的代价太大、成本太高，甚至还会存在监管不利和失灵的情况。

第三，财政支农资金具有“公共地”性质，导致在多个政府及管理部门之间容易形成利益共同体，一同分割财政支农资金的“剩余”，这为腐败行为的发生埋下了伏笔，且很难治理这些行为。

第四，在财政支农资金的监管方面，来自外部审计的力量很难有效介入其中。因为民间审计（即注册会计师审计）工作只有在先接受别人委托的情况下才能执业，而这些委托人（不论是财政部门还是审计部门）往往恰恰是发生财政支农资金腐败行为的受益者，在选择会计师事务所时，很可能会选择信誉较差、不太正规的事务所，甚至给这些会计师事务所一些好处，以维持委托人的既得利益，这样就会加剧腐败行为的发生，从而出现财政支农资金的监管悖论①。

在整合的下、中层目标下，这个监管悖论很难打破；但在整合的上层目标下，此悖论可能较易被打破，因为在整合财政支农与金融支农的背景下，有限的财政支农资金仅充当支农项目的先导资

① 财政支农资金的监管悖论，指若不对其进行监管，则无法对腐败进行甄别、惩治；而若进行监管，则在既得利益集团已形成的背景下难以进行有效监管，监管只会带来更大的腐败成本这样一种进退维谷的局面。

金，而项目的主体资金是金融资金，这就决定了金融机构在项目监管上的主导权，从而打破了政府既得利益集团内部错综复杂的利益纠葛①②。确定操作主体对于有限的财政支农资金使用效率的发挥，对于财政支农工作能否公开、透明、廉洁、高效地进行等方面有重要影响。由于财政支农资金属于公共资金管理范畴领域，似乎理应由财政等政府及管理部门具体分配和使用。

因此，整合财政资金势在必行，不可避免，由此，产生了一个重要问题就是：一是由谁整合？二是整合谁？基于上述分析，我们认为，根据我国行政体制的特点，由中央政府作为整合的行为主体，而被整合主体则是县乡两级政府。

## 二、财政支农资金整合的逻辑：基于博弈论视角

财政支农资金究竟整合使用好，还是分散使用好？有学者认为，财政支农资金整合使用可以将整合后的支农资金集中投入到项目区，进而使项目区的福利水平得到改进，但有的学者认为，财政支农资金分散使用则可以提高各个项目区的福利水平，整合其他项目的财政支农资金集中投放到整合项目区所产生的福利改进与减少财政支农资金项目区所产生的福利降低，究竟谁大？无法绝对地回答，对两种使用模式无法进行成本收益的量化。

从财政支农资金整合的实践看，财政支农资金整合使用能够减少“跑、冒、滴、漏”的现象，提高效率，而分散使用则存在效率损失。原因似乎是现行财政支农资金使用管理方式有“空子”可以钻。那么，什么样的财政支农资金使用方式与管理体制才是合理的？我们认为关键是对两种使用模式进行比较，找出整合使用与管理的边界或者说是条件。再者，怎样的激励机制才能防范上级政府与下级政府的合谋？

---

① 陈池波，彭克强．农村合作金融存量改革与增量发展：一个增量渐进发展的分析框架．农业经济问题，2007（10）．

② 彭克强．基于财政支农资金整合的理性反思．调研世界，2008（2）．

要回答以上问题，首先必须要解答的是财政支农资金使用与管理过程中的特点、管理者与监督者的特征，才能进一步回答财政支农资金的效率损失；其次，必须从本质上深入分析财政支农资金效率损失的源流，这才是对财政支农资金使用与管理模式选择的深入研究，才能令人信服地分析出财政支农资金整合的边界和约束条件。

现实难题是财政支农资金分配中存在信息不对称，上级政府不知道下级政府财政支农资金的真实需求量，受中国财政支农资金总量的硬约束，倘若信息充分上级政府也不一定对下级政府的财政支农资金需求如愿满足，财政支农资金需求与供给的现实矛盾永远无法平衡。按照“三农”需要，中国现有财力永远无法满足财政支农项目，存在“吃不饱”现象，因此专家学者总是呼吁财政支农资金短缺，政府财政应该加大投入力度。

## （一）博弈论简介

博弈论（game theory）也称对策论，是描述和研究行为者之间的相互依存和相互作用的决策理论，其目的在于说明决策主体在信息不充分或未来不确定性的条件下做出的合理决策。按照罗伯特·奥曼（Robert Aumann）教授的解释，博弈论就是研究各行为主体在考虑对方决策行为的前提下自身如何决策的互动决策理论。互动决策是指各博弈行为主体必须将其他行为主体的决策纳入自身决策的考虑之中，当然其他行为主体对于自己的考虑也要纳入到考虑决策当中，在如此相互影响、相互牵制的情形下进行决策，以选择最有利于自己的一种行为和战略。20 世纪 50 年代，随着概率论和数理统计学的发展博弈论成为微观经济学的重要分支。在我国，博弈论的研究得到重视的时间还不是很长，起始标志是 1996 年张维迎教授《博弈论与信息经济学》一书的问世，再经过一些学者如谢识予教授的大力传播，博弈论受到了前所未有的重视。经过几十年的发展和完善，目前已经广泛用于经济、管理、政治、军事等各个领域。

如果博弈当事人能够达成一个具有约束力的协议，那么这种类型的博弈就是合作博弈，合作博弈主要研究如何分配合作带来的收益。合作博弈强调的是效率、公平、公正；非合作博弈强调的是个人理性、个人的最优决策，其结果可能是有效率的，也可能是无效率的。合作博弈可视为非合作博弈的进一步延伸，它略去非合作个体之间建立合作关系的过程而着重研究合作的可能性与形式。为了解决合作博弈中所遇到的问题，合作博弈理论提出了核、联盟博弈、稳定集、解概念、可转移效用等重要概念与思想。

本书在对财政支农资金使用与管理运用博弈论进行分析时，着重分析了财政资金分配与使用过程中的决策主体：中央政府、地方政府。很明显，中央政府和地方政府具有不同的目标函数，在财政支农资金分配与使用管理中形成博弈，可以假定中央政府为了全社会的整体利益与社会和谐稳定，从财政政策和资金上对“三农”给予支持，实现国家整体利益最大化。无疑，由于信息不对称和中央政府监管地方政府无限大的成本，中央政府对地方政府的监管和惩罚成为不可置信威胁，地方政府在财政资金分配与使用管理中往往带有机会主义色彩，本位思想可能会影响到财政支农资金绩效。基于此，本书试图运用博弈论方法对财政支农资金整合与不整合使用进行分析。

### （二）博弈论模型建立

本书的博弈主体分别是财政支农资金拨付部门的上级政府财政部门，也意指中央政府，和财政支农资金使用与管理部门（下级政府财政部门，地方政府），中央政府和地方政府是典型的委托代理关系。上级政府是委托人，下级政府是代理人；事实上，在一定的情况下，这二者的身份是多重的，既是委托人又是代理人①，比如说，在地方政府中，省级政府又是委托人，县级政府则是代理人，但同时，县级相对乡镇级政府来说，县级政府则是委托人，乡镇是代理人。但本书为了分析简便，只讨论简单情况，即中央政府

① 刘黎明，等．财政体制的理论与模型方法研究．北京：首都经济贸易大学出版社，2007.

是财政支农资金的委托人，地方政府是财政支农资金的代理人。

假设地方政府可供选择的行动组合是 $A$，$a \in A$ 表示代理人的一个特定行动。令 $\theta$ 是不受代理人和委托人控制的外生随机变量，$\Theta$ 是 $\theta$ 的取值范围，$\theta$ 在 $\Theta$ 上的分布函数和密度函数分别为 $G(\theta)$ 和 $g(\theta)$（可以假定 $\theta$ 是连续变量）。在下级政府选择行动 $a$ 后，外生变量 $\theta$ 实现。$A$ 和 $\theta$ 共同决定一个可观测的结果 $x(a, \theta)$ 和一个货币收入（产出）$\pi(a, \theta)$，其中 $\pi(a, \theta)$ 的直接所有权属于委托人。作为公共财政，财政支农资金投入更多的考核社会效应，所以货币产出只是一种假设。另外，$\pi(a, \theta)$ 的直接所有权属于中央政府，意味着地方政府缺乏经济激励。一般假定 $\pi$ 是 $a$ 的严格递增的凹函数，$\pi$ 是 $\theta$ 的严格增函数。中央政府要设计一个激励合同 $s(x)$，根据观测到的 $x(a, \theta)$ 对代理人进行奖惩，$c(a)$ 为代理人所付出的成本，这些成本包括支农项目前期申报的论证费用、项目设计费用以及管理费用等。假定委托人和代理人的期望效用函数分别为 $v(\pi-s(x))$ 和 $u(s(\pi))-c(a)$，其中 $v>0$，$v''\leqslant 0$；$u'>0$，$u''\leqslant 0$；$c'>0$，$c''>0$。

委托人（中央政府）的期望效用函数可以表示如下：

$$\int v(\pi(a, \theta) - s(x(a, \theta)) g(\theta) \mathrm{d}\theta \qquad (4\text{-}1)$$

委托人的问题就是选择 $a$ 和 $s(x)$ 以使上述期望效用函数最大化。但是，当委托人采取这样的行为时，将面临代理人方面的两个约束，第一个约束是参与约束，也就是代理人在实施支农项目时得到的期望效用不得小于不实施支农项目时得到的最大期望效用 $\bar{u}$，即约束条件为：

$$\int u(s(x(a, \theta))) g(\theta) \mathrm{d}\theta - c(a) \geqslant \bar{u} \qquad (4\text{-}2)$$

第二个约束是代理人的激励相容约束：在信息不对称时，委托人无法预测代理人的行动 $a$ 和 $\theta$，在任何激励合同下，代理人总是选择能够使自身的期望效用达到最大化的行动 $a$，因此，任何委托人所希望的 $a$ 的实现都只能是依靠代理人的效用最大化行为来进行。换言之，如果 $a$ 是委托人期望的行动，$a' \in A$ 表示代理人可选择的任何行动，那么，只有当代理人从选择 $a$ 中得到的期望效用大

于从选择 $a'$ 中得到的期望效用时，代理人才会选择 $a$。所以激励相容约束条件为：

$$\int u(s(x(a,\ \theta)))g(\theta)\mathrm{d}\theta - c(a) \geqslant \int u(s(x(a',\ \theta)))g(\theta)\mathrm{d}\theta - c(a'),\ \forall a' \in A \tag{4-3}$$

综上所述，委托人的问题是选择 $a$ 和 $s$ $(x)$ 最大化期望效用函数，并满足式（4-2）和式（4-3）两个约束条件①，即：

$$\max_{a,\ s(x)} \int (v(\pi(a,\ \theta)) - s(x(a,\ \theta)))g(\theta)$$

$$\int u(s(x(a,\ \theta)))g(\theta)\mathrm{d}\theta - c(a) \geqslant \bar{u}$$

$$\int u(s(x(a,\ \theta)))g(\theta)\mathrm{d}\theta - c(a) \geqslant \int u(s(x(a',\ \theta)))g(\theta)\mathrm{d}\theta - c(a'),\ \forall a' \in A \tag{4-4}$$

为了讨论方便，可以作如下假设：

第一，中央政府为委托人，$n$ 个地方政府作为 $n$ 个独立代理人。

第二，第 $i$ 个地方政府的努力水平为变量 $t_i$，所创造的支农收益函数是：

$$X_i = f(t_i) + \gamma_i \qquad i = 1,\ 2,\ \cdots,\ n \tag{4-5}$$

式中：$f(t_i)$ 是第 $i$ 个地方政府的支农产出函数，并假定 $f$ 是 $t_i$ 的严格递增的凸函数，它随着 $t_i$ 的增加而增加，但增加速度在不断减缓，即 $f'(t_i) > 0$，$f''(t_i) < 0$。

第三，$\gamma_i$ 是环境随机干扰变量，$\gamma_i \sim N(0,\ \sigma_i^2)$，它表明收益不仅与地方的努力变量有关，而且与环境状态有关。

第四，S（$X_i$）表示中央在地方 $i$ 创造了支农收益 $X_i$ 后支付给地方的奖励（就是下一期的财政支农转移支付、甚至政治上的升迁），即奖励是因为地方政府为“三农”创造了收益。

---

① 崔东红，高丽峰．非对称信息的委托——代理模型浅析．沈阳工业大学学报．2001（2）．

$$S(X_i)=F_i+\alpha_i X_i=F_i+\alpha_i(f(t_i)+\gamma_i) \qquad i=1,2,\cdots,n \tag{4-6}$$

式中：$F_i$是下一期转移支付的返还基数，$\alpha_i$是收益分成系数。事实上，财政支农项目主要是提供农村公共产品与公共服务，不存在直接的经济收益，这里使用收益分成系数是表示当地方政府在支农资金使用取得好的绩效后，地方政府获得的政治租等。显然，政治租比经济租对地方政府官员更有吸引力。

根据上述假设则可知：$X_i=f(t_i)+\gamma_i$ 也是正态随机变量，因此

$$EX_i=E(f(t_i)+\gamma_i)=f(t_i),\ \mathrm{Var}(X_i)=\sigma^2 \qquad i=1,2,\cdots,n \tag{4-7}$$

地方的努力水平决定收益的均值，但不影响收益的方差。则中央的纯收入（显然，中央政府不存在经济的纯收入，这里实际是指“三农”收益）是：

$$\pi=\sum_{i=1}^{n}X_i-\sum_{i=1}^{n}S(X_i) \tag{4-8}$$

中央的效用函数设为$u(\pi)$，因而对中央而言，其目标是通过制定合适的$F_i$，$a_i$报酬合同（实际是指中央进行支农资金管理的制度设计以及管理办法等）使得自己的期望效用为最大，即

$$\max E(u(\pi))_{F_i,\ \alpha_i}=E\left(u\left(\sum_{i=1}^{n}X_i-\sum_{i=1}^{n}S(X_i)\right)\right) \tag{4-9}$$

从地方的角度来看，努力是有成本的，记为$C(t_i)$，假定这种成本函数与通常的成本函数一样，总成本与边际成本都是递增的，即$C'(t_i)>0$，$C''(t_i)>0$，则地方$i$的纯收入（如上所述，这里是指地方政府获得的下一期财政支农专项转移支付的增加）为：

$$W_i=S(X_i)-C(t_i) \qquad i=1,2,\cdots,n \tag{4-10}$$

相应地，地方$i$的效用函数是$v(W_i)$。该效用必须大于地方从别的选择中（财政支农资金挪做他用所获得的收益）可以获得的效用，即机会成本$\bar{u}(I)$，$I$为地方的机会收入，否则，地方是不会主动为中央（“三农”）服务的。通常的参与约束为：

$$E(v(W_i)) = Ev(S(X_i) - C(t_i)) \geqslant \bar{u}(I) \tag{4-11}$$

显然，由于信息不对称以及成本无限，中央观测不到地方的努力水平，所以当中央制定了报酬合同后，地方 $i$ 将选择合适的努力水平使自己获得的效用最大，即

$$\max_t E(v(W_i)) = \max_t E(W_i(S(X_i) - C(t_i))) \tag{4-12}$$

综上所述，得到“三农”专项转移支付的委托—代理模型。此模型也是一个双层规划模型，即在上述两个约束条件的作用下，中央应确定合适的 $F_i$，$\alpha_i$ 使自己的效用最大，即：

$$\max_{F_i,\ \alpha_i} E\left(u\left(\sum_{i=1}^{n} X_i - \sum_{i=1}^{n} S(X_i)\right)\right)$$

$$\text{s. t.}\begin{cases}E(v(S(X_i) - C(t_i))) \geqslant \bar{u}_i(I)\\ \max\limits_t E(v(S(X_i) - C(t_i)))\end{cases} \tag{4-13}$$

$$i = 1,\ 2,\ \cdots,\ n$$

这样一个双层规划问题的求解很复杂，下面在中央是“为民型”政府的假设基础上，对地方政府的两种可能——利维坦（Leviathan）或者“怪兽”政府（分散使用，也可以理解为“非法”和非正常使用，各涉农部门仅获得经济租）与“为民型”政府（整合使用，各涉农部门均获得政治租和经济租）分别进行讨论。这里设定政治租系数 $\rho(0 \leqslant \rho \leqslant 1)$，当 $\rho = 0$ 时，表示没有政治租收益，仅有经济租收益，财政支农资金被分散使用；当 $\rho = 1$ 时表示政治租极大化，同时也有经济租，此时财政支农资金被整合使用。

## （三）模型结果讨论

### 1. 当地方政府是“为民型”型的讨论

在中央是为民型、地方政府为风险规避的情况下，对式（4-13）进行讨论。

给定 $S(X_i) = F_i + \alpha_i X_i = F_i + \alpha_i(f(t_i) + \gamma_i)$，$i = 1,\ 2,\ \cdots,\ n$。

这里，假定中央的期望效用等于期望收入（即 $Eu = E\pi$）：

$$E(u(\pi)) = E\left(\sum_{i=1}^{n} X_i - \sum_{i=1}^{n} S(X_i)\right)$$

$$= E\left(\left(\sum_{i=1}^{n} f(t_i) + \sum_{i=1}^{n} \gamma_i\right) - \left(\sum_{i=1}^{n} F_i + \sum_{i=1}^{n} \alpha_i f(t_i) + \sum_{i=1}^{n} \alpha_i \gamma_i\right)\right)$$

$$= \sum_{i=1}^{n} f(t_i) - \left(\sum_{i=1}^{n} F_i + \sum_{i=1}^{n} \alpha_i f(t_i)\right)$$

假定地方的效用函数具有为民服务特征，即

$$v(W_i) = -\exp(-\rho W_i)$$

那么，地方 $i$ 的实际收入为：

$$W_t = S(X_i) - C(t_i) = F_i + \alpha_i(f(t_i) + \gamma_i) - C(t_i)$$

由于 $W_t = S(X_i) - C(t_i)$ 服从正态分布，故确定性等价收入为：

$$EW_i - \frac{1}{2}\rho\alpha_i^2\sigma_i^2 = F_i + \alpha_i f(t_i) - \frac{1}{2}\rho\alpha_i^2\sigma_i^2 - C(t_i)$$

式中：$Ew_i$是地方 $i$ 的期望收入；$\frac{1}{2}\rho\alpha_i^2\sigma_i^2$ 是地方 $i$ 的为民成本；令 $\bar{W}_i$ 为保留收入水平。

那么，如果确定性等价收入小于 $\overline{W_i}$，地方将不接受合同。因此，地方的参与约束可以表达为：

$$F_i + \alpha_i f(t_i) - \frac{1}{2}\rho\alpha_i^2\sigma_i^2 - C(t_i) \geqslant \overline{W_i}$$

于是式（5-13）的等价形式为：

$$\max_{F_i,\ a_i} \sum_{i=1}^{n} f(t_i) - \left(\sum_{i=1}^{n} F_i + \sum_{i=1}^{n} \alpha_i f(t_i)\right)$$

$$\text{s. t.} \begin{cases} F_i + \alpha_i f(t_i) - \dfrac{1}{2}p\alpha_i^2\sigma_i^2 - Kt_i^2 \geqslant \overline{W_i} \\ \max\limits_{t}(F_i + \alpha_i f(t_i) - \dfrac{1}{2}p\alpha_i^2\sigma_i^2 - Kt_i^2) \\ i = 1,\ 2,\ \cdots,\ n \end{cases} \tag{4-14}$$

### 2. 当地方政府是“利维坦”① 型的讨论

地方政府财政支农管理者，在财政支农资金使用与管理中总是存在道德风险。因为财政支农资金使用与管理存在以下特点：下级政府财政配套资金缺位，农业财政预算资金与项目建设实际需求资金存在缺位，项目申报与运行过程的管理费用等交易费用来源不明，这些决定了财政支农资金被分散（非法）使用。下面第二步在中央是“为民”型，地方“利维坦”型的情况下，对式（4-14）进行讨论：

这时 $v(W)=W$，式（4-14）的等价确定形式为：

$$\max_{F_i,\ a_i}\sum_{i=1}^{n}f(t_i)-\left(\sum_{i=1}^{n}F_i+\sum_{i=1}^{n}\alpha_i f(t_i)\right)$$

$$\text{s. t.}\begin{cases}F_i+\alpha_i f(t_i)-C(t_i)\geqslant\overline{W_i}\\ \max\limits_{t}(F_i+\alpha_i f(t_i)-C(t_i))\\ i=1,\ 2,\ \cdots,\ n\end{cases}\qquad(4\text{-}15)$$

比较式（4-14）与式（4-15），可以看出式（4-15）实际上就是式（4-14）中 $\rho=0$ 时的特例。由于式（4-14）是一个非线性规划问题，由 K-T 的最优解必要条件可知，构成最优报酬机制的 $F_i$，$a_i$ 以及相应的 $t$ 应满足如下的条件：

$$\alpha_i f'(t_i)=C'(t_i)\ \frac{\partial\ (f(t_i)-C(t_i))}{\partial\ \alpha_i}=\rho\alpha_i\sigma_i^2$$

$$F_i=\overline{W_i}-\alpha_i f'(t_i)+\frac{1}{2}\rho\alpha_i^2\sigma_i^2+C(t_i)$$

为了对上述问题有更直观的认识，假定第 $i$ 个地方政府的产出函数 $f(t_i)=\ln t_i$ 且 $t_i>0$，由于 $\ln t_i$ 是 $t_i$ 的严格递增的凸函数，它随着 $t_i$ 的增加而增加，但增加的速度在不断减缓，即 $(\ln t_i)'=\dfrac{1}{t_i}>0$，

① 利维坦“Leviathan”的字意为裂缝，在《圣经》中是象征邪恶的一种海怪，通常被描述为鲸鱼、海豚或鳄鱼的形状，在这里喻指地方政府对财政支农资金分散甚至非法使用行为，导致的道德风险。

$(\text{In}t_i)'' = -\dfrac{1}{t_i^2} < 0$，故 $\ln t_i$ 满足 $f(t_i)$ 的条件。这里还假设 $C(t_i) = Kt_i^2$，且 $K>0$，假定这种成本函数与通常的成本函数一样，总成本与边际成本都是递增的，即：$C'(t_i) = 2Kt_i > 0$，$C''(t_i) = 2K > 0$。

于是式（4-14）变为如下形式：

$$\max_{F_i,\ a_i} \sum_{i=1}^{n} \text{In}t_i - \left( \sum_{i=1}^{n} F_i + \sum_{i=1}^{n} \alpha_i \text{In}t_i \right)$$

$$\text{s. t.} \begin{cases} F_i + \alpha_i \text{In}t_i - \dfrac{1}{2}p\alpha_i^2\sigma_i^2 - Kt_i^2 \geqslant \overline{W_i} \\ \max\limits_{t}(F_i + a_i \text{In}t_i - \dfrac{1}{2}p\alpha_i^2\sigma_i^2 - Kt_i^2) \\ i = 1,\ 2,\ \cdots,\ n \end{cases} \tag{4-16}$$

由于式（4-16）是一个非线性规划问题，由 K-T 的最优解必要条件可知，构成最优报酬机构的 $F_i$，$a_i$ 以及相应的 $t$ 应满足如下的条件：

$$t_i = (\frac{\alpha_i}{2K})^{\frac{1}{2}}，（或\ \alpha_i = 2K_i^2） \tag{4-17}$$

将式（4-17）代入式（4-16）得，K-T 条件：

$$\begin{cases} \dfrac{1}{2}\sum\limits_{i=1}^{n}(\dfrac{1}{\alpha_i} - \text{In}\left(\dfrac{\alpha_i}{2K}\right) - 1) + u_i\left(\rho\alpha_i\sigma_i^2 - \dfrac{1}{2}\text{In}\left(\dfrac{\alpha_i}{2K}\right)\right) = 0 \\ -1 - u_i = 0 \\ u_i \geqslant 0, \quad u_i\left(\overline{W} - F_i - \alpha_i \ln\left(\dfrac{\alpha_i}{2K}\right) + \dfrac{1}{2}\rho\alpha_i^2\sigma_i^2 + K\dfrac{\alpha_i}{2K}\right) = 0 \\ i = 1,\ 2,\ \cdots,\ n \end{cases} \tag{4-18}$$

即满足上述条件的解为：

$$\frac{1}{2}\sum_{i=1}^{n}\left(\frac{1}{\alpha_i} - \text{In}\left(\frac{\alpha_i}{2K}\right) - 1\right) + u_i\left(\rho\alpha_i\sigma_i^2 - \frac{1}{2}\text{In}\left(\frac{\alpha_i}{2K}\right)\right) = 0$$

$$F_i = \overline{W}_i - \alpha\ln\left(\frac{\alpha_i}{2K}\right) + \frac{1}{2}\rho\alpha_i^2\sigma_i^2 + K\frac{\alpha_i}{2K}$$

$$t_i = \left(\frac{\alpha_i}{2K}\right)^{\frac{1}{2}}$$

$$u_i \geqslant 0$$

$$i = 1, 2, n$$

由此可以看出，当激励程度增加时，地方的努力水平也将提高，但是提高的速度却在减慢，即：

$$\frac{\partial t}{\partial \alpha_i} = \frac{1}{4K}\left(\frac{\alpha_i}{2k}\right)^{-\frac{1}{2}} > 0 \qquad \frac{\partial^2 t}{\partial \alpha_i^2} = \frac{1}{16K}\left(\frac{\alpha_i}{2k}\right)^{-\frac{3}{2}} < 0 \quad (4\text{-}19)$$

这说明地方的能力是有限的，当能力达到一定的程度时，中央的奖励再大也不能激励地方的积极性了。所以，对中央来说，应该考虑地方政府的能力，没有必要给予过多的奖励，只要能调动地方的积极性就够了。

$$\frac{1}{2}\sum_{i=1}^{n}\left(\frac{1}{\alpha_i} - \ln\left(\frac{\alpha_i}{2K} - 1\right) + u_i\left(\rho\alpha_i\sigma_i^2 - \frac{1}{2}\ln\left(\frac{\alpha_i}{2K}\right)\right)\right) = 0$$

$$F_i = \overline{W}_i - \alpha\ln\left(\frac{\alpha_i}{2K}\right) + \frac{1}{2}\rho\alpha_i^2\sigma_i^2 + K\frac{\alpha_i}{2K} \quad (4\text{-}20)$$

从式（4-20）可看出构成最优报酬机制的 $F_i$，$a_i$ 与成本系数和为民系数有关。也就是说，为了解决激励问题，必须将涉农专项转移支付及奖励与地方政府的利益（政治租和经济租）相联系。同时，中央考虑奖励机制时，必须让地方政府分担部分风险。只有这样，地方政府才有积极性正常使用财政支农资金。

实行分权制后，地方政府变成了对外或者对上负责的政府，不对下级政府或者不对内负责；地方政府和中央政府目标函数不一致，其目标函数是政治租，而且政治租大于经济租。地方政府独立的利益主体地位得到了不断强化与巩固，加之农村税费改革后地方政府的财政困难有所增加，同时由于中央政府与地方政府在项目信息方面的不对称，使得财政支农项目资金的审批和使用存在逆向选择和道德风险问题，具体表现为地方政府在申报项目过程中存在虚报和“非法”使用财政支农资金现象。

### （四）研究结论

在信息不对称的情况下，中央政府不可能强迫地方政府选择中央希望的行动，而只能通过激励合同 $S(X_i)$ 诱使地方政府选择中央政府希望的行动。中央政府的问题是选择满足地方参与约束和激励相容约束的激励合同 $S(X_i)$，以最大化自己的期望效用函数。激励合同的有效性取决于地方政府的成本系数与为民系数，一个"为民"型的地方政府，有宝贵的集体声誉，正常高效、整合地使用财政支农资金，能够获得中央政府较高的下一期转移支付返还基数 $F$ 和收益分成系数 $a_i$。反之，一个"怪兽"政府则会选择"非法"使用有限的财政支农资金，获得有限的政治租。

通过上述分析，可以总结出，目前财政支农资金低效分散使用的根本原因：第一，财政支农项目资金剩余索取权与剩余控制权的缺位。西方产权理论认为，只有当理性经济人的权利与责任对等时，代理人才有激励负责任地行事，才能减轻、消除道德风险和负的外部经济。第二，隐形激励机制——声誉机制的缺失。财政支农资金被"违规"使用与管理是财政支农资金代理人无视代理机构的集体声誉，因为当前还没有设立对财政支农资金使用部门的集体考核机制。

## 三、财政支农资金整合的逻辑：基于数理视角

### （一）研究假定

从分配、使用与管理等各个环节看，财政支农资金"途经"多个部委、厅局、市县，因截留、挪用等非正常使用而出现的"线损"现象严重，公共财政的公平与效率无法体现。财政支农资金低效率配置是多部门分头管理、多方博弈均衡的结果，也是财政支农资金体制急需改革的现实体现。直接分析财政支农资金使用与管理的多链条现象比较难，为了分析方便，这里减少了变量，精简

了模型，作了如下假设①。

假定一：中央只有一个财政支农资金分配部门，即财政部 $G^c$；地方有 $n$ 个财政支农资金使用和管理部门，设定为 $G_n^l$，各个涉农职能部门之间是同质的，并且 $n \geqslant 2$。

实际上，从源头上讲，无论是用于其他用途，还是所有用于“三农”的财政支出均出自财政部。因此，从这个意义上讲，不存在整合与不整合。更多的是由于财政资金使用与管理过程中出现了公共资源损耗。从财政资金分配环节看，中央财政农业资金分配多达9个，甚至更多（李鑫、张爽，2007；财政部农业司课题组，2003）。按照现行的政治体制，中国的政府层级有5级②，财政支农资金从上级政府财政下拨到县级政府财政，管理、分配财政农业资金的部门有十多个，时常出现同一项目多个部门管理。

假定二：中央财政农业资金部门（$G^c$）和地方涉农部门（$G_n^l$）都是自利的利维坦（Leviathan）或者“怪兽”政府，它们在履行政府财政支农政策的同时，更多地考虑理性政府自身利益。

自中国实行财政分权以来，地方政府竞争的直接结果是对稀缺资源，尤其是财政资源的争夺，甚至通过债务融资谋求地方经济发展。受政绩考核制度的影响，为了争取政绩，理性的地方政府不是扮演造福于民的“上帝”，在实施支农政策的同时更多地考虑政府自身的现实利益。

假定三：地方涉农财政部门（$G_n^l$）供给的公共产品和服务是同质的，没有任何区域属性。

从农业生产的特性看，受自然、气候、资源和市场等外生因素的多重约束，同时，农作物自身生长也受到土地质量和土地交易市场的影响，中央政府和地方政府发挥财政的宏观调控和资源配置职

① 王秋石，张敬来．支持中国财政分权的一个模型分析．经济理论与管理，2005（12）．

② 按照2001年财政部的统计，5级政府体系构成：中央政府、31个省（自治区、直辖市）、331个设区的市（自治州）、2109个县（自治县、不设区的市）和44741个乡（民族乡、镇）构成。

能是弥补市场失灵的现实体现。显然，由于各地资源禀赋差异性和社会经济发展非均衡性，从形式上讲，各个地方所需要的公共产品和服务是异质的。但是，从本质上讲，纯农村公共产品和服务所具有的消费的非竞争性、效用的非排他性是不变的。因此，无论是东部发达地方政府，还是西部落后地方政府提供的农村公共产品都不具有区域差异。

假定四：农村公共产品和服务具有可以衡量的价格，并以一阶线性反需求函数 $P(Q)=a-bQ$ 表示，其中 $a>0, b>0$，为常数。$Q$ 是农村公共产品和公共服务的总供给量，$q_i$ 是第 $i$ 个涉农职能部门供给数量，$i=1, 2, \cdots, n$。

按照公共产品理论，任何纯公共产品的受益范围都非常广，因此，农村公共产品和服务的价格都无法通过制定统一的价格进行估价，是“无价”的。但是，中国的农村幅员范围广、农民居住地分散、农业生长异质性强，农村公共产品与服务供给的交易成本必然不同，采用理想的价格公式进行计量是有意义的。由于农村公共品不具有严格的区域属性，市场几乎是完全竞争模式，产品价格是市场竞争产生的。

假定五：涉农职能部门提供公共产品和服务的边际成本不变，故农村公共产品和服务的供给成本表示为 $c(Q)=c_0Q$，$c_0$ 为常量。$G_n^l$ 自身收益为 $\pi=P(Q)Q$。

这个假定是在第四个假定基础上延伸的，由于农村公共产品和服务价格函数 $P(Q)=a-bQ$ 的 $b$ 为常数（$b>0$），即函数的斜率不变，供给成本（在这里，也可以称为交易成本）用 $c(Q)=c_0Q$ 表示；地方政府 $G_n^l$ 从农业财政支出中获得的收益可以用 $\pi=P(Q)Q$ 近似地表征。

## （二）财政支农资金整合的过程解构

### 1. 财政支农资金整合前

财政支农资金在 $n$ 个部门之间按照人口、地方财力、农民人均纯收入、GDP 等因素进行分配，为了体现公共财政阳光，在资金分配过程中，适当进行政策调整。如果不进行财政支农资金的合并，各部门就会因分散的资金分配推卸本部门责任，出现“三个和尚没有水吃”现象。在这种制度激励下，地方政府部门 $G_n^l$ 的目标函数就是地方政府收入和公共产出约束下的经济利润最大化。

地方政府 $G_n^l$ 的目标函数为：

$$\begin{aligned}&\max[P(Q)q_j - c(q_j)]\\&\text{s. t. } P(Q)q_j - c(q_j) \geqslant 0 \qquad j = 1,\ 2,\ \cdots,\ n\end{aligned} \tag{4-21}$$

求解式（4-21）得：

$$q_1 = q_2 = \cdots = q_n = \frac{a - c_0}{(n+1)b}$$

$$Q_{\text{ante}} = nq_j = \frac{n(a - c_0)}{(n+1)b}$$

2. 财政支农资金整合后

$$\begin{aligned}&\max[P(Q)q_j]\\&\text{s. t. } P(Q) - Cc(q_j) \qquad j = 1,\ 2,\ 3,\ \cdots,\ n\\&Q = \sum_{i-1}^{n} q_i\end{aligned} \tag{4-22}$$

把 $c(Q) = c_0Q$ ，$P(Q) = a - bQ$ 等式代入方式（4-22），原有方程式变为：

$$\begin{aligned}&\max\left[\left(a - b\sum_{i=1}^{n} q_i\right)q_j\right]\\&\text{s. t. }\left[\left(a - b\sum_{i=1}^{n} q_i\right)q_j\right] - c_0q_j \geqslant 0\end{aligned} \tag{4-23}$$

解方程式（4-23），得到如下结果：

$$q_1 = q_2 = \cdots = q_n = \frac{a - c_0}{nb}$$

当且仅当 $n \geqslant 2$ 时

$$Q_{\text{post}} = nq_j = \frac{a - c_0}{b}$$

很容易比较财政支农资金整合前后农村公共产品供给总量的比较：

$$Q_{\text{ante}} = nq_j = \frac{n(a - c_0)}{(n + 1)b} \leqslant Q_{\text{post}} = nq_j = \frac{a - c_0}{b}，当且仅当 n \geqslant 2 时 \tag{4-24}$$

### （三）研究结论

式（4-24）显示，财政支农资金整合后比整合前所提供的农村公共产品数量多。财政支农资金整合不仅要整合非财政部门管理的财政支农资金，更要整合支农的非财政资金，也就是说通过财政支农资金整合，实现商业性金融支农、政策性金融支农和农村增量金融支农有机结合，以扩大支农资金规模，加大财政支农投资效应。

## 四、财政支农资金整合的路径

### （一）财政支农资金整合的边界范围

财政支农资金是政府为了促进农村经济发展、农民增收和农业增长而实施的财政杠杆手段，财政支农资金在实际使用中包括制度内的预算内资金和预算外资金。长期以来，由于农业投资回收周期长、投资比较利益低，制度外资金进入“三农”领域比较少。本书的财政支农资金是指政府财政用于支持农业和农村发展的资金，按照目前的统计口径，主要包括农业基本建设支出、农业科技三项费用支出、农业科研支出、支援农村生产支出、农业综合开发支出、农林水气等部门事业费、农产品流通补贴、农业生产资料补贴、财政扶贫支出、农业税收减免等①。

从财政支农资金使用与管理的实践看，并不是所有的财政支农资金使用效率都很低下。因此，财政支农资金整合并非针对所有的

① 陈池波，胡振虎．整合财政支农资金的模式构建．中南财经政法大学学报，2007（6）．

财政支农资金进行系统管理。所以，财政支农资金整合的最优选择对象是受益范围广的财政支农资金；从用途讲，财政支农资金整合的对象是除救灾资金和特殊用途资金外，包括财政部门管理分配的支农资金及农业部门预算中用于农业项目的支出；从涉农部门讲，财政支农资金整合的对象既包括财政部门的支农资金，也包括涉农部门的财政资金，此外，整合还包括其他渠道的支农资金，如金融支农资金、国际组织支农资金等。

### （二）财政支农资金整合的目标

以整合观为指导，通过财政支农资金整合，旨在把财政支农资金、农村金融资金、商业性金融资金等涉农资金全部整合起来，也就是说通过财政支农资金整合，实现商业性金融支农、政策性金融支农和农村增量金融支农有机结合，以扩大支农资金规模，为着力解决困绕我国发展的“三农”问题，找到钥匙①。总之，财政支农资金整合的目标有：

第一，将财政支农与开展农民金融培训有效整合起来。中国广大农村经济发展落后，主要原因是难以破解的农村金融难题。该难题是由农村金融供求双方扭曲作用的结果，其中主要矛盾是农民的有效金融需求不足。所以，普及广大农民的金融知识并提高他们利用金融资源的能力已迫在眉睫，而开展农民金融培训是实现这一目标的有效途径。笔者认为，具体的金融培训的组织安排等事宜应由金融机构负责，但如果没有财政专项资金作保障，金融机构则很难有积极性去组织和开展此项培训业务，尽管该培训对农村的金融发展有重要作用与意义。因此，要增强金融支农的实际效果，必须通过培训让农民掌握金融知识，提高他们的金融意识和借助于金融资源发展经济的能力，在此基础上，才会有整合财政支农与金融支农较好的效果。因此，做好农民的金融知识培训至关重要。在培训专项资金的支持下，由金融机构具体组织培训，在此过程中，还要对

① 彭克强．财政与金融支农整合的理论架构与方略．社会科学，2008(12).

金融机构运用专项资金的情况进行监督、检查、考核，并根据培训质量的高低奖惩金融机构。

第二，将财政支农与商业性金融支农予以整合。财政支农与金融支农是增加农业投入的两翼，但二者的运作理念、原则、机制不同。须知，国有商业性银行撤离农村的主因是农村市场特质决定了若在农村市场经营则不符合其商业性目标，即作为以批发业务为比较优势的国有商业银行，在信息不对称性严重、交易费用高、风险大的农村零售市场展业，其比较优势难以发挥，极易出现信贷风险过大、经营亏损的局面；若没有外力扶持，则其“脱农”必然势不可挡。若将低效率的财政支农资金与趋利性但高效率的商业金融资金整合起来，以财政资金为补贴资金、担保资金或补偿资金，诱导逐利性的金融资本支农，则既可提高财政支农资金的使用效率，又可增强商业性金融机构的盈利能力从而不断消化存量金融风险，还可有效增加对“三农”的资金投入，最终达成政府财政、商业性金融、“三农”的“三赢”局面①。

第三，将财政支农与政策性金融支农进行整合。既然农村信用社改革的前途既不应是合作制，也不应是商业化，那么只应是政策性②；但由于政策性金融往往因为资金短缺问题而无法满足支农的要求③，加上财政支农资金使用效率低下等状况，那么，如果能够把农村信用社改革目标调整为农村政策性金融，并通过对财政支农资金予以贴息、担保或补偿，则既可以搞活农村信用社的运行，又可以增强政策性金融支持农业农村发展的能力，还可大大提高财政支农资金的使用效率，从而实现“一石三鸟”的改革结果，提高支农绩效。

第四，把财政支农与农村增量金融支农有机整合。如果能实现

① 彭克强．财政与金融支农整合的理论架构与方略．社会科学，2008（12）．

② 张杰．解读中国农贷制度．金融研究，2004（2）．

③ 彭克强，陈池波．财政支农与金融支农整合论．中州学刊，2008（1）．

有机整合，则可以较小的成本代价支持农村金融增量的发展。为此，可将财政支农资金适当向支持新型农村金融机构发展方面适当倾斜，具体可以参照新型农村金融机构支农绩效的高低以奖励的形式向这些机构注入财政支农资金，达到财政将其“扶上马、送一程”的目的，从而实现有更多的农村增量金融组织产生并蓬勃发展的局面，大大加强金融支农的力量；同时也可提高财政支农资金的使用绩效①。

### （三）财政支农资金整合的原则

第一，立足开拓创新、着眼战略前瞻的原则。政府要增强自身的学习能力，进一步解放思想、求实创新，扎实推进支农资金整合工程，在有利于扶持“三农”、建设新农村和小康社会的大前提下，着眼战略全局和前瞻性，勇于开拓，实现财政、金融支农双重困境的突破②。

第二，试点先行、探索完善、立法保障原则。由于“三农”问题的敏感性以及整合支农资金的宏观性、复杂性，应在前瞻性战略理论的指导下积极展开整合试点，在试点中积累经验、纠正偏误，尽快使整合方案成熟完善起来，并及时将经实践检验证明是高效、可行的整合方案上升为国家意志，以便成功经验能在更大范围内得以有效推广，可考虑尽快出台《支农资金整合法》或类似法律。

第三，坚持整合财政支农与整合财政、金融支农两步走的原则。一方面，应以整合财政支农为基础，整合财政支农是整合财政、金融支农的必要准备；另一方面，应将整合财政支农与金融支农作为战略重点，整合财政、金融支农是财政支农整合的必然趋

---

① 彭克强．基于财政支农资金整备的理性反思．调研世界，2008（2）．

② 彭克强，陈池波．基于财政支农资金整合的理性反思与展望．新疆财经大学学报，2008（1）．

势①。只有既坚持两步走的整合战略，又分清整合的优先序，才可能取得良好的整合绩效。

第四，以财政支农资金为先导，以金融支农资金为主力的原则。一方面，财政支农资金的来源是无偿的，在满足社会、经济效益的前提下，必须率先进入需要资金支持的涉农领域或项目；若财政资金不打头阵，则有成本、讲求经济效益的商业性金融资金必定不愿进入高风险、低收益的农村市场。另一方面，财政资金总是不足的，往往不足以支撑一个社会经济效益良好的较大项目，所以必须有商业性金融资金的配合才能把支农项目做起来。考虑到财政支农资金的规模有限性尤其是无偿性，在整合财政支农资金与金融支农资金时，应以金融机构为主角、政府部门为配角，即政府部门不可喧宾夺主，要确保金融机构在支农整合中的主体地位，使金融机构在政府部门的配合、监督下放手开展支农项目的审查、资金发放和回收等日常管理工作；政府部门应搞好项目初选，并与金融机构商定具体的支农项目、投资预算、财政扶持的额度与方式（补贴、担保或补偿）。

第五，财政支农与金融支农多层次整合的原则。一是开发性财政支农资金应深度整合到支农金融机构之中，以有限的财政资金为先导，吸引盈利性的金融资金跟进，从而顺利开展支农、惠农的盈利性项目，同时，由财政资金充当金融信贷资金的利息甚至本金的补贴、担保或补偿资金，发挥财政资金的乘数效应，从而尽量放大财政资金的支农作用；二是非开发性财政支农资金应与支农金融机构进行浅层整合，由金融机构提供中间结算服务，如代发支农补贴、救济款、涉农部门人员工资及承担涉农部门的资金清算业务，这样既可保证涉农补贴、救济资金的及时、足额发放到位，又可通过开展结算业务加强对涉农部门支农资金使用的监控，为后续的审

① 彭克强．财政与金融支农整合的理论架构与方略．社会科学，2008（12）．

计活动提供可靠的原始资料①。

第六，以支农项目为平台整合财政、金融支农的原则。整合财政、金融支农须以具体的支农项目为平台和依托，否则易迷失方向并导致低效率。其原因：一是资金使用目标明确，便于成本、收益核算，利于提高支农资金的使用效率；二是可发挥金融机构在管理具体贷款项目方面的优势②。且须以支农项目为平台，引入市场竞争机制，通过招投标③竞争出支农贷款的机构、规模、期限和利率的最佳组合，即政府应定期或不定期组织商业性金融参与支农贷款项目投标，报价最低、实力与信誉较强者中标，中标金融机构按定标的贷款规模、期限、利率和投向开展支农业务，由财政视具体情况给予差额贴息或以担保基金予以担保或由补偿基金给予补偿④。

第七，提高支农资金投入主体积极性的原则。除政府财政部门外，财政支农资金投入还有其他主体。因此，财政支农资金整合不仅要将各级政府、各个部门的财政支农资金整合起来，更为主要的是要形成政策洼地，发挥集聚效应，调动金融、农户等投入主体的支农积极性，扩大社会资本对“三农”的投入。

## 五、财政支农资金整合的模式选择标准

### (一) 坚持“强致性”与“诱致性”相结合

在制度变迁过程中，“强致性”方式是指政策的制定和实施是

① 彭克强，陈池波．财政支农与金融支农整合论．中州学刊，2008(1).

② 彭克强．财政与金融支农整合的理论架构与方略．社会科学，2008(12).

③ 财政组织的支农项目招标主要有补贴率招标、补偿率招标，并在招标时附带金融机构资质、贷款规模、期限等前提条件；通过支农项目招投标形成商业性金融在支农业务上的适度竞争局面，可提高金融支农效率。

④ 彭克强，陈池波．财政支农与金融支农整合论．中州学刊，2008(1).

在国家（政府）通过法律和命令的方式下生成的，因而其行动主体是国家（政府）。其基本特点是“自上而下”的强制性，所以产生的制度具有“规模经济”的优势。“诱致性”变迁（也可称为内生式变迁）是指政策实施在没有外部力量的推动下，先由一部分的行为主体为了响应获利机会，自发倡导、组织和实行的政策制定和实施方式。其基本特点是：（1）自发性，它是各行为主体为了实现现有的制度安排未能穷尽的利益而自发的、自下而上的、从局部到整体的制度变革。（2）渐进性，它先由局部开始，再进一步通过示范作用、学习效应，扩散到其他地方或影响到其他地区或其他类型的行为主体。由于对预期利益的认识受到个人的风险偏好、认识时间长短、外部利润发现并将其内部化等因素的影响，其间要经过许多复杂的环节。因此，这种变迁非常缓慢，且扩散也需要较长时间，但它是经济行为主体反复博弈的结果，一旦形成便具有稳定性。（3）盈利性，即一项制度得以变迁，其前提是制度变迁的预期收益大于预期成本。这些行为主体都是经济人，对市场风险、潜在的市场机会等有很强的敏锐性①。

公共选择理论认为，为了有效地克服搭便车（free-ride）行为和投机行为，必须对投票者进行激励和约束，达到公共产品供给的公平和效率。财政支农资金的整合最终是为了提高支农过程中公共产品和公共供给的效率，提高资金的使用效率。整合财政支农资金应在遵循农业发展和农村发展规律的前提下，充分重视农民对有限资金投入的优先顺序，改变单一的自上而下的公共产品供给机制，变为自下而上、自上而下相结合的农村公共产品需求表达机制，让资金流向当前农村迫切需要解决的领域，让农民参与到政府整合的重点项目中，形成政府和农民共同决策的资金使用模式，形成自下而上的农民投票的政绩评价机制。

在具体操作过程中，一方面可以由县级政府或其执行机构提出整合建议，自下而上地扩大、拓宽财政支农资金整合改革的范围和

---

① 刘滨，康小兰，潘晓华．科技入户工程的绩效评价与政策建议——基于江西省3个试点县的实证．江西农业大学学报：社会科学版，2007（3）．

区域，另一方面，对于中央财政支农的专项资金的整合可以经过相应绩效预算的渠道来实现，并对该资金的整合提出要求。采取两者相结合的方式，在整合的资金范围上可以进一步拓宽，在整合速度上可以进一步提升，在整合力度上可以进一步加强，在整合绩效上可以进一步提高，在整合项目上可以进一步优化。如江苏省以县为主开展纵向的整合“打包”试点，将农村桥梁、河道清淤、农业产业化龙头企业等22类资金进行整合“打包”，按平均每个县700万元的规模安排增量资金。通过“打包”引导吸引社会投资及自筹资金总额达到8.07亿元①②。

### （二）坚持事权与财权对等

合理划分中央和地方政府财政在农业和农村发展中的事权。凡属地方项目，其职责完全下放给地方，上级整合负责统筹协调、衔接沟通，基层整合突出行政推动，从而实现支农投资整合上下联动；属于中央项目的，其投资、建设和管理均由中央政府或有关部门负责。

另一方面，需要进一步研究政府与市场、政府与社会力量的分工界限，着力解决“三位”现象：政府职能不能“越位”，政府职能与市场功能一定要明晰，政府不能做不该做的事，不能管了不该管的事；政府职能不能“错位”，政府职能分工定位不能混淆；政府职能不能“缺位”，本来应当由政府生产和提供的公共产品和服务，政府一定要充分尽职尽责。今后我国的政府行政改革将朝向于解决上述“三位”问题，总体原则是落实事权与财权对等，提高农村公共产品供给效率。

### （三）坚持从区域经济发展水平出发

现阶段，我国区域经济发展不平衡的特征十分突出。由于东部

① 蔡思隆．“各炒一盘菜，共做一桌席”——关于整合财政支农资金试点情况的调查报告（上）．人民日报，2007-06-17.

② 陈池波，胡振虎．整合财政支农资金的模式构建．中南财经政法大学学报，2007（6）.

沿海地区率先开放开发战略的实施，东部地区已率先发展起来，综合力量也随之增强，中部六省的经济社会综合实力总量虽然不小，但是平均水平偏低；经济结构中一产比重过高、三产比重过低，为典型的低水平“二三一”型经济增长模式；西部的经济实力又弱于中部。西部以占全国23%的人口，只创造了全国13%的地区生产总值。

在此形势下，由于我国区域经济发展水平差异较大，中央财政支农资金不可能做到完全均衡，须从不同区域经济发展水平出发对不同的策略加以整合。在东部地区，农业与农村发展进入了新阶段，现代农业、村庄整治、农村信息化建设成为新形势下“三农”发展的重要内容，东部沿海应定位为经济安全和生态安全的功能定位，而对中西部地区，由于经济发展水平不平衡且比较落后，在保持支农资金整合政策方向基本一致的基础上，灵活运用政策，统筹财政支农资金，尝试横向转移支付，促使财政支农资金发挥乘数效应。

## （四）坚持符合WTO规则

加入WTO后，我国的财政支持农业需要符合WTO的规则，一方面根据WTO规则的有关规定，在对农业补贴支出方向进行调整时，将政策转向调整到利用“绿色”政策方面。根据我国“绿箱”补贴的使用现状，今后除了在保持并加大对原有的基础设施建设、粮食储备、贫困地区扶持、自然灾害救济等方面补贴外，还要增加农业科技投入、涉农服务体系建设、培育农村市场体系和生态环境补贴等方面的投入，从而逐步填补补贴空白①。另一方面，借鉴发达国家相关经验，建立适合我国国情的“蓝箱和黄箱”补贴政策，实现农民的农业生产活动及相关决策问题能够摆脱市场状况的困扰，加大对农民收入的保护力度，借助于政府补贴安全网保护农民收入。同时，调整属“黄箱”补贴的价格支持政策的支持

① 王月辉．日本国际知名企业品牌策略的借鉴意义．商业时代，2006（10）．

导向，如将原来对投入品价格补贴调整为对产出品价格补贴，同时增加补贴的品种，扩大补贴的范围等，逐步实现由“黄箱”补贴向“绿箱”补贴的转变。

在此情形下，财政支农资金的整合也要符合 WTO 的规则，总体原则是“用足绿箱政策、用实蓝箱政策、用好黄箱政策”。在这种原则的基础上，才能对这些资金加以整合，否则会造成反作用。

### （五）坚持政府主导和市场力量相结合

由于财政支农政策整合具有公共产品的性质，因此在整合过程中政府应发挥主导作用。同时，要根据产业结构的特点和项目的重要性，在遵循市场规律的基础上，对所确定的主导产业和重点项目进行扶持，以实现最大的经济效益。此外，在实际工作中，要重新划分和归并各种投资项目，在提高项目适应市场的能力和增强支农资金服务效果的目标要求下，积极引导各试点县将投向相近、目标一致、不同渠道来源的支农资金进行归并集中，统筹安排，以发挥资金的最大效益。

### （六）坚持以县级为主

从我国实际情况以及从过去的经验来看，选择县一级开展试点，再逐步推广到面，是有效推进改革的最好选择。因为在县（县级市）区域内，县级政府可充分利用其特定的权威性，在一定程度上超越现有体制限制，推动当地财政支农资金整合工作有序进行，并在此过程中创新财政支农的机制。在我国目前行政体制下，县级政府及相关农业部门在财政支农资金整合方面发挥着重要作用，从申报财政支农项目开始，一直到项目的实施竣工，他们承担了对财政支农资金的全程监控管理工作。尽管财政支农资金可以来源于多个部门，但绝大多数的资金还是要分配到农村，支持农村农业发展。坚持以县为主体进行整合可直观快速反映支农资金整合的实际效果，对出现的问题可及时应对。所以，从目前的“条条为主”走向较为符合实际的“条块结合”模式，

“以县为主”的平台，既是整合支农资金的平台，也是改革支农资金管理制度的平台。

如，2006年中央财政支持的26个试点县都坚持以县级为主体的原则，其特点是根据全县经济社会发展规划和农业农村经济发展规划，以县域经济发展的重点为龙头进行集中整合，做到“一个平台、一个漏斗、五个统一”。

但是从实践结果来看，县级政府如果给予过多的分权，容易导致权力滥用，而且事实上县级政府也存在网状的财政支农资金分配结构，交易成本很高，资金整合的效率难以保证。为了转变各级政府的职能和激发各级政府的创造性，整合财政支农资金应该以县为主，多级政府联动，让县级政府主要负责地方项目资金运行，中央项目可以委托县级政府管理，上级政府主要担负审批和监管职责。

## 六、财政支农资金整合的模式

公共财政理论认为，事权决定财权。县级政府对公共产品需求大，但是由于县级政府内生的财力很弱，尤其是中西部地区，中央转移支付主要是维持本级机构运转，僧多粥少，财政支农资金的效率不高。

按照财政部支农资金试点工作的指导意见，试点是以县为主进行支农资金整合，应该说，财政支农资金采用以县为主的整合方式符合当前农村经济的发展需要和财政支农政策的基本方向，这是因为我国县级政府是基层政府，掌握了相对上级更充分的信息，了解基层的公共品和公共服务需求偏好，对支农项目需求信息具有相对优势。同时，上级政府（中央、省）是财政支农资金分配和公共产品供给主体，拥有较大的财政支农资金分配权力，可以发挥上级政府宏观调控的优势，能够充分发挥规模效益。但县级政府和上级政府各自的优势没有有效地结合，县级政府的充分信息优势和上级政府的规模经济优势没有有机结合，财政支农资金试点工作中存在效率悖论①。

财政支农资金整合平台能够提高财政支农资金的政策效应。由于全国各地差异很大，财政支农资金整合平台不可能采取统一模式。从具体项目看，财政支农资金整合可以农村基础设施建设项目、现代农业建设项目及农村劳动力培训项目为平台。从政府层级看，财政支农资金整合可以中央为平台、省为平台、县为平台，也可以中央、省、市县为平台进行整合。从财政支农资金整合方向看，财政支农资金整合分为横向整合和纵向整合；横向整合平台主要包括有发展潜力地区、落后地区等区域平台，及有比较优势的农业产业和工程等宏观规划平台；纵向整合主要包括涉农部门平台。财政支农资金整合的载体是涉农项目，因此，纵向整合是横向整合的基础。

具体说来，实践模式主要有②：

## （一）以农业主导产业培植为平台的整合模式

### 1. 背景

我国各地的地理自然资源各异，资源禀赋不同，农业产业布局具有明显的区域特征，农业部《全国优势农产品区域布局规划（2008—2015年）》显示，我国优势农产品生产日益向优势区域集聚，“大而全、小而全”的传统生产格局逐渐被打破，初步形成了我国粮食作物9大优势产业带，水稻、小麦、玉米、大豆集中度分别达到98%、80%、70%和59%，经济作物优势区域在全国的地位较之前相比稳步上升，棉花、甘蔗、苹果、柑橘集中度分别达到99.9%、63%、50.7%和54%，养殖业优势区域加快发展，肉牛和

---

① 相关研究显示，县级政府涉农资金部门达20多个，每一个部门都由上级部门垂直管理，同样存在纵横交错的资金分配和使用结构，也涉及部门的经济利益和政治利益。

② 陈池波、胡振虎．整合财政支农资金的模式构建．中南财经政法大学学报，2007（6）．

肉羊优势产区地位继续巩固；奶牛优势区域集中度比重达到50%；东南沿海优势出口水产品养殖带、黄渤海优势出口水产品养殖带、长江中下游优质河蟹养殖区“两带一区”布局趋于稳定，大黄鱼、罗非鱼和鳗鲡集中度均已超过80%。总体而言，我国优势农产品区域集中度稳步提高，为优化农业生产力布局奠定了良好的基础①②。在这种背景下，各地要立足资源优势，按照比较优势原则，选准主导产业，培植优势产品，创新特色农业，形成支柱产业，并依此为平台，搭建财政支农资金以优势农业产业整合平台。

2. 优点

以农业主导产业培植为平台的整合模式，就是以已有竞争优势、带动力较强的特色专业为平台，围绕提高农业竞争力，整合相关项目资金，使各项资金相互补充，形成中央、省、县级财政资金的合力，将现代农业生产发展项目全力打造成财政支农的“精品工程”和“亮点工程”，支持农业产业化发展。

3. 案例

据笔者调查，作为产粮大县，湖北省京山县充分利用区位优势生产大米，进行大米深加工，以大米生产、加工和销售为平台整合资金5 975万元，其中中央财政项目资金1 000万元，省级财政572万元，县级财政50万元，银行贴息贷款3 620万元，项目区自筹资金733万元③④。再如，广东德庆县围绕柑橘主导产业发展平台整合支农资金6 993万元，引导社会投入资金6.6亿元，做强做优柑橘主导产业。

---

① 行讯. 2008—2015年全国16个优势农产品区域布局. 农产品加工. 创新版，2010（12）.

② 全国优势农产品区域布局规划（2008—2015年）。

③ 陈池波，胡振虎. 整合财政支农资金的模式构建. 中南财经政法大学学报，2007（6）.

④ 2006年该县是财政部整合试点县，湖北省有两个县为试点县，另一个是大冶市。

## （二）以扶贫开发为平台的整合模式

### 1. 背景

扶贫开发是国家在农村的一项重要政策，改革开放以来，我国农村扶贫政策大体经历了四个阶段：一是体制改革推动式扶贫；二是大规模开发式扶贫；三是重点攻坚式扶贫；四是参与式扶贫开发。进入21世纪，我国农村的扶贫开发面临着新的困难，面对新的任务与挑战，《中国农村扶贫开发纲要（2011—2020年）》明确指出：扶贫开发工作困难较多，因此应该通过和农村最低生活保障的紧密衔接减少贫困人口，并且通过做好扶贫开发工作来实现脱贫致富。采取有效激励手段和措施鼓励有能力的扶贫对象靠自身努力脱贫；积极开展社会保障工作，解决扶贫对象的温饱问题。

### 2. 优点

以各类扶贫资金（目前主要用于扶持增收产业、移民搬迁和劳动力转移培训等）整合重点，积极推进支农资金整合，着力解决广大农民生产生活中最迫切的实际问题，把有限的资金集中用于移民搬迁、移民新村建设、基础设施、扶贫项目开发等方面。

### 3. 案例

湖北十堰茅箭区，积极整合各种扶贫开发资金，夯实片区扶贫开发平台，根据贫困乡村和贫困人口相对集中、产业发展条件相近、区域基础特征类似等特点，将某一贫困地区规划为若干个片区，将片区开发作为一个经济社会文化整体落后的问题来对待，在具体推进方式上要坚持点、线、面相结合，中心带周边的办法，整合交通、水利、农业、林业等部门力量，实行集团作战。

## （三）以农业综合开发为平台的整合模式

### 1. 背景

农业综合开发是中央政府旨在保护和支持农业农村经济发展，提高农业生产技术水平，优化农业产业结构，增强农业生产综合效益，设立专项资金对农业资源进行综合开发利用的活动，项目包括土地治理项目和产业化经营项目①。任务是加强农业基础设施和生态建设，提高农业综合生产能力，保证国家粮食安全；推进农业和农村产业结构的优化升级，加速现代农业建设，提高农业综合生产效益，促进农民发家致富②。

### 2. 优点

以农业综合开发为平台，就是整合现有的各类支农资金，让各级财政及部门、单位的支农资金向农业开发项目区集中，通过引进各类更多的社会资本、金融资本、外来资本以及农民投资投劳等，扩大农业开发的主体，提高农业开发的经济效益，在此基础上，提高农业综合开发的水平和能力。

### 3. 案例

江西省新建县农业综合开发办整合各方财政资金 1.05 亿元，吸纳社会资金 10 亿元，在两个乡镇 13 个行政村庄，建设了 1.7 万亩高标准农田，重点打造 4 个生态果蔬生产基地、1 个生态畜禽养

---

① 土地治理项目，包括稳产高产基本农田建设、粮棉油等大宗优势农产品基地建设、良种繁育、土地复垦等中低产田改造项目，草场改良、小流域治理、土地沙化治理、生态林建设等生态综合治理项目，中型灌区节水配套改造项目。

产业化经营项目，包括经济林及设施农业种植、畜牧水产养殖等种植养殖基地项目，农产品加工项目，储藏保鲜、产地批发市场等流通设施项目。

② 冯林．农村基础设施财政支出方式研究．山东农业大学博士学位论文，2010.

殖基地、1个花卉苗木交易大市场、1个精品农业展示区、1个农业科技集成示范点、1个农村新社区示范点，培育15个农民合作社、8个农业龙头企业。再如，据笔者调查，湖北省随州市曾都区以发展现代农业为目标，坚持预算内支农资金平稳增长，以上级下拨的科技推广资金、高产农田水利资金等3870万元，通过财政补贴、贴息和以奖代补等手段，整合信贷、社会资金1亿多元①。

### （四）以农业龙头企业和合作社为平台的整合模式

#### 1. 背景

在农村经济发展过程中，需要一大批农业龙头企业和农民合作社，以增强农民抵御市场风险和自然风险的能力，使农民生产的产品能够顺利进入市场，实现价值。当务之急，要解放思想，加大力度，扶持一批专业大户、家庭农场、龙头企业和各类农民合作组织，构成一个多层次、多元化的农业生产经营组织体系，夯实农业生产经营制度创新的组织载体，通过他们组织农民发展生产、搞活经营、开拓市场、增收致富②。

#### 2. 优点

为此，要根据当地实际情况制定支农项目投资优惠政策，鼓励、吸引龙头企业、农民合作社等主体投资农业建设；引进竞争力强和示范带动作用明显的龙头企业参与农业建设。整合财政支农资金，重点扶持一批农业龙头企业，全面激活其辐射带动作用。

#### 3. 案例

江西省明确规定，省、市、区县（市）各级财政要在年度预

① 陈池波，胡振虎．整合财政支农资金的模式构建．中南财经政法大学学报，2007（6）．

② 曹国庆．创新农业生产经营制度　释放农村改革红利．江西日报．理论版，2013-06-10.

算安排中，设立农民专业合作社专项扶持资金，采取直接补助、项目扶持、贷款贴息等方式，支持农民专业合作社示范社开展信息交流、社员培训、农产品加工、品牌建设、农产品质量标准与认证、农业生产基础设施建设、市场营销和技术推广等服务。

## (五) 以项目为平台的整合模式

### 1. 背景

公共选择理论认为，为了有效地克服搭便车（free-ride）行为和投机行为，必须对投票者进行激励和约束，达到公共产品供给的公平和效率。财政支农资金的整合最终是为了提高支农过程中公共产品和公共供给的效率，提高资金的使用效率。整合财政支农资金应在遵循农业发展和农村发展规律的前提下，充分重视农民对有限资金投入的优先顺序，改变单一的自上而下的公共产品供给机制，变为自下而上、自上而下相结合的农村公共产品需求表达机制，让资金流向当前农村迫切需要解决的领域，让农民参与到政府整合的重点项目中，形成政府和农民共同决策的资金使用模式，形成自下而上的农民投票的政绩评价机制。

### 2. 优点

以项目为平台的整合模式就是以重点建设项目为平台，统筹规划各渠道资金，集中投放，使这些资金能在最短时间内产生最大效益。首先要积极主动围绕优势农产品来规划，建立涵盖重点领域的项目库，以项目规划带动资金的集中使用，确定适合的资金整合方案。然后，根据项目的特点，确定一个投资稳定、投资量大的项目为各类资金捆绑的平台，整合有关涉农项目，整合专项资金，最后，加强资金管理。对项目管理严格实行专户管理、专款专用、单独核算、封闭运行和报账制管理。

### 3. 案例

如江苏省以县为主开展纵向的整合“打包”试点，将农村桥梁、河道清淤、农业产业化龙头企业等 22 类资金进行整合“打包”，按平均每个县 700 万元的规模安排增量资金。通过“打包”引导吸引社会投资及自筹资金总额达到 8. 07 亿元①②。

## (六) 以公共产品供给为平台的整合模式

### 1. 背景

以农村基础设施（公路、水利建设等）为核心的农村公共产品可以为农业生产、农村整治和农民生活服务，因而是整合财政支农资金的重要平台。农村基础设施投资是重要的农村公共投资，具有非常强的经济效应和社会效应。农村基础设施建设对解决“三农”问题特别是农民增收问题意义重大。农村基础设施私人投资对公共投资存在路径依赖，增加政府农村基础设施投资能够诱致农户投资。加大农村基础设施投入力度，整合财政支农资金成为必然选择。各级政府应该高度重视农村基础设施投入，中央政府应该加大对中西部地区农村基础设施投入。由于地理区位、经济基础、历史文化等差异，各地区在市场经济中的优劣势也存在较大差异。因此，要通过制度创新、优化渠道和搭建平台来激励地方政府合理使用财政支农资金，同时加强对财政支农资金监管力度，让社会力量参与监督财政支农资金使用，增加资金使用透明度。政府财政对欠发达地区农村基础设施的支持必须合理统筹。农村基础设施投资与农村经济增长的互动关系是有条件的，受到环境变量的影响。政府可以通过产权改革的方式，引入民间资本，多渠道汇集资金。各类农村基础设施具有不同的性质和受益范围，因而其适应性的供给机制和制度安排也就有所不同。在考虑外在环境的情况下，支农资金要向中西部倾斜，尤其要增加道路、医疗、农村基础教育和农田灌

---

① 陈池波，胡振虎．整合财政支农资金的模式构建．中南财经政法大学学报，2007（6）．

② 蔡思隆．“各炒一盘菜，共做一桌席”——关于整合财政支农资金试点情况的调查报告．上．人民日报，2007-06-15.

溉设施的投入力度①。

2. 优点

不同的农村公共产品对农民的贡献不同，针对本地实际情况，按有重点进行整合，如可以按性质相似但来源不同的资金部分或全部整合归并，在扶持方式上，主要以资本投入为主，可以采用以奖代补、投资参股等灵活多样的方式争取社会资金，建立多方参与的筹资机制。

3. 案例

据笔者调查，湖北省随州市曾都区以发展现代农业为目标，坚持预算内支农资金平稳增长，以上级下拨的科技推广资金、高产农田水利资金等 3870 万元，通过财政补贴、贴息和以奖代补等手段，整合信贷、社会资金 1 亿多元。

## （七）以新农村建设工程为平台的整合模式

1. 背景

新农村建设是在我国总体上进入以工促农、以城带乡的发展新阶段后面临的崭新课题，是时代发展和构建和谐社会的必然要求。2006 年以来全社会都在根据当地的实际按照中央的统一部署和要求扎实推进新农村建设这项工作。

2. 优点

建设新农村需要社会各方面共同努力，在这种形势下，新农村建设作为创新工作思路和调整投资方向的新平台，发挥财政资金“四两拨千斤”的作用，调动各方面积极性投资农业和农村，在不改变资金用途和管理渠道的前提下，捆绑投入新农村的相关项目建

① 张亦工，胡振虎．农村基础设施建设与农民增收研究——一个农业财政资金整合的视角．山东大学学报．社科版，2008（2）.

设，提高投资使用效益。

3. 案例

湖南省武冈市抓住新农村建设投入大幅度增加的契机，开展新农村建设办点示范，共整合支农资金 2.12 亿元，分年度建成 3 个新农村建设示范片，开创了涉农资金使用效益和新农村项目建设质量同步提高的良好局面①。

① 黄拥政．财政支农资金绩效评价及其整合研究——以湖南省武冈市为例．中南林业科技大学硕士学位论文，2011.

# 专题五　整合财政支农资金的模式构建

## 一、财政支农资金使用中的问题透析

财政支农资金主要是指政府财政用于支持农业和农村发展、增进农民福利的资金，包括政府用于农林水气等部门的资金和财政扶贫资金。按目前统计口径，财政支农支出包括：农业（大农业，下同）基本建设支出、农业科技三项费用支出、农业科研支出、支援农村生产支出、农业综合开发支出、农林水气等部门事业费、农产品流通补贴、农业生产资料补贴、财政扶贫支出、农业税减免、农村救济费等。财政支农资金是“三农”投入的重要组成部分，是政府调控农业和农村经济运行的主要手段。由于历史和体制原因，我国财政支农资金的使用和管理还存在许多问题，主要是：

1. 运行格局：网状结构和“块状”管理。财政支农资金的管理从部门看，多达 9 个及更多，支农资金管理部门内部又存在分配资金的司、局单位，司、局单位下设处、室。纵向看，资金在不同的行政级别内重复中央部委的横向流动，从省到市县。财政支农资金的分配和使用呈现的是纵横交错的网状结构和“块状”管理模式，该管理模式的主要问题是事权划分不清、使用范围不明、支出进度缓慢、运行成本较高。出现这种现状的原因有：一是体制惯性。中华人民共和国成立后，为了部门管理方便，国家实行让非财政部门参与政府预算分配的特殊国民收入分配现象，从计划经济年代一直沿用下来。制度的惯性，难以在短期内改变。二是部门利益。财政支农资金分散使用的根源是各部门为了本部门的经济租和政治租，资金分配部门有非常强的驱动力握着属于本利益集团的“一把米”。分散和割据使用的财政支农资金，管理的层级多，运行环节多，增加了履约前的信息收集成本、谈判成本，履约后的监督成本，运行费用变高。如果减少资金审批和管理部门，审批权限下放，缩短审批过程，精简审批程序，则运行成本和费用会大大缩小。

2. 多重代理：多头管理和分散使用。财政支农资金的分配格局呈现的是多头管理格局，“政出多门”和“钱出多门”并存，重复投入、重复建设，有限的资金不能形成合力，财政支农资金的支农效应不能凸显。除了国民收入再分配给各涉农部门的事业费外，财政支农资金中专项资金占较高比例，专项是“专”款“专”用，中央政府作为委托人，应该将财政支农资金垂直分配给基层政府(代理人）用于服务“三农”的公共品供给和公共服务，但是现实是多个部门、多级政府成为代理人，有的成为双重代理人、多重代理人，责任分散、效率低下。我国的财政体制历经多次改革，从“划分收支、分级包干”的“分灶吃饭”到“财政包干”，虽然调动了地方积极性，但是却形成了按照行政管理程序，采取中央财政和各省、直辖市、自治区和计划单列市逐个谈判、逐个落实的办法确定了缺乏约束性和相对稳定性的中央财政和地方财政利益分配的契约关系，最终并未形成事权和财权相对应的一级事权、一级财政的分权制度，事权和财权划分不清，财政支农资金多级政府代理关系如斩不断的乱麻[1]。

3. 管理约束：倚重倚轻和监督缺失。我国已经进入以工补农、以城带乡、城乡互动、协调发展的新阶段。随着综合国力和财政实力的提高，财政支农的力度不断加大。如何用好、管好不断增加的支农资金，充分发挥财政支农的作用和效益，需要深入研究。事实上，我国政府财政支农资金投入存在总量不足、结构不合理和管理体制不完善等问题。集中表现为：“重人员、轻事业”，“重大项目、轻小项目”，“重短期、轻长期”，“重上级资金、轻配套资金”；财政支农资金由于监督体系缺失，缺乏约束机制，在现有政绩考核机制下，各级资金使用管理部门“重资金分配、轻资金管理”，“重事前准备、轻事中控制和事后评价”，配套资金到位率低，部分资金甚至被挤占挪用，资金使用很少达到预期的政策目标。在我们的调查中，基层政府支农资金使用单位反映，由于缺乏有效的监管体系，有些项目和项目资金下达时滞超过半年，项目无法按照规划正常进行。

4. 整合试点：以县为主和事权下放。多级政府和项目单位在项目申报、审批和使用产生的不对称信息，使得财政支农专项资金的审批和使用存在逆向选择和道德风险，风险大的项目可能获得了资金的使用权限，而高风险项目的效率不一定能得到保证[2]。按照现阶段支农资金整合试点工作部署，财政支农资金整合是以县为主进行的，为了调动地方积极性，鼓励各地结合当地特色自主选择整合模式，执行过程中项目资金监督权限下放，财政支农项目资金激励和监管不一致。在现有的政治体制和管理体制下，县一级是财政支农资金配置的终端，是行使上级下拨资金管理权限最重要的一环，“上面千条线，下面一针牵”是真实写照。

## 二、整合财政支农资金的基本模式

按照财政部支农资金整合试点工作的指导意见，试点是以县为主进行支农资金整合，应该说，财政支农资金采用以县为主的整合方式符合当前农村经济的发展需要和财政支农政策的基本方向，这是因为我国县级政府是基层政府，掌握了相对上级更充分的信息，了解基层的公共品和公共服务需求偏好，对支农项目需求信息具有相对优势。但是，以县为主的整合方式也存在悖论，一方面县级政府担负了较重的提供公共产品和公共服务的事权，却没有相应的财力和财权，事权、财权和财力失衡，农村公共产品供给效率无法得到提高；另一方面，县级政府财政支农资金投入对上级政府存在路径依赖，像挤牙膏一样，上级投入一点，下级挤一点。如果上级没有补助和奖励等激励措施，县级政府就会缺乏对“三农”投入的经济激励，当然，政治激励是必然存在的[3](P10—20)。

公共财政理论认为，事权决定财权。县级政府对公共产品需求大，但是由于县级政府内生的财力很弱，尤其是中西部地区，中央转移支付主要是维持本级机构运转，僧多粥少，财政支农资金的效率不高。同时，上级政府（中央、省）是财政支农资金分配和公共产品供给主体，拥有较大的财政支农资金分配权力，可以发挥上级政府宏观调控的优势，能够充分发挥规模效率收益。县级政府和上级政府各自的优势没有有效结合，县级政府的充分信息优势和上级政府的规模经济优势没有有机结合，财政支农资金试点工作中存在效率悖论。

整合财政支农资金试点工作开展以来，主要是调动县级政府的积极性，同时要求各地根据具体情况进行多种形式的管理创新。但是，县级政府如果给予过多的分权，容易导致权力滥用，事实上县级政府也存在网状的财政支农资金分配结构，交易成本很高，资金整合的效率难以保证。为了转变各级政府的职能和激发各级政府的创造性，整合财政支农资金的基本方式应以县为主，多级政府联动，让县级政府主要负责地方项目资金运行，中央项目可以委托县级政府管理，上级政府主要担负审批和监管职责[4]。具体模式有：

1. 以“优势产品”、“特色农业”、“支柱产业”为平台进行资金整合。我国各地的地理自然资源各异，资源禀赋不同，农业产业布局具有明显的区域特征。可以按照比较优势原则培植优势产品，创新特色农业，形成支柱产业，并依此确定优势农业产业项目，搭建优势农业产业整合平台。据笔者调查，作为产粮大县，湖北省京山县充分利用区位优势生产大米，进行大米深加工，以大米生产、加工和销售为平台整合资金5975万元，其中中央财政项目资金1000万元，省级财政572万元，县级财政50万元，银行贴息贷款3620万元，项目区自筹资金733万元。

2. 以“现代农业”、“农民教育培训”、“农村公共事业”为平台进行资金整合。一是以支持农村经济发展为目标的现代农业发展资金整合平台。主要是将有关部门用于粮食生产、农业基础设施建设、农业科技推广、农业产业化、农业专业合作组织等方面的资金，整合为“现代农业发展”资金；二是以造就新农民为目标的农民教育与培训的资金整合平台，目前，各级财政安排有农村劳动力转移培训、农村科技培训、农业职业教育等专项资金，在扶贫资金中亦安排有针对农民的培训资金，可以将上述资金整合为“新农村农民教育与培训”资金；三是以推进农村公共事业发展为目标的农村公共产品供给资金整合平台，主要是将农村义务教育、农村卫生、农村新型合作医疗、农村计划生育奖励、扶贫资金以及乡村道路、农村沼气、人畜饮水等“六小工程”资金，整合为“农村公共事业发展”资金。据笔者调查，湖北省随州市曾都区以发展现代农业为目标，坚持预算内支农资金平稳增长，以上级下拨的科技推广资金、高产农田水利资金等3870万元，通过财政补贴、贴息和以奖代补等手段，整合信贷、社会资金1亿多元。

3. 以上下结合、整体打包、项目支持为平台进行资金整合。公共选择理论认为，为了有效地克服搭便车行为和投机行为，必须对投票者进行激励和约束，达到公共产品供给的公平和效率。财政支农资金的整合最终是为了提高支农过程中公共产品和公共供给的效率，提高资金的使用效率。整合财政支农资金应在遵循农业发展和农村发展规律的前提下，充分重视农民对有限资金投入的优先顺序，变单一的自上而下的公共产品供给机制，为自下而上、自上而下相结合的农村公共产品需求表达机制，让资金流向当前农村迫切需要解决的领域，让农民参与到政府整合的重点项目中，形成政府和农民共同决策的资金使用模式，形成自下而上的农民投票的政绩评价机制。如江苏省以县为主开展纵向的整合“打包”试点，将农村桥梁、河道清淤、农业产业化龙头企业等22类资金进行整合“打包”，按平均每个县700万元的规模安排增量资金。通过“打包”引导吸引社会投资及自筹资金总额达到8.07亿元。

## 三、整合财政支农资金的思路与建议

2005年以来，连续三年的“中央一号文件”都对整合支农资金问题进行了部署和安排，财政部连续三年出台文件支持财政支农资金整合试点。现在，从中央到地方、从理论界到实际部门，支农资金的整合理念逐步成为共识，整合财政支农资金的探索也逐步深入。整合财政支农资金是一项长期而又艰巨的任务，是一项系统工程。从整合范围看，短期内，除救灾资金、粮食直接补贴资金等特殊用途资金外，财政支农资金整合的对象和范围包括其他所有支农资金。从资金支持的领域看，应该从重点支持流通领域、消费领域和保险转向与农村和农业发展密切相关的基础设施投资。从资金支持方式看，可以采用以奖代补、投资参股、财政担保、财政贴息等灵活多样的方式争取到农民、企业和社会的资金。从资金审批权限看，进一步可按照部分下放项目审批权限和完全下放项目审批权限的原则，下放项目审批权限。能够归并的支出事项建议一个职能部门统一负责。具体建议如下：

1. 变“后整合”为“前整合”与“后整合”相结合。到目前为止，财政支农资金整合的思路还比较单一，主要是项目和项目资金下达以后的整合，蛋糕仍然没有做大，是资金分配以后的“后整合”。为了防止“半搭子”工程和“钓鱼”工程，项目资金整合应该从源头开始，按照“资金渠道不变、审批权限不变、使用渠道不变、管理职责不变”原则，将项目申报、资金拨付、监督管理等各个环节整合在一个管理系统内部，在省级主管部门的监管下，县级政府可以探讨由财政局牵头，联合项目申报单位，以共同使用的资金为纽带，进行财政支农资金整合。比如，财政部门发挥带头作用，资金使用部门负责项目规划，发展改革局把握项目资金总量。项目审批权下放后，审批单位通过相关单位组织联席会议，对项目进行科学统筹分配。项目资金下达后，项目实施单位负责项目实施，发展改革局备案，财政局统一支付，“前整合”和“后整合”相结合，确保财政支农资金不出现“滴、漏”现象。

2. 变“以县为主”的整合方式，为“以县为主，各级联动”。如果省级、地级市和县经济、社会和生态目标函数一致，在整合财政支农资金的系统内，形成县级政府这个有力的战略支点，互相制约，相互监督，各级政府在互信中联动，省、市级政府以区域整体利益为重进行宏观调控，县级政府发挥对支农项目信息充分的优势，共同推进支农资金的高效配置。

3. 以比较优势为原则，科学安排财政支农项目的优先顺序。中国不同区域资源、要素价格不均等，各地区的比较优势各异，由此产生的整合财政支农的重点领域和优先顺序不同，整合的模式和平台亦不同。整合财政支农资金的制度安排需要考虑到各地区的重点产业和由此产生的重点项目，按照现代农业发展规律，合理界定各种农业产业化项目的优先顺序，调整农业产业结构。

4. 变“独角戏”为“参与式”的资金使用模式，让农民参与项目的全过程，给农民话语权。我国财政支农资金使用和管理一直是政府主导，缺乏公众监督。农民是财政支农资金的最大受益者，但是在支农资金使用过程中却缺乏应有的话语权。农民在谈判中处于弱势地位，农民对财政支农资金的使用缺乏有效的监督途径和机制，培育各种类型的农村经济组织和行业协会，代表农民群体对财政支农运行全过程进行有效监督迫在眉睫。当然，农民的非正式组织和团体不能成为垄断组织，否则会损害到农民利益。上下级政府应该自觉相互监督，并建立项目公示制度让农民和公众参与监督。

5. 完善财政支农资金管理体制，重构财政支农资金监管新机制。财政支农资金能否安全运行，关键是资金代理人能够爱农、护农，当好支农资金的守护神。同时，科学、规范的财政支农资金管理体制尤为重要，包括项目立项、优选、实施、竣工验收和项目后期管理，乃至项目资金审计问责制等一套全过程管理制度。为了保障资金的安全运行，必须建立行之有效的社会安全网。构建财政支农资金档案库系统，让各级政府和公众及时了解资金使用动向，让政府施政于民，以维护公共品的健康运行。基层政府应该内化自身素质，树立服务农民、服务农业、服务农村的基本理念，代理人应通过“干中学”的再教育提高执行力，内化“看门人”的理念和规范。需要特别强调的是，整合财政支农资金需要加大对基层政府违规使用行为的道德惩罚力度。严格实行财政支农资金的责任追究制，对财政支农项目资金从立项到项目实施后的审计和项目后评价，完善法人制、合同制、招投标制和监理制。

参考文献（略）

本文发表于《中南财经政法大学学报》2007 年第 6 期。

# 第五章　财政支农资金整合的重点领域与优先序

通过第四部分采用Q法对财政支农资金整合必然性的分析，可以看到因为在财政支农资金整合与使用中存在公平型、总量型、优先战略型、部门利益型、骑墙型和模糊型等6个类型和现象，通过类型得分，可以将这些局长对“整合资金的重点领域与优先序”观点归纳为“三农”型、区域型、农村公共产品与服务型、政府级次型、效率型与政绩型等6个类型①。

## 一、财政支农资金整合的重点领域和优先序：政府视角

### （一）因素Ⅰ：“三农”型

一共有8个局长被载入这个类型。现阶段，“三农”已经进入新时期，公共财政必须重点支持发展现代农业，保障主要农产品的供应，促进农民收入稳定增加，让农村社区和谐有序发展。当前，制约现代农业发展的重要因素是资金和现代生产要素的投入。湖北农业科学院SXC处长说：“农户需求很多，但需求数量小。农户作为一个经济利益体，存在多方面的需求，但是由于我国目前农村农户住得分散，在一定范围内农户的需求数量比较小，满足农户需求所提供资金的成本比较高。”农户对资金需求的多样性和信贷资金

① 本部分主要参考课题组成员胡振虎的博士论文《财政支农资金整合论》。

供给的高成本，决定了当前农村金融改革陷入困境。公共财政是支持现代农业发展的重要力量，整合后的财政支农资金应该重点投向现代农业（50）。

财政支农资金整合的重点以造就新农民为目标（31），在此目标下，财政支农资金整合试点可以带来示范效应，引导和激发农民加大三农投入力度（34）。笔者曾对财政支农资金支持“阳光工程”情况进行调查，湖北省潜江市财政局将资金整合重点放在打造“潜江裁缝”劳务品牌，并于 2007 年 12 月获得全国十大劳务品牌，寻找出了一条农村富余劳动力转移和农民增收的可持续路径。

按照经济发展的“木桶”理论，如果农村经济发展处于较低水平，整个经济就处于木桶中较低的水平。因此，支持农村经济发展是整合财政支农资金的目标（25）。

| | | | | | |
|---|---|---|---|---|---|
| 3. 农业财政资金整合有违社会公平，对小项目与贫困落后地区而言，很多地方以龙头企业、支柱产业为整合平台，加大了差距的分化。 | −4 | 1 | −1 | 0 | −3 |
| 4. 整合财政支农资金有违部门利益公平 | −4 | −4 | −2 | −4 | −3 |
| 10. 农业财政资金整合是为了提高农业财政资金的使用效率 | 3 | 0 | 3 | 3 | −2 |
| 13. 成立大一统的“三农”管理部门，比如“大农业部”，是整合财政支农资金的必要前提。 | −3 | 0 | 3 | −3 | 4 |
| 14. 农业专项资金应该逐渐减少 | −3 | −4 | −1 | −4 | −2 |
| 23. 各级政府的高度重视是农业财政资金整合的前提和基础 | 4 | 2 | 2 | 2 | 0 |
| 25. 支持农村经济发展为整合财政农业资金的目标 | 4 | 2 | −1 | 0 | 0 |

| | | | | | |
|---|---|---|---|---|---|
| 26. 以造就新农民为目标 | 3 | −1 | −2 | −2 | −1 |
| 31. 整合财政支农资金应该各级政府联动 | 3 | 1 | 0 | −1 | 1 |
| 34. 农业财政资金整合可以有助于激发农民加大三农投入 | 3 | −1 | 0 | 2 | 0 |
| 50. 整合后的财政支农资金应该重点投向现代农业 | 3 | 0 | 2 | −1 | −1 |

### （二）因素Ⅱ：区域型

一共有8个局长被载入这个类型。这种观点认为整合资金优先支持的重点领域应该是有发展潜力的地区或者需要扶持的地区。第一，财政支农资金具有外部性，受益范围很广，整合的重点区域不能仅限于单一的财政支农资金使用单位，应该让农村的优势产业和优势金融整合，实现产融结合，实现跨区域整合。资金整合坚持“跨区域”为重点整合（43）。第二，财政支农资金是公共财政资金，整合其他资金的重点不仅要发展有基础的地区，而且要重点整合到落后地区和偏远地区，以维持农村社区的和谐。整合后的财政支农资金应该重点投向落后地区（46）；或者重点投向偏远地区（47）；或者重点投向基础设施较好地区（48）。武汉市财政局ZXY处长说：“公共财政不应该是普惠制，而应该是重点突破、区域发展、梯度发展，让农村一部分人优先富裕起来、一部分地区优先发展起来。”

| | | | | | |
|---|---|---|---|---|---|
| 4. 整合财政支农资金有违部门利益公平 | −4 | −4 | −2 | −4 | −3 |
| 6. 我国财政支农资金使用与管理中存在的总量不足是整合财政支农资金的前提 | 0 | 3 | 1 | 1 | −3 |
| 14. 农业专项资金应该逐渐减少 | −3 | −4 | −1 | −4 | −2 |

| | | | | | |
|---|---|---|---|---|---|
| 18. 自 1985 年以来我国实施的财政分权有利于财政支农资金整合 | -2 | -3 | -1 | -1 | -2 |
| 20. 除救灾资金、惠农补贴资金等特殊用途资金外，对各级财政部门管理分配的支农资金和农口部门预算项目建设资金及各类社会融资进行整合 | 2 | 3 | 3 | 0 | 2 |
| 27. 以推进农村公共事业发展为目标 | 0 | 3 | -4 | 0 | -1 |
| 29. 整合财政支农资金应该先从县级层面整合、县为主 | 2 | -3 | 4 | 3 | 2 |
| 43. 农业财政资金整合坚持“跨区域”为重点整合 | -3 | -3 | -2 | -2 | 0 |
| 46. 整合后的财政支农资金应该重点投向落后地区 | -2 | 4 | -3 | 2 | 1 |
| 47. 整合后的财政支农资金应该重点投向偏远地区 | -1 | 3 | -2 | 1 | 1 |
| 48. 整合后的财政支农资金应该重点投向基础设施较好地区 | 0 | -3 | -3 | -2 | 0 |
| 49. 整合后的财政支农资金应该可以按照下列的顺序投向：<br>(1) 农村公路　(2) 农田水利<br>(3) 农技推广　(4) 绿色农业<br>(5) 生产机械化　(6) 村庄规划<br>(7) 基础教育　(8) 医疗保健<br>(9) 农村救济养老　(10) 环境保护<br>(11) 农民技术培训　(12) 农业保险<br>(13) 农业信息化 | 2 | 4 | 4 | 0 | 4 |

## (三) 因素Ⅲ：农村公共产品与公共服务型

一共有 3 个局长被载入这个类型。财政支农资金整合的主要目标是实现农村综合改革和构建农村综合服务体系，即以推进农村公共事业发展为目标（27）。在这一目标下，整合财政支农资金的边界是除救灾资金、惠农补贴资金等特殊用途资金外，各级财政部门管理分配的支农资金和农口部门预算项目建设的资金及各类社会融资（20），或者是财政部门管理分配的支农资金以及农口部门预算中用于项目的支出（21）。武汉市财政局 ZXY 处长说："整合财政支农资金只能限于财政部农业司内部资金，横向整合涉及部门利益，难以实施。财政支农资金整合只能分片、分步骤实施，这样才能提高效率。"整合后的财政支农资金应该可以按照下列的顺序投向：农村公路、农田水利、农技推广、绿色农业、生产机械化、村庄规划、基础教育、医疗保健、农村救济养老、环境保护、农民技术培训、农业保险、农业信息化（49）。湖北省农业科学院 SXC 处长说："支农资金的投入重点和结构要进行调整，在投入结构上，要使资金真正向农业基础设施和科技兴农方向倾斜，提高资金有偿使用的比例，明确资金投放重点，如在生产方面应重点支持农业技术推广；在项目选择上，重点支持农业综合开发和大中型农业水利设施建设，在支持对象上，应重点支持集体经济，使其不断壮大经济实力。"

| | | | | | |
|---|---|---|---|---|---|
| 10. 农业财政资金整合是为了提高农业财政资金的使用效率 | 3 | 0 | 3 | 3 | -2 |
| 13. 成立大一统的"三农"管理部门，比如"大农业部"，是整合财政支农资金的必要前提。 | -3 | 0 | 3 | -3 | 4 |
| 20. 除救灾资金、惠农补贴资金等特殊用途资金外，对各级财政部门管理分配的支农资金和农口部门预算项目建设的资金及各类社会融资进行整合 | 2 | 3 | 3 | 0 | 2 |

| | | | | | |
|---|---|---|---|---|---|
| 21. 财政部门管理分配的支农资金以及农口部门预算中用于项目的支出 | 1 | 1 | 3 | 1 | −1 |
| 24. 推动同一区域落后地区发展为整合的目标 | −1 | 0 | −4 | 4 | 0 |
| 27. 以推进农村公共事业发展为目标 | 0 | 3 | −4 | 0 | −1 |
| 28. 农业财政资金整合应该是申报前、分配前的整合 | −1 | 2 | −3 | 0 | −1 |
| 29. 整合财政支农资金应该先从县级层面整合、县为主 | 2 | −3 | 4 | 3 | 2 |
| 37. 搭建发展现代农业的资金整合平台 | 1 | −1 | −3 | 2 | −1 |
| 46. 整合后的财政支农资金应该重点投向落后地区 | −2 | 4 | −3 | 2 | 1 |
| 48. 整合后的财政支农资金应该重点投向基础设施较好地区 | 0 | −3 | −3 | −2 | 0 |
| 49. 整合后的财政支农资金应该可以按照下列的顺序投向：<br>(1) 农村公路　(2) 农田水利<br>(3) 农技推广　(4) 绿色农业<br>(5) 生产机械化　(6) 村庄规划<br>(7) 基础教育　(8) 医疗保健<br>(9) 农村救济养老　(10) 环境保护<br>(11) 农民技术培训　(12) 农业保险<br>(13) 农业信息化 | 2 | 4 | 4 | 0 | 4 |

## (四) 因素Ⅳ：政府级次型

一共有4个局长被载入这个类型。公共财政是效率财政，同时也是公平财政，因此以推动同一区域落后地区发展为财政支农整合的目标（24）。按照这种观点，资金整合的重点必须考虑区域统筹协调发展，同时，也应该考虑整合重点平台的优先顺序问题。一种意见坚持以下级政府为资金整合的重点平台，财政支农资金整合重点平台的优先顺序（政府级次）应该先从县级层面整合、县为主（29）。湖北省财政厅 QWC 处长说："县政府为主导做一个规划，部门服从政府领导，就是让'脑袋指挥屁股'而不是基层政府谈到的'屁股指挥脑袋'了。"江苏省赣榆县财政局局长助理 GX 说："但是可以想象，应该是以一个县为单位，把支农资金打包下发，由地方来支配。在实践中，确实比较有效，关键看执行，可以通过聘请外界专家等评审机构看执行效果。"另一种意见坚持以省级政府为资金整合的重点平台，优先顺序是先省后县（市），即财政支农资金整合能够实现由省级层面先整合，再带动县级整合（33）。武汉市财政局 ZXY 处长说："建议省级政府切块资金，不带项目，给地方政府以灵活性，但是地方政府的权力也因此增大。"

| | | | | | |
|---|---|---|---|---|---|
| 4. 整合财政支农资金有违部门利益公平 | −4 | −4 | −2 | −4 | −3 |
| 10. 农业财政资金整合是为了提高农业财政资金的使用效率 | 3 | 0 | 3 | 3 | −2 |
| 12. 农业财政资金整合过于注重短期利益，短期整合是指整合除了特殊用途资金（政策性较强、有固定用途、救灾资金、惠农补贴资金等）以及受益范围较窄资金之外的资金；长期整合是指整合所有中央财政支农资金。 | −2 | −1 | 1 | −3 | 0 |
| 13. 成立大一统的"三农"管理部门，比如"大农业部"，是整合财政支农资金的必要前提。 | −3 | 0 | 3 | −3 | 4 |
| 14. 农业专项资金应该逐渐减少 | −3 | −4 | −1 | −4 | −2 |

| | | | | | |
|---|---|---|---|---|---|
| 15. 部分农业财政专项资金不应该划入整合的范畴，尤其是一些关于社会福利与转移支付的款项。 | -1 | 2 | 2 | 4 | 1 |
| 16. 农业财政专项资金与整合是一对矛盾的概念 | -1 | 0 | 1 | -3 | -2 |
| 22. 财政部试点工作取得的成绩为农业财政资金整合提供了好的示范效应 | 2 | 1 | 2 | 3 | 3 |
| 24. 推动同一区域落后地区发展为整合的目标 | -1 | 0 | -4 | 4 | 0 |
| 29. 整合财政支农资金应该先从县级层面整合、县为主 | 2 | -3 | 4 | 3 | 2 |
| 33. 农业财政资金整合能够实现由省级层面先整合，再带动县级整合。 | 0 | 1 | -1 | -3 | 0 |

## （五）因素V：效率型与政绩型

有3位局长被载入因素V，但是其中一个局长（P14）的负载为负值（-0.58）。资金整合的重点和优先支持领域是活跃市场，市场通过价格信号引导社会资金支持“三农”，各种资金互为补充从而提高财政支农资金效率。江苏省赣榆县财政局局长助理GX说：“运用财政杠杆的作用，来促进农业的发展不能简单把财政定位于发补贴、转移支付，而是要看这样的支出（因为农业现在几乎没有收费，所以收入手段无效）能否带来市场自身的投入，以及投资质量的提高，然后在这个目的下，把这些资金统筹使用。”湖北省财政厅QWC处长说：“整合财政支农资金使用的重点和优先领域：有条件、有基础的地区。”整合后的财政支农资金应该重点投向有发展潜力的地区（45），这种观点的极端就是追求短期内的“政绩工程”。

| | | | | | |
|---|---|---|---|---|---|
| 2. 农业财政资金整合是为了社会公平 | 0 | -2 | 0 | -1 | -4 |
| 3. 农业财政资金整合有违社会公平，对小项目与贫困落后地区而言，很多地方以龙头企业、支柱产业为整合平台，加大了差距的分化 | -4 | 1 | -1 | 0 | -3 |
| 4. 整合财政支农资金有违部门利益公平 | -4 | -4 | -2 | -4 | -3 |
| 5. 农业财政资金整合在促进效率优先上是可以起到正相关效应的 | 1 | 0 | 1 | 1 | -3 |
| 6. 我国财政支农资金使用与管理中存在的总量不足是整合财政支农资金的前提 | 0 | 3 | 1 | 1 | -3 |
| 13. 成立大一统的“三农”管理部门，比如“大农业部”，是整合财政支农资金的必要前提 | -3 | 0 | 3 | -3 | 4 |
| 19. 以财政部农业司掌管的财政资金为整合边界 | -1 | -1 | 2 | -2 | -4 |
| 22. 财政部试点工作取得的成绩为农业财政资金整合提供了好的示范效应 | 2 | 1 | 2 | 3 | 3 |
| 45. 整合后的财政支农资金应该重点投向有发展潜力的地区 | 2 | 1 | -2 | 0 | 3 |
| 49. 整合后的财政支农资金应该可以按照下列的顺序投向<br>(1) 农村公路　(2) 农田水利<br>(3) 农技推广　(4) 绿色农业<br>(5) 生产机械化　(6) 村庄规划<br>(7) 基础教育　(8) 医疗保健<br>(9) 农村救济养老　(10) 环境保护<br>(11) 农民技术培训　(12) 农业保险<br>(13) 农业信息化 | 2 | 4 | 4 | 0 | 4 |

| | | | | | |
|---|---|---|---|---|---|
| 54. 构建以财政部门为主的日常监督 | 2 | 0 | 1 | 1 | 3 |
| 55. 构建以审计部门为主的事后监督 | 0 | -1 | 1 | 0 | 3 |

## 二、财政支农资金整合的重点领域和优先序：农户视角

单从政府视角考察财政支农资金整合具有一定的主观性，不一定能够准确地反映“三农”发展所需，整合多方涉农资金，自上而下与自下而上的视角都该重视，尤其是客观性更强的自下而上的视角——农户视角。在本部分中，以湖北省、江苏省、湖南省的210户调研数据为样本，笔者运用统计聚类分析的方法，从农户视角推导出重点领域和优先序，以期对财政支农资金整合具有较强的可操作性和指导性作用。

### （一）问卷设计

根据目前学术界的研究成果可以总结出：从农户意愿的角度来看，支农资金整合的领域数量和方向众多，但主要可分为社会经济发展类、公共服务类、社会保障类和生态保护类四种类型。在问卷设计和问题研究中，社会经济发展类指标主要指对农业生产和农村经济发展起支撑和促进作用的需求，如农村公路、农业气象、农技推广、农田水利设施、农业科学研究、农产品市场信息等；公共服务类指标主要指能维系农村基层政权运转和保障农村社区稳定的需求，如乡村公共安全、乡村基层政权组织的公共管理、公共服务、乡村规划等；社会保障类指标主要指关系到提高农民社会福利水平和基本生活保障的需求，如农村公共卫生和医疗、农村基础教育、农村医疗保险、农村养老保险、农村社会救济、农村文化与体育设施等；生态保护类指标主要指有助于推进农村生态经济发展、人与自然和谐相处，有利于建设生态文明的需求，如农村生态保护、村

庄绿化、乡村环境建设、自然灾害防治等①。

由于指标的数量过多，考虑到可操作性和有效性，调查过程中主要在上述 4 大类需求中各选取 4 个指标。主要选取的指标可由表 5-1 表示。

表 5-1　　**调研过程中主要选取的指标**

| 一级指标 | 二级指标 | 三级指标 |
| --- | --- | --- |
| 需求视角下的指标类型 | 经济发展类 | 农田水利设施 |
| | | 农业技术推广与农民培训 |
| | | 乡村道路建设 |
| | | 农产品市场信息 |
| | 公共服务类 | 乡村债务化解 |
| | | 乡村规划 |
| | | 文化娱乐服务 |
| | | 公共服务 |
| | 社会保障类 | 基础教育 |
| | | 公共卫生和医疗 |
| | | 农村养老保险 |
| | | 农村社会救助 |
| | 生态环保类 | 农业灾害防治 |
| | | 生态建设 |
| | | 村庄绿化 |
| | | 环境保护 |

另外，为了排除个别地区的特有需求，还在问卷中设计了开放性选项和评分项。这样以来，问卷既能满足研究的核心内容，也能

① 朱建文．城乡统筹发展视角下有效供给的财税政策研究——以安徽省为例．南京农业大学学报．社会科学版，2010（1）．

兼顾不同地区的不同需求，在一定程度上具有较强的科学性和完整性①。

### （二）研究方法

在干部访谈环节中我们采用的是 Q 方法，在农户调查中采用了入户调查和随机访问的方法。两个环节是同步进行的，为了避免信息不对称导致的误差，首先向被调查者无导向性地介绍了相关指标。然后再通过问卷填写和评分方式完成调研。最后将所得调查结果进行汇总和筛选，借助 SPSS18.0 进行系统聚类分析，从而得出农户视角下涉农资金的重点领域和需求优先序。

### （三）样本描述

为了满足完整性、普遍性需求，调查中选择了湖北省、江苏省和湖南省 3 个典型地区的农户进行了调研。每个省确定样本数量（筛选处理后所剩有效样本数量）分别为 70 户，在各地又随机选择 2 个农民集聚区，随机选择了调研样本。在区域样本中，有非贫困县市 1 个，贫困县 1 个，中等发展程度县 1 个；在农户样本中，23%相对富裕，29%为贫困户，剩余调研户可归为中等富裕农民家庭。

### （四）结果分析

由表 5-2 可以看到，需求最为紧迫的是乡村道路建设，在第一位上出现了 56 次，这反映了“要想富，先修路”的思想在农户心中是已经占相当重要的地位，这一项明显高于其他项。而很容易看到的是，继“乡村道路建设”后，“农田水利建设”在第一位占有了 35 次，这可以说明，基础建设在农户视角看来是极为重要的。在第一位中占有较为重要的项目还有公共卫生和医疗、基础教育、农技推广及农民培训等。在第二位、第三位、第四位、第五位出现

① 朱敏，黄洪琳．浙江农村公共产品供给状况的分析．浙江农业科学，2009（1）．

次数最多的分别是农田水利设施45次、农业技术推广和农民培训33次、公共卫生和医疗32次、基础教育并列公共卫生和医疗24次。排在最后的有文化娱乐服务、公共服务和生态建设。

表5-2 **农户视角下支农资金整合优先序统计表（有效样本为210户）**

| 需求指标 | 第一位 | 第二位 | 第三位 | 第四位 | 第五位 |
|---|---|---|---|---|---|
| 农田水利设施 | 35 | 45 | 14 | 13 | 19 |
| 农业技术推广与农民培训 | 15 | 25 | 33 | 28 | 17 |
| 乡村道路建设 | 56 | 30 | 25 | 10 | 14 |
| 农产品市场信息 | 7 | 15 | 15 | 11 | 14 |
| 乡村债务化解 | 12 | 11 | 12 | 10 | 6 |
| 乡村规划 | 4 | 2 | 8 | 10 | 6 |
| 文化娱乐服务 | 0 | 2 | 5 | 6 | 8 |
| 公共服务 | 0 | 1 | 3 | 6 | 5 |
| 基础教育 | 17 | 21 | 23 | 27 | 24 |
| 公共卫生和医疗 | 23 | 25 | 29 | 32 | 24 |
| 农村养老保险 | 6 | 4 | 2 | 11 | 5 |
| 农村社会救助 | 10 | 7 | 10 | 12 | 16 |
| 农业灾害防治 | 12 | 13 | 14 | 13 | 27 |
| 生态建设 | 2 | 3 | 6 | 4 | 10 |
| 村庄绿化 | 3 | 3 | 5 | 7 | 5 |
| 环境保护 | 8 | 3 | 6 | 10 | 10 |

资料来源：课题组湖北样本点实地调研数据。

对表5-2的数据进行系统聚类分析得到了图5-1所示的结果。由树状图可知，系统聚类将16个指标明显地分成了5个层次。

第1层：该层次包含了农田水利设施和乡村道路建设。样本地区除了江苏省外，湖北省、湖南省的调研地多处于山地和丘陵地带，样本乡村道路多以泥土路、石沙路为主，而且部分山区交通情

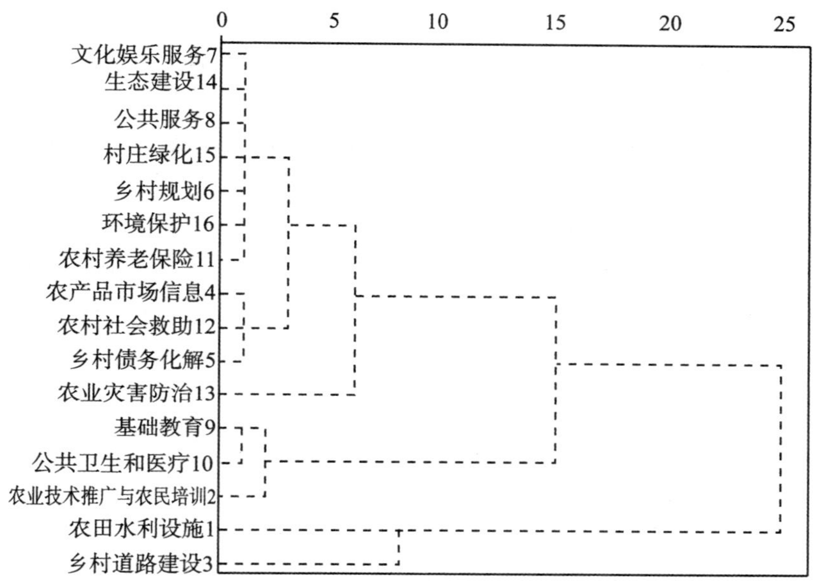


图 5-1　农户视角下支农资金整合项目指标的系统聚类树状图

况极为不通畅。这不仅导致了农民出行艰难，也造成了农产品流通不畅。村庄到市场的距离和路况决定了农产品的物流程度。在调研地中最远距离所在乡镇 9 公里外，平均距离所在乡镇 4. 21 公里。通往乡镇的道路中土路占 23. 3%，沙路占 31. 5%，水泥硬化路程占 45. 2%，其中，水泥硬化路均在围绕市场中心的地带，较为偏远的地区路况堪忧。两湖一江从某种程度上来讲是不缺水的，而被调研地区并没有完全处于江湖平原地带，农田水利上大部分为水塘、水坝和水渠，其中出现了多年失修、老化、阻塞等现象，导致了样本户中 64. 6%的农户存在灌溉困难，32. 8%的农户经常因为灌溉用水发生不必要纠纷。可见，农田水利设施和乡村道路建设是亟待解决的需求和问题。

第 2 层：该层包含农业技术推广与农民培训、公共卫生和医疗、基础教育。在调查中获悉，“农业科技是发展农业的有力驱动”观念在农户心中已经形成，尤其是农户看到了机械化的作用。

目前，农户对农业技术有着强烈的需求，有部分农户主动了解相关农科信息，特别希望农业技术人员能够下田指导。同时，当前调研地乡镇农技站农技员人员缺乏，尤其是在乡镇机构改革以后，农技人员更加匮乏，现有的农业技术推广体系出现无法满足农户的需求的“供给不足”。随着农村创业风气逐渐兴起，调研样本中农户有部分已经开始了创业之路，而在谈到最大的困难的时候，他们对“没有技术”这样的现状表示无奈。可见，农村对现代农业技术的需求是非常旺盛的。在公共卫生和公共医疗方面，农户对基本医疗服务需求较为强烈，在访谈中了解到，大病如肺结核等医药服务在农户中的满意度是很高的，这也使国家投入的效果立竿见影。但涉及疾病治疗，如手术、严重慢性病等需要住院的疾病，农户却时有怨声。目前，调研地均已经纳入新型农村合作医疗保障范围，参保率实际上达到了91.4%，有3.5%的农户未参加新农合，有5.1%的人不愿意参加新农合。多数农户加入新农合后，却依旧感觉到医疗费用还是最为紧迫的问题，50%以上的农户负担得起的只有小病的开支，而日常看病也都是以村卫生院为主，乡镇医院几乎很少去，有极少数农户选择去医疗水平较高且收费较为昂贵的县市级医院。调研样本农户中，住院率只有4.6%。统计数据显示，高达72%的农户在过去一年中有过被建议住院但住不起的情况。在询问到对现行新型农村合作医疗政策满意度时，76%的农户表示支持，20%的农户持中立态度，4%的人表示愤怒，这4%愤怒的有人说到：“一年本来就不生几次病，就算是生病了，也治疗不起，治疗还不是要先自己掏钱，哪有那么多钱?”。在被问到保险费合理金额时，有90%的农户愿意接受每人每年缴纳10元钱的保险费。关于如何解决新农合中出现的问题，绝大多数参保农户认为现行报销额度偏低且报销手续繁杂，应将门诊报销纳入新农合体系。在基础教育方面，自从“两免一补”政策实施以来，样本县小学费用确实减少了很多，每生平均每学期减少170元左右；初中费用也相应较少，每生平均每学期减少了250元。在“教育费用”占生活总支出的比例问题上，80%以上的农户认为学费是明显减少了，对家庭负担减少有较为明显的作用。但从教育效果上来看，91%的家长对孩子接受教育的水平感到不满，认为目前乡村中小学师资极为薄弱、基础教育设施落后、学习氛围差，部分家长宁愿多付出代价，还是要把孩子送到县市里上学。可见，农村基础教育应该向农村师资、教学设施倾斜。

第3层：从图5-1可以看出，该层只包含了“农业灾害防治”一项。这一项独立成类最可能的原因是其重要性和可能性都不具有极端倾向。首先，“农业灾害防治”在样本中出现的次数分别为第一位12次，第二位13次，第三位14次，第四位13次，第五位27次。无论是从所有指标来看还是从单独指标（指标自身）来看，次位分布都是比较均匀的，其“不重要性（次要性）”主要被第五位的27次体现了。可能因为样本的不可操作因素，数据出现了偶然因素。从整体指标来看，农业灾害防治在农户需求中依然占据了较为重要的位置，因为只有受灾少，农户才有较为客观的收获。调研地中，冰雹、洪涝出现的频率较高，这些灾害也是非常难以防治的，从而，农户对灾害防治的需求程度更为强烈。

第4层：该层包含了乡村债务化解、农村社会救助、农产品市场信息这三个指标。在乡村债务化解这个指标上，一直以来，乡村债务都是农村经济发展的一个难题。一方面是因为农村社会经济发展滞后，对债务的化解能力极为有限；另一方面是由于外部性引起的债务积累。样本地区多数没有较大规模的企业，税改前农业税收入占全县财政收入的42%以上，改革后，税收锐减，财政主要靠上级转移支付来解决，而财政支出增长较快，增长绝对额很大，收支矛盾十分尖锐。村级债务实际上成为乡镇债务，给乡镇背上了沉重的包袱。在农村社会救助指标上，最重要的现象就是，农村地区本身有较大的贫富差距，由于历史性和其他各种原因，五保户、孤寡老人、特困户所占比例并不小，另外，如果再加上潜在的救济对象，这个比例是会增加的。这部分农户是农村经济发展的短板，只有将最困难的困难解决了，才算是解决了。可见，社会救助是支农的一个重要项目。在新的市场化程度不断强化的环境中，农产品市场信息对于从事农业生产的农户越来越重要，为防止“卖难”和“谷贱伤农”等现象，提高农产品市场信息服务是财政支农资金倾向的一个重要项目。

第5层：这层指标有农村养老保险、环境保护、乡村规划、村庄绿化、公共服务、生态建设、文化娱乐服务。调查结果显示，除了农村养老保险外，环境保护、乡村规划、村庄绿化、公共服务、生态建设、文化娱乐服务都是需求层次较高的指标。根据马斯洛的需求层理论，人们只有满足低级需要后，才会向更高层次的需求递进，这与实际情况是较为符合的。而农村养老保险之所以出现在这一类问题中，最可能的原因有两个：一是农村养老保险刚推行不久，在农村并未形成适合的农村养老机制；二是可能因为在中老年人心中，保险养老观念并没有强化。调研发现，中老年人还存在着较为严重的重男轻女心理，92%以上的老人认为，养老只能靠自己的儿子。由此可见，在农村，从“养儿防老”到“社会养老”距离还非常远。在聚类分析中，农村养老保险、环境保护、乡村规划、村庄绿化、公共服务、生态建设、文化娱乐服务这些指标出现次数较低，并不能说明这些指标就不重要，而是这些指标的重要程度在当前农村经济发展阶段没有显现出重要性。随着农民收入不断增加，假以时日，对上述几种指标的需求会越来越强烈，财政支农资金需要统筹安排，机动合理地分割资金向这些指标逐渐倾斜。

# 专题六　扶贫开发：从行政单元向地理区域协调推进

1986 年 4 月，第六届全国人民代表大会第四次会议把扶持贫困地区摆脱落后状况列入《中华人民共和国国民经济和社会发展第七个五年计划》。20 多年来，我国贫困现象大为缓解，扶贫开发工作向纵深挺进。从扶贫开发初期的大面积贫困人口体制改革扶贫到针对贫困区域的开发式扶贫，再到瞄准重点区域的扶贫攻坚，扶贫开发的方式、手段、对象不断调整。我国扶贫开发工作究竟如何创新仍存争议。本专题提出扶贫开发工作应走区域协调发展的地理区域推进①之路并试图对此进行探讨。

## 一、我国扶贫开发工作的问题透视

### 1. 我国扶贫开发工作的现状分析

改革开放 30 多年来，我国农村的绝对贫困人口从 1978 年的 2.5 亿人减少到 2007 年的 1 479 万人，贫困发生率亦从 30.7%下降到 1.6%，扶贫开发的成绩举世瞩目，如表 1 所示。然而，相关数据显示，随着扶贫开发工作的深入，反贫困进程也凸显“瓶颈”约束，主要体现在年均绝对贫困人口减少量与贫困发生率下降幅度呈边际递减趋势。根据不同时段可归纳出 1978—1985 年两项指标为 1786.7 万人与 1.6%，1986—1993 年分别降为 937.5 万人与 0.825%，1993—2000 年再降为 613 万人与 0.671%，2001—2007 年更是仅为 247.1 万人与 0.27%。这固然可归因于连续多年大规模

① 地理区域推进，指将分属不同行政区域但地理位置毗邻的、区域类型相似的、致贫因素雷同的连片贫困区域联结成整体，构成新的扶贫单元，以区域协调发展思想为指导，发挥各自优势，推动区域间一体协作、相互调解、和谐共存，最终实现地理区域扶贫开发工作整体推进。其针对的是弥补现有“县”、“乡”、“村”等个体单位扶贫开发的不足。考虑到我国历史上长期形成的行政区域管理习惯，文中行政区域均以省为单位。

扶贫开发的成效，却也反映出剩余贫困人口的“顽固性”，昭示出未来扶贫开发工作的“艰巨性”。

表1 **1978—2007年我国贫困人口基本情况**

| 年份 | 1978 | 1985 | 1993 | 2000 | 2006 | 2007 |
|---|---|---|---|---|---|---|
| 绝对贫困人口数量（万人） | 25000 | 12500 | 7500 | 3209 | 2148 | 1479 |
| 贫困发生率（%） | 26 | 14.8 | 8.2 | 3.5 | 2.3 | 1.6 |

资料来源：国务院扶贫办。

当前扶贫开发工作进度缓慢的成因来自多方面，主要是：(1)返贫现象严重。一般在15%左右，且多集中在中西部贫困面积较大的连片区域。(2)扶贫资金漏出现象严重。财政扶贫资金被挤占挪用问题比较突出，扶贫贴息贷款多投向交通、工业、电力、通信等基础性和竞争性行业，而用于扶持农户的小额贷款却逐年萎缩(李金华，2004)。(3)财政扶贫资金难以形成合力。资金分散于财政部、国家发改委、民政部、国家民委等部委，存在多重代理、信息不对称等现象。各部委资金各有用途，导致投入分散化倾向明显，形成高运行成本、效率低下等问题。(4)扶贫中“开发”效果不显著。现有扶贫资金多用于完善基础建设，但局限于现有各扶贫单元“内部”，难以实现区域间产业发展与布局、城乡建设、基础设施建设、市场体系等衔接，无法通过“外力”推动“开发”，更多依靠“内力”来“各自扶贫”，没有有效利用扶贫事业搭建的“开发平台”。新时期的扶贫开发工作若继续沿用常规扶贫方式，其政策效益和投入效益将难以充分发挥。

2. 当前我国贫困区域的基本格局

多年扶贫开发工作使得我国贫困人口大幅下降的同时，贫困格局也呈“点、片、线”并存与向“老、少、边、穷”集中的趋势。通过分析国务院确定的592个国家扶贫开发工作重点县的区域分布，发现绝大多数位于内蒙古高原东南边缘风沙化贫困区、黄土高原沟壑水土严重流失贫困区、秦巴山地生态恶化贫困区、喀斯特高原丘陵环境危急贫困区、横断山脉高山峡谷封闭型贫困区、西部沙漠高寒山区环境恶劣贫困区等带有明显地理环境特色的局部区域，众多连片贫困区域跨越行政区域，更多的以地理区域为集合，体现在省界结合部。如渝鄂湘黔交界处的巫山区、武陵山区、大巴山区约10.63万平方公里土地上集聚4省7市39个扶贫重点县的2162.9万涉贫人口。如此高密度的基于地理区域分布的贫困区域聚集现象绝非个案，在全国12个主要省际间地理贫困区域带的不到50万平方公里土地上，共汇集16省51市192个扶贫重点县的7699.2万涉贫人口（如表2所示）。行政区域划分是人为的，地理区域划分是客观的，但大量贫困区域跨越行政区域而围绕于地理区域的既有事实证明，我国现有扶贫开发工作不能囿于传统的行政区域内部解决，而应根据共有致贫因素发挥协作优势，由地理区域内所涉各行政区域共同关注“扶贫”，共同实施“开发”，以“区域协调”来完成“扶贫开发”，从而体现效率公平兼顾的原则。

## 二、扶贫开发工作地理区域推进论的理论架构与执行方略

### 1. 扶贫开发与区域协调发展的关系辨识

扶贫开发，即帮扶经济上贫困地区及人群提升生产力，以期改变落后面貌并持平于社会均等水平，是促进经济社会发展、构建和谐社会的重要组成部分。区域协调发展，即通过政府干预来调控因市场失灵而带来的区域不均衡发展状态，鼓励区域间合作以缩小区域发展差距并走向趋同，具有协作、调解、和谐的涵义（杨保平，2004）。区域协调发展不仅关系到共同富裕顺利实现，也是政治稳定与社会和谐的前提条件。区域协调发展与扶贫开发均为国家大政方针，在时间上“并起”，在空间上“共存”。通过剖析各自内涵来辨析两者间关系，将有助于理解彼此在实际工作中的关联性与影响度。

（1）扶贫开发是区域协调发展的重要内容。“协调”包含“协作”与“调解”之义，现有贫困区域布局决定了区域协调将是未

来扶贫开发的主基调①，而扶贫开发将是区域协调的着力点。区域协调发展着眼于“协调”，而落脚于“发展”，“协调”是条件，“发展”为要旨，实质是在“协调”的要求下实现“发展”。就发展程度不一的区域之间而言，贫困区域是“发展”的主要对象，扶贫开发是“发展”的一种方式，贫困区域停滞不前，“发展”无从谈起，扶贫开发难受重视，“发展”无从着手。我国于2008年12月27日宣布上调扶贫标准，取消农村绝对贫困人口和低收入人口区别对待的政策，并对2007年人均收入1067元以下的农村人口实施同样的扶贫政策，扶贫对象共计4320万人，占全部农村人口4.6%，可见扶贫开发任重道远，发展之路崎岖坎坷。基于此，扶贫开发必须纳入区域协调发展体系。

(2) 扶贫开发与区域协调发展目标取向具有一致性。扶贫开发与其他发展模式相比，其政府作用下的社会福利背景更为明显，但本质仍是促进发展以消除贫困。区域协调发展强调的是缩小区域发展差距，基本路径在于运用制度手段促使落后区域主动向发达区域发展水平靠拢并实现“分享式改进”②（王琴梅，2007），而非丧失“效率”地使发达区域被动迎合落后区域发展特点以实现局部发展差距相对拉近“假象”，具有绝对发展的内涵。换言之，区域协调发展蕴涵消除贫困的要求，与扶贫开发在目标取向上具有一致性。

(3) 扶贫开发与区域协调发展互为手段。贫困作为一种社会现象其成因是多方面的，贫困问题的解决也只有动员多方力量才能实现，包括区域间的协调。基于我国现有贫困区域地理集中的特点，只有所涉行政区域以协调发展态度共同参与，才能集中使用各

① 区域协调并非单指地理上毗邻区域相互协作，也包括非地理毗邻区域间的合作交流，因我国贫困地区地理集中特点决定了在扶贫开发工作中的区域协调主要还是指前者，但整体扶贫开发并不排斥非地理毗邻区域间扶贫工作的开展，如东西部之间对口单位的贫困帮扶工作、经济技术协助等。

② 不同区域总体发展实现帕累托改进不必然带来区域各个体发展，如发达愈发达、贫穷愈贫穷，但总量可能保持增长。分享式改进，指在满足区域利益帕累托改进的同时实现公平，走向共同富裕。

表 2　**中国主要省际地理贫困区域分布表**

| 地理区位 | 致贫因素 | 区域类型 | 行政归属 | 贫困面积（平方公里） | 贫困人口（万人） |
|---|---|---|---|---|---|
| 蒙晋陕交界 | 内蒙古高原风沙化 | 少数民族地区、革命老区 | 3 省 4 市 8 县 | 20979 | 121.6 |
| 晋冀交界 | 内蒙古高原风沙化 | 特困地区 | 2 省 3 市 10 县 | 20380.6 | 256.3 |
| 陕晋交界 | 黄土高原水土严重流失 | 革命老区、特困地区 | 2 省 4 市 12 县 | 21183.6 | 263 |
| 蒙陕宁交界 | 内蒙古高原风沙化 | 革命老区、少数民族地区 | 3 省 3 市 3 县 | 27761.3 | 55.1 |
| 陕甘宁交界 | 黄土高原水土严重流失 | 革命老区、特困地区 | 3 省 4 市 6 县 | 9699.8 | 178.3 |
| 豫陕鄂交界 | 秦巴山地生态恶化 | 特困地区 | 3 省 4 市 9 县 | 27928 | 422.7 |
| 鄂豫皖交界 | 大别山区资源贫瘠 | 革命老区 | 3 省 4 市 9 县 | 20869 | 834.6 |
| 渝鄂湘黔交界 | 巫山区、武陵山区、大巴山区资源贫瘠 | 革命老区、少数民族地区 | 4 省 7 市 39 县 | 103900 | 2162.9 |
| 青甘交界 | 黄土高原及青藏高原过渡区生态恶化 | 少数民族地区、特困地区 | 2 省 4 市 16 县 | 26103 | 426.8 |
| 川陕甘交界 | 秦巴山地生态恶化 | 革命老区、少数民族地区、特困地区 | 3 省 3 市 5 县 | 15378.8 | 148.6 |

续表

| 地理区位 | 致贫因素 | 区域类型 | 行政归属 | 贫困面积（平方公里） | 贫困人口（万人） |
| --- | --- | --- | --- | --- | --- |
| 云黔川交界 | 横断山脉高山峡谷封闭 | 少数民族地区、边疆地区、特困地区 | 3 省 8 市 31 县 | 81240 | 1584 |
| 黔桂湘交界 | 喀斯特高原丘陵环境恶化 | 少数民族地区、边疆地区、特困地区 | 3 省 10 市 44 县 | 108479.9 | 1245.3 |
|  |  |  | 总计 16 省 51 市 192 县 | 483903.1 | 7699.2 |

数据来源：国家统计局．中国农村贫困监测报告 2007．北京：中国统计出版社，2008.

种扶贫资源，优化现有扶贫机制，增强扶贫开发效果。反过来，扶贫开发的目的在于消除贫困，这将提升当地人民生活水平，改善落后区域各项经济指标，拉近与发达区域间发展差距，从而实现区域协调发展。

（4）扶贫开发与区域协调发展互为条件。扶贫开发是长期性工作，是系统性事业，各级政府各种优惠政策，如财政拨款、税收减免等不过是辅助性支持手段，且有限的国家财力也难以应对更高层次扶贫要求，增强地方经济自我发展能力才是解决贫困问题之根本。经济落后的根源是多方面的，不能完全通过市场解决，需要政府参与，乃至多方政府合作，直至跨区域协调。通过区域协调可融入合作思维，修正经济发展路径；实现优势互补，扩充经济发展途径；调整产业结构，拓宽经济发展空间；健全市场机制，提升经济发展概率。故区域协调发展可推动区域获取造血功能，从而为扶贫开发奠定物质基础。反过来，区域协调发展强调缩小区域发展差距，回避不了贫困地区这一事关“差距”的重要“掣肘”，而扶贫开发即为解决此问题之关键环节，且也为经济建设活动，归属发展范畴。鉴于此，通过扶贫开发，可消除区域均衡中的“短板效应”，为区域协调发展扫清障碍。总之，扶贫开发与区域协调发展相辅相成，互为条件，扶贫开发进展顺利才能为区域协调发展创造前提，而区域协调发展才能为扶贫开发提供可能。

### 2. 扶贫开发工作地理区域推进论的实践基础

基于我国扶贫开发工作现状和现有贫困区域“地理集聚”的分布特点，我国扶贫开发工作瞄准点应有所变化，即根据各区域对利益共同点的感受力，构建基于区域协调发展、跨越行政区域以地理区域为扶贫单元、整体推进的扶贫开发工作模式。具体说：（1）同一地理区域的地貌特征和气候类型具有相似性，导致返贫现象的自然灾害发生情况很大程度面临同一性，区域协调可建立统一的灾害监测及预防体系，实现规模效应；（2）扶贫资金漏出现象是“个体行为”，源于单个地方政府的道德风险与逆向选择，区域协调使“俱乐部”内部形成博弈关系，加以制度规范，可催发理性“集体行为”，降低漏出概率①；（3）区域协调可统一地理区域内各项扶贫开发工作步调，为整合各部委扶贫资金以形成合力提供机遇，增加可接收财政扶贫资金基数，为整合财政扶贫资金奠定基础，提升区域内有相同背景的“优势产品”、“特色农业”、“支柱产业”等项目规模，为整合财政扶贫资金搭建平台；（4）区域协调有助于推动地理区域一体化进程，使扶贫开发工作不再陷于“单打独斗”，既可填补各区域边缘地带扶贫开发工作的“盲点”，又将鼓励区域间“开放”，刺激区域间“开动”，推动区域间“开发”。

### 3. 扶贫开发工作地理区域推进论的主要内容

（1）地理区域推进论的基点是区域协调发展。地理区域特点在于整体内集聚众多微观个体。地理区域推进论的内涵在于统筹扶贫行动以实现规模化，发挥各自比较优势以形成互补性，加强各方衔接以推动一体化，最终提高扶贫开发工作效益。其实质是一种“合作”精神，个体间以“协调”谋“发展”是基本前提。

（2）核心是跨越行政区域以地理区域为扶贫单元。我国当前沿用计划体制时代的区域划分模式，更多体现行政管理意义，不具实施地理区域政策的可行性。地理区域推进论要求相关区域②在坚持以“村”为微观扶贫单元的同时，变“州”、“县”、“乡”等明

---

① 区域内各方在协调过程中可相互约束，监督对方的道德风险与逆向选择行为，形成均衡局面。但这种博弈关系仍有可能引致“囚徒困境”，这需要中央政府进行机制设计，如建立区域内部调解机制、设立地理区域独立审计办、成立地理区域扶贫办统筹管理扶贫资金等。

② 地理集中是我国贫困地区当前分布主要特点，但仍有相当比例贫困地区非此类型，笔者在此仅在区域协调框架内就地理集中贫困地区的扶贫开发提供一种思路，并非以偏概全。此外，本专题地理集中贫困地区主要指跨“省”，文中区域协调发展也多指省际间的协调发展，其实这对省内跨“市”、“县”等的连片地理集中贫困区域同样有借鉴意义。

显带有行政色彩且存在于区域内部的现有中观扶贫单元为“扶贫开发区”等基于共有致贫因素而结合在一起的大地理区划的宏观扶贫单元，为区域扶贫协调开发搭建平台。

(3) 关键是抓住各区域对利益共同点的感受力。利益原则是地理区域推进论的基本命题，侧重把握各方解决贫困与推动开发的共同需求，强调以市场原则来启发各参与主体认清合作收益，诱导其走协作之路。

(4) 着力点是整体推进。整体推进是地理区域推进论的必然手段与根本要求。一方面，地理区域协调扶贫伴随区域开发一体化，整体推进成为必然选择；另一方面，以地理区域为扶贫单元本身就是对贫困人口与区域的精确瞄准，加之“厚此薄彼”易引发各方合作均衡的瓦解，无助于共同脱贫精神的体现，整体推进不可动摇。

### 4. 扶贫开发工作地理区域推进论的行动路线

(1) 各级政府在科学发展观的指导下实现自我突破与思想转变，扬弃传统区域概念等惯性思维约束，将地理区域推进论作为当前解决扶贫开发难题的现实选择；(2) 在相关政策指引下，在全国范围内科学确定相关地理区域，合理划分所涉行政区域，建立统一的地理区域扶贫单元，并辅以倾斜性政策；(3) 在地理区域内部协作开发，调解冲突、和谐共生，共同致力于扶贫开发事业，力求有效歼灭贫困“有生力量”，使扶贫攻坚战役达成“解放一大片”的目标，渐进完成全国范围内各贫困“板块”的逐点击破。

## 三、新的协调推进扶贫开发工作的政策建议

### 1. 建立适应地理区域协调扶贫的政府职能部门

一方面，可针对现有地理分布格局，将全国贫困区域分为若干“板块”，成立相应的跨行政区域扶贫开发区，如“秦巴山地扶贫

协作开发区”、“大别山扶贫开发区”、“内蒙古高原东南风沙贫困治理区”等，同时设置与之匹配的区域扶贫办，直属国务院扶贫办，统筹辖内扶贫开发工作；另一方面，变国务院扶贫办组织结构由职能制为事业部制，囊括上述各区域扶贫办，使之成为相对独立个体，类似于国家发改委内的“国务院西部开发办”、“国务院振兴东北办”等，从而逐渐淡化原有的“国家扶贫开发工作重点县”概念，代之以“国家扶贫开发工作重点区”与“国家扶贫开发工作重点村”的两级扶贫体系，减少中间环节，提高扶贫开发工作针对性。此外，实际工作中根据扶贫开发进展对各区域扶贫办进行动态调整，既要顺应贫困区域新变化，也要注意脱贫后区域组织长期化问题，避免机构“虚列”。

### 2. 塑造多层次的区域协调机制

(1) 借鉴法国 DATAR 及意大利南方局①模式，赋予区域扶贫办统一行使区域协调发展的公共管理职能；(2) 纵向上在贫困集中地理区域建立省、市、县三级联席会议制度，包括省级开展省长及国家扶贫办负责人“电话会议”从宏观上确立区域扶贫方针与协调开发政策，市级开展相关扶贫部门及区域扶贫办负责人“电视会议”从中观上讨论区域发展路径及协作焦点问题，县级开展乡村干部及区域扶贫办工作人员“圆桌会议”从微观上解决实际工作难点和具体推进步骤；(3) 横向建立地理区域内各方参加的扶贫开发事务特派办，建立信息传导机制，密切各方扶贫部门间的联系。

### 3. 提高财政扶贫资金使用效率

改革开放30多年来，政府在财政支农投入上不遗余力，但效果差强人意，其主因不在规模而在效率（彭克强、陈池波，

① 法国 DATAR 及意大利南方局均为其政府为发展本国落后地区，并加强地区合作的政府组织。

2008)，财政扶贫资金也列其中。在要求中央政府多予不发达地区倾斜性政策，加大对贫困地区扶贫资金投入力度的同时，财政资金在扶贫开发使用过程中还要注意合理分配与使用。就地理区域协调扶贫而言，可执行整合财政扶贫资金、确定区域扶贫开发投入重点领域与优先序、建立财政扶贫资金独立审计制度等政策。

本文发表于《经济管理》2009 年第 6 期第 156~160 页。

# 第六章　财政支农资金整合的绩效评价

## 一、绩效评价的基本框架

### （一）绩效评价主体和对象

绩效评价主体和对象按财政支农资金的级次分为中央预算单位和地方预算单位；按财政支农资金使用对象分为生产部门、建设部门、行政部门、事业单位等；按财政支农资金具体用途分别是各级各部门受援的投资项目，等等。政府及其部门是财政支农资金支出主体，“三农”是受益主体。国家“财力”有限，“农业”问题又是经济社会发展解决的弱势问题，这决定了财政支农的目标：推动“三农”发展，提高财政资金的使用效率，实现国家中长期经济社会发展战略。调整、优化和整合财政支农资金结构是上述三大目标的具体体现。整合财政支农资金使用绩效评价主体是政府及其相关部门，评价对象是各类财政支农资金。

### （二）绩效评价的基本原则

根据财政理论，财政资金作用范围有纯公共物品和准公共物品，财政资金直接投资纯公共物品，发挥杠杆作用引导市场资金投资准公共物品和私人物品。“三农”中政府财政投资项目既包括纯公共物品和准公共物品，又包括私人物品，如公共物品中农业水利设施、农村道路等，私人物品中的农业生产物资、农户生活环境建设等。整合财政支农资金使用绩效重点评价“经济性、效率性和有效性”，即3E原则。此外，还应满足系统性原则、整合优化原则和稳妥动态原则。

3E原则是近代绩效评价理论的重要部分，是现代绩效评价的基本原则。财政支农资金整合涉及众多部门，牵连众多支农业务，不仅要考核资金使用的直接经济效益，而且还应考核整合后所带来的间接经济效益和社会效益，力求全方位考察财政支农资金整合的投入与产出。财政支农资金整合的经济性指获取一定“三农”资源的成本耗费程度；效率性指获得一定产出的投入程度或一定投入获得的产出程度，描述“三农”投入与产出间的关系；有效性是指产出实现组织预期结果的程度，描述产出和成果之间的关系。

经济性、效率性和有效性对应于逻辑模型不同的维度，是逻辑模型不同维度的集中反映。财政支农资金整合的经济性是先导和基础，效率性是财政支农有效机制的外在表现，有效性是获得最终经济、社会和生态结果的综合反映。从财政支农支出经济性研究发展到有效性研究，是财政工作重点从重收入到强化支出管理的重大转变，财政支农支出绩效是三者科学的统一。

### （三）绩效评价方法的选择

财政支农资金整合的一个重要目的是提高资金使用效率，即通过整合投入来提高投入产出效率。一般通过构建多指标综合评价体系，运用层次分析法进行绩效评价，把被评价的对象看成一个整体，分析整合前后绩效的变化。本部分则从投入产出的角度，把被评价的整体分为若干子对象（决策单元，DMU），运用数据包络分析（DEA）分析各单元及其整体在投入整合前后的绩效对比。虽然层次分析法和数据包络分析法以及模糊综合判别法、灰色关联分析法等都能有效评价各决策单元的“生产有效性”，并在不同的领域得到广泛应用，但“生产有效性”并不能与“管理有效性”直接画等号，“生产有效性”测度的是单个生产单元如何以最少的资源消耗来实现其期望目标的能力大小，而“管理有效性”是在消除客观基础条件优劣的基础上，测度的是决策单元在经营管理活动过程中产生的生产行为特征。

在财政支农资金整合绩效评价的研究中，发现同样的资金投入在不同的地区取得的产出相差很大。原因在于各地区经济基础条件相差较大导致资金的使用效率有很大差别。因此，只是依据“生产有效性”测算的效益结果来反映各地区财政支农资金整合效益是不全面的，难以反映其真实结果，结果导致各地区把支农资金使用效率低下的原因只是一味地归结于客观基础条件的差异，而对自身的努力程度不够重视。因此，不能局限的仅仅使用评价“生产有效性”的方法来研究财政支农资金整合绩效的评价问题，同时应把评价“管理有效性”的方法纳入其中。冯英浚、李成红（1995）在费莱尔测度方法和数据包络分析（DEA）方法的基础上提出了二次相对效益评价模型，该模型对于决策单元的“管理有效性”的合理评价提供了方法。该方法主要是把各决策单元以往的相对效益作为决策单元基础条件的一种衡量，称为“参考效益”（看作输入），而把各决策单元当前的相对效益称为“当前效益”（看作输出），借助于数据包络分析构造出效益指数状态前沿面，测算出当前的相对效应，并与以往的相对效益进行比较，这样就可以消除由于客观基础条件的差别而对财政支农资金使用效率的影响，可以有效监测引起财政支农资金使用效率低下的真正原因①。因此，该模型在实际测评财政支农资金使用效率方面有较多的应用。

本书试图将 DEA 二次相对效益模型应用于湖北省财政支农资金整合的绩效评价之中。由于财政支农资金主要用于“三农”，“三农”的改善主要体现在农业生产、农民收入和生活、农村社会事业的改善等方面，可以视其为“产出”，财政支农资金则可视为“投入”，财政支农资金整合则可视为整合投入以提高投入产出效率，财政支农资金整合的绩效评价即整合前后的投入产出效率的比较分析。分别从“三农”发展的资金配置和提升状况效率两个方面来评价财政支农资金整合绩效。DEA 二次相对效益模型的关键在于采用什么方法来确定“指数状态”，本书拟采用数据包络分析

① 丁勇．基于二次相对效益模型的上市公司绩效评价研究．中南大学硕士学位论文，2009.

中的 C2R 模型来确定指数状态，其原因在于：C2R 模型论述的是投入产出的总技术效率概念，而财政支农资金一般代表农村公共支出，只有在说明农村公共支出与“三农”发展间的投入产出关系时，考虑各地区发展“三农”的努力程度，才能够对财政支农资金整合的绩效做出合理评价。

### （四）绩效评价的基本内容

一般而言，公共财政或者公共支出绩效评价内容按照“投入→过程→产出→效果”的逻辑思路展开（如图 6-1）①。规范的评价程序能够保证整合财政支农资金使用绩效评价的客观性、真实性和准确性，是财政支农资金再分配的重要参考依据。

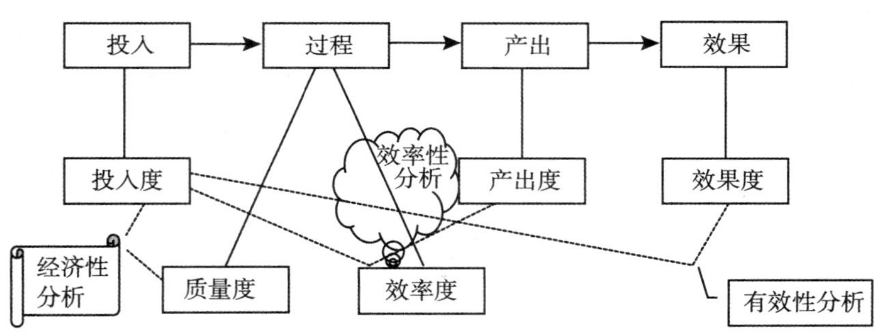


图 6-1　公共支出绩效评价内容

### （五）绩效评价的实施流程

#### 1. 前期准备

确定评价目标。财政支农资金整合的最终目标是支农资金的投入、使用过程、产出与效果的一致性，提高财政支农资金使用效率，激励金融机构、外资、社会资本与农户增加“三农”投入。

① 上海财经大学课题组．公共支出评价．北京：经济科学出版社，2006.

确定合理的评价目标是实施财政支农资金整合与使用评价的前提和基础。整合后的支农资金侧重点在于提高政府管理效率，评价目标的重点应该放在财政支农资金上。如果重点是设计有效的机制吸引非财政支农资金增加投入，那么绩效评价重点应该放在其他资金的绩效上。

成立评价机构。成立财政支农资金整合与使用的评价机构，可以制定评价工作方案，确定评价对象，委托代理机构，组织实施主体对评价对象开展评价工作。由于项目大小、受益范围不同，决定了选取的评价组织机构会有所不同。

确定评价对象。绩效评价的产出和效果指标可能会是社会效益、经济效益和生态效益等，由此决定了财政支农资金整合与使用的评价客体对象会不一样。

下达评价指令。评价指令是评价机构出具的行政文书，也是评价客体接受评价的法定依据。评价指令明确载明评价目标、评价依据、评价主体、评价时间、评价手段和相关事宜等。

### 2. 方案设计

评价机构按照评价制度和原则，针对评价目标，拟定评价工作的具体方案，构建可执行的评价指标体系，确定评价方法。初步评价方案设计后，应该根据德尔菲法，对专家组进行咨询，根据专家组论证，形成正式的评价方案。

### 3. 实施准备

委托代理。财政支农资金整合与使用绩效评价的主体是各级评价组织机构和评价实施机构，评价实施机构包括评价工作组和专家咨询组。评价组织机构与评价实施机构就评价的目标任务、边界、评价重点、责任义务以及评价费用等达成一致意见，签订合同或协议，委托人（绩效组织机构）向代理人（绩效实施机构）下达委托书。

成立评价工作机构。评价工作机构主要由评价工作组和专家咨询组组成，专家咨询组应该由财政专家、“三农”实际工作者和技术专家组成。

制定评价工作方案。评价工作组依据评价工作职能的要求，制定详细的《财政支农资金整合与使用评价工作细则》，报请评价组织机构批准实施。主要内容为：评价对象、评价目标、评价依据、评价指标、评价标准、工作时间表等。

### 4. 现场评价

收集、整理基础数据。按照《财政支农资金整合与使用评价工作细则》的要求，实施单位工作人员到现场采集支农资金使用现状，并整理。

实地调查取证、核对。根据工作程序，评价实施单位赴项目现场对各个参数指标进行调查取证。对于大项目而言，这个环节往往需要较大的成本。

问卷调查、访谈。为了保证各项指标的真实准确，实施单位可以设计财政支农资金整合与使用评价问卷，并对重点和疑点进行有针对性的访谈，以防止“挂一漏万”。

组织专家评议。专家咨询组成员可以采用“背靠背”的匿名方式进行评议，评议的指标体系可以是本部分第三节中的相关指标。

### 5. 撰写报告

形成初步评价结论。通过对各指标加权后计算各个项目绩效评价的得分，然后汇总得到整个项目的总分，以此为基础形成初步结论。

征询意见，撰写报告。再次通过德尔菲法向专家组征询意见，撰写评价工作总结报告。

### 6. 工作总结

财政支农资金整合与使用绩效评价组织机构和实施机构在撰写总结工作报告后，将工作成果汇总存档以备经验推广。（参见图 6-2）

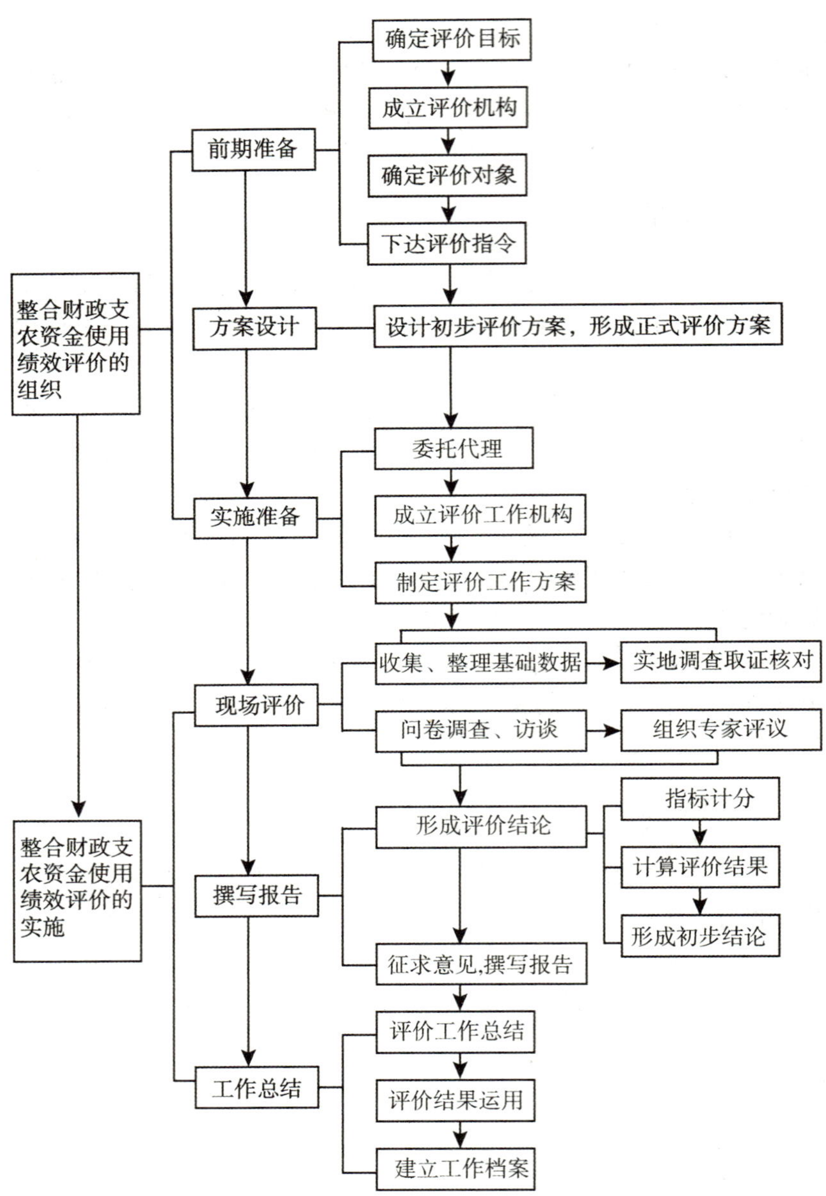


图 6-2　整合财政支农资金使用绩效评价流程图

# 二、绩效评价体系的构建

## （一）绩效评价体系基本思路

财政支农资金是以财政支出为主体的，因此，其整合的绩效评价体系构建在借鉴学习西方国家政府支出绩效评价实践方面经验的基础上，并运用其总结出的3E原则为指导，即经济性（economy）、效率性（efficiency）和有效性（effectiveness）。所谓经济性是指在政府支出管理活动中，能够在支出一定的情况下取得最大的效益或者效益一定的情况下支出最少，以追求资源的高效率利用、避免资源的浪费和分配严重不均的问题；效率性测度是为了在公共投入水平一定的条件下使公共产品产出最大化，是政府对财政支出项目进行监管，从实施进度、经济效益，再到社会效益都要严格把关；有效性是测度在公共支出投入以后所能取得的最终成果的多少，主要目的是在保证经济性和效率性的条件下，考察能否实现事先制定的预期目标。在财政支农资金整合的绩效评价中，经济性原则主要是消除财政支农资金在配置和使用过程中的浪费现象，以便使财政支农资金优先安排机制和资金管理决策的程序化；效率性和有效性原则主要是通过财政支农投入与“三农”发展间的投入产出关系，以及“三农”发展的提升状况来得以反映。

基于以上原则，本书将“三农”发展的资金配置效率定义为各单元以最小的财政支农公共支出实现“三农”发展期望目标的程度，即以尽可能小的投入得到尽可能多的产出，用于反映“三农”发展的“生产有效性”；将“三农”发展的提升状况效率定义为在消除客观基础条件下，各单元因主观努力程度而实现“三农”发展投入产出效率的提升，用于反映“三农”发展的的“管理有效性”。一方面，财政支农资金属于农村公共支出，只有说明各单元农村公共支出与“三农”发展间的投入产出关系，才能对财政支农资金作出合理评价；另一方面，由于各单元客观基础条件不同，等量的农村公共支出对于不同单元往往获得程度不等的“三农”发展，单纯地评价投入产出效率对各单元提供基本公共服务的激励作用有限。因此，对各单元财政支农资金整合绩效应该从“三农”发展的资金配置效率和提升状况效率两个方面进行评价，以此分别反映各单元“三农”发展的“生产有效性”和“管理有效性”。

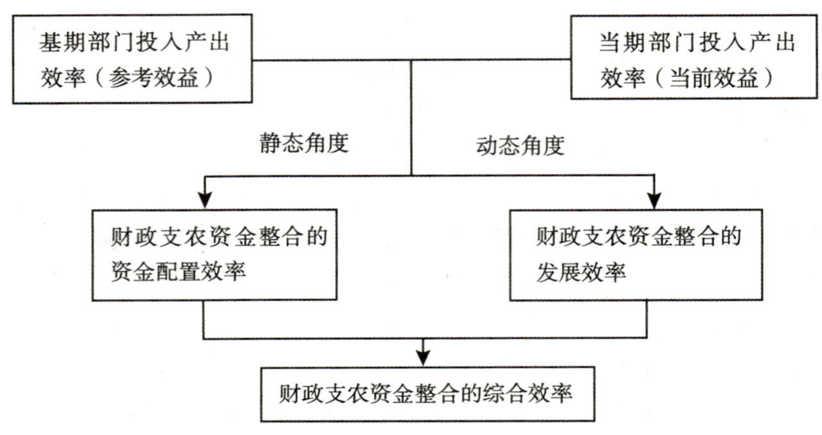


图 6-3　财政支农资金整合绩效评价体系结构

绩效评价体系基本思路是：首先，基于各部门投入产出指标体系，采用数据包络分析的 C2R 模型确定各单元的“参考效益”和“当前效益”，以此分别反映各单元基期和当期的“三农”发展投入产出效率；其次，在确定各单元“参考效益”和“当前效益”的基础上，分别从静态和动态两个角度进行二次相对效率评价，即从静态的角度合成各单元基期和当期部门投入产出效率，实现“三农”发展资金配置效率评价①，从动态的角度测算基期到当期

① 由于各单元自身的客观基础条件相对稳定，各单元“三农”发展投入产出效率在基期和当期的相关性较高。然而，某些单元投入产出效率在某一期也可能出现异常，采用基期或当期的投入产出效率会导致“三农”发展资金配置效率评价失真。由此，将“参考效益”和“当前效益”进行平均数合成，以便在一定程度上消除异常值的影响，合理反映各单元“三农”发展的资金配置效率。

部门投入产出效率的相对提升程度，实现“三农”发展提升状况效率评价；最后，采用客观赋权法将“三农”发展资金配置效率和提升状况效率合成，实现财政支农资金整合的绩效评价，即可同时反映各单元以财政支农资金促进“三农”发展的“生产有效性”和“管理有效性”。

## （二）绩效指标体系基本结构

“三农”发展的资金配置和提升状况效率评价均是以各相关部门的公共支出与“三农”发展的投入产出关系为基础，由此，各部门投入产出指标体系的构建直接涉及评价结果是否客观、完整和准确。在构建“三农”发展相关部门投入产出指标体系时主要遵循四个基本原则：相关性和客观性，完整性和重要性，独立性和可比性，精确性和经济性。（1）相关性和客观性。“三农”发展的资金配置和提升状况的测度是绩效评价的核心内容，因此，指标筛选应该属于“三农”发展的内容，并与财政支农投入具有显著的相关性；同时，为了客观地评价“三农”发展的资金配置和提升状况，指标选择要体现其客观性，避免人为因素和主观判断对指标数据的干扰。（2）完整性和重要性。一方面，所构建的指标体系应该涵盖财政支农投入的各个领域；另一方面，每一项具体的指标应该是该项“三农”发展中的重要指标，在最大程度上避免重要衡量指标的遗漏。（3）独立性和可比性。各项指标之间包含内容应彼此独立，不能出现相互交叉，不同指标应反映支出效率的不同方面，有效解决重复评价的问题；同时，对于各项评价指标的数据资料，在横向上必须具有可比性。（4）精确性和经济性。为更好的发挥指标评价对支出结果衡量的真实性，要求所选指标在评价内容的度量上要具有精确性，同时，指标的选取要考虑可操作性，而且获取数据的方式应以低成本、高效益为原则。

## （三）绩效评价实施基本步骤

对财政支农资金整合的绩效评价采用 DEA 二次相对效益模型，具体分为三个步骤：第一步，确定“效应状态”，即“参考效益”

和“当前效益”，分别表示基期和当期的“三农”发展投入产出效率；第二步，基于“参考效益”和“当前效益”测算二次相对效益，分别反映“三农”发展的资金配置和提升状况；第三步，合成“三农”发展的资金配置和提升状况效率，得到财政支农资金整合的绩效评价效率。

第一，“参考效益”和“当前效益”的确定。对 $n$ 个单元的 $m$ 个部门进行“三农”发展投入产出效率评价，其中：$i = 1, 2, \cdots, m$（记为 $i \in I$）表示与“三农”发展紧密相关的部门，$j = 1, 2, \cdots, n$（记为 $j \in J$）表示决策单元（DMU），在这里决策单元是指湖北省各县（市）。针对第 $i$ 个部门，每个单元 $j$ 均有 1 组 1 维投入向量 $X_j^i = [x_{1j}^i]$ 和 $S$ 维产出向量 $Y_j^i = [y_{1j}^i, y_{2j}^i, \cdots, y_{sj}^i]^{\mathrm{T}}$，其中：$x_{1j}^i$ 表示第 $j$ 个县（市）（决策单元 DMU）的第 $i$ 个部门的人均部门财政支出，且 $x_{1j}^i > 0$；$y_{kj}^i(k = 1, 2, \cdots, s)$ 为第 $j$ 个县（市）（决策单元 DMU）的第 $i$ 个部门的第 $k$ 项“三农”发展的产出量，$y_{kj}^i > 0$。以第 $i$ 个部门为例来考察问题，假设第 $j_0$ 个决策单元的投入向量和产出向量分别为 $X_{j_0}^i$，$Y_{j_0}^i$。令第 $i$ 个部门的生产可能性集为：

$$T^i = \left\{ (X^i, X^i) \mid X^i \geqslant \sum_{j \in J} \lambda_j^i X_j^i, \ Y^i \leqslant \sum_{j \in J} \lambda_j^i Y_j^i, \ \sum_{j \in J} \lambda_j^i = 1, \ \lambda_j^i \geqslant 0, \ j \in J \right\}$$

且第 $i$ 个部门的满足凸性、无效性和最小性，这个性质假定对所有的 $m$ 个部门都适用。根据 Charnes, et al.（1978）所提出的 C2R 模型，可以测算第 $j_0$ 个县（市）（决策单元 DMU）第 $i$ 个部门的“三农”发展投入产出效率，该问题可以用以下线性规划表示：

$$\min \theta_{j_0}^i$$
$$\text{s. t.} \ (\theta_{j_0}^i X_{j_0}^i, \ Y_{j_0}^i) \in T^i$$

$\theta_{j_0}^i$ 表示为使（$\theta_{j_0}^i X_{j_0}^i$，$Y_{j_0}^i$）（记为 $\overline{T}_{j_0}^i$）成为可能的生产活动，在产出维持水平为 $Y_{j_0}^i$ 时，实际投入 $X_{j_0}^i$ 可以扩张或缩减的倍数，易知，当 $\theta_{j_0}^i \geqslant 1$ 时，$\overline{T}_{j_0}^i$ 显然处于生产可能性集中 $T^i$ 中，而当 $\theta_{j_0}^i \leqslant 1$ 时，$\overline{T}_{j_0}^i$ 可能也处在生产可能性集中。使 $\overline{T}_{j_0}^i$ 属于生产可能性集的最小的 $\theta_{j_0}^i$，

即为模型的解，记为 $\bar{\theta}_{j_0}^i$ 。$\bar{\theta}_{j_0}^i$ 即是第 $j_0$ 个单元第 $i$ 个部门的投入产出效率值，显然，$\bar{\theta}_{j_0}^i \leqslant 1$ 且 $\bar{\theta}_{j_0}^i$ 越大表明效率越高，因为，$\bar{\theta}_{j_0}^i = (\bar{\theta}_{j_0}^i X_{j_0}^i / X_{j_0}^i)$ ，即效率值等于最优投入与实际投入之比，$\bar{\theta}_{j_0}^i$ 越大表示实际的投入与最优投入距离越近（当最优投入不变时，实际投入越小，或者实际投入不变时，最优投入越大），从而效率越高。

运用同样的模型可以求得第 $i$ 个部门第 $j$ 个县（市）的“三农”发展的投入产出效率，记为 $\bar{\theta}_j^i$ ，其中 $j \in J$ 。假设所有县（市）第 $i$ 个部门的一般预算支出比重为 $q^i$ ，且 $\sum_{i \in I} q^i = 1$。一般预算支出所占比重的大小能反映各部门“三农”发展在资金配置方面的贡献度，由此以一般预算支出所占比重为权重，将第 $j$ 单元各部门的“三农”发展的投入产出效率合成为：

$$\bar{\theta}_j = \sum_{i \in I} q^i \bar{\theta}_j^i$$

设 $t = P$，$C$ 分别表示基期和当期，将基期（财政支农资金整合前）“三农”发展的投入产出相对效率称为该县（市）的“参考效益”，以 $\bar{\theta}_j^P$ 表示；将当期（财政支农资金整合后）“三农”发展的投入产出相对效率称为该县（市）的“当前效益”，以 $\bar{\theta}_j^C$ 表示。

第二，二次相对效益的计算。基于第 $j$ 个县（市）（决策单元 DMU）的“参考效益”和“当前效益”，分别从“三农”发展的静态资金配置和动态提升状况两个角度进行二次相对效益测算。“三农”发展的资金配置效率主要从静态角度反映各县（市）人均财政一般预算支出与“三农”发展间的投入产出关系。由此，第 $j$ 个县（市）“三农”发展资金配置效率由相应的“参考效率”和“当前效益”平均数合成确定：$z_j^1 = (\bar{\theta}_j^P + \bar{\theta}_j^C)/2$。

“三农”发展提升状况效率是在消除客观基础条件的情况下，动态地反映各县（市）促进“三农”发展的努力程度。每个县（市）都有一组（$\bar{\theta}_j^P$，$\bar{\theta}_j^C$），称为第 $j$ 个单元的“效益状态”。由于 $\bar{\theta}_j^P$ ，$\bar{\theta}_j^C$ 分别反映第 $j$ 个单元涉农部门的历史投入产出效率和现今投入产出效率，历史是不可改变的，各个单元在同样的历史效率条件下，当期效率可能不同，这很大程度上源于自身主观能动性的发挥从而使得管理有效性出现差异。不同单元的这种差异的程度可以用一种效率指数来表示，即把各单元的“参考效益”当作输入，而把“当前效益”当作输出，通过 DEA 模型构造一个效率指数来反映不同单元的这种动态差异的程度。

第 $j$ 个县（市）“三农”发展提升状况效率表示每个县（市）在“参考效益”条件下，“当前效益”可提高的倍数。所有县（市）的“效益状态”形成效益状态参考集 $\hat{T}$，由 $\hat{T}$ 可引申出效益状态的可能性集 $T$：

$$T = \left\{ \left( \bar{\theta}^P, \ \bar{\theta}^C \right) \middle| \sum_{j \in J} \lambda_j \theta_j^P \leqslant \bar{\theta}^P, \ \sum_{j \in J} \lambda_j \theta_j^C \geqslant \bar{\theta}^C, \ \sum_{j \in J} \lambda_j = 1, \ \lambda_j \geqslant 0, \ j \in J \right) \right\}$$

假定 $T$ 满足凸性、无效性和最小性。基于第 $j$ 个县（市）“三农”发展投入产出的效益状态，可构建线性规划模型对其中第 $j_0$ 个县（市）的“三农”发展提升状况效率进行评价：

$$\max v_{j_0}$$

$$\text{s. t.} \ (\bar{\theta}_{j_0}^P, \ v_{j_0}\bar{\theta}_{j_0}^C) \in T$$

令模型的解为 $\bar{v}_{j_0}$，$\bar{v}_{j_0}$ 的含义是：第 $j_0$ 个单元的涉农部门有历史投入产出效率值 $\theta_{j_0}^P$，在此基础条件下，相对于全部县（市）形成的生产前沿面来说，该单元“当前效益”可以扩大至实际“当前效益”的 $\bar{v}_{j_0}$ 倍，$\bar{\theta}_{j_0}^C$ 与 $\bar{v}_{j_0}\bar{\theta}_{j_0}^C$ 之间的差距即为效率损失。易知，$\bar{v}_{j_0} \geqslant 1$，且 $\bar{v}_{j_0}$ 越小，代表该单元的提升状况效率越高，因为 $\bar{v}_{j_0} = (\bar{v}_{j_0}\bar{\theta}_{j_0}^C) / \bar{\theta}_{j_0}^C$，即最优产出和实际产出之比，$\bar{v}_{j_0}$ 越小代表实际产出与最优产出越接近从而效率越高。同理，可对任意第 $j \in J$ 个单元构建上述模型，并解得 $\bar{v}_j$。令 $z_j^2 = 1/\bar{v}_j$，称为第 $j$ 个单元的“三农”发展提升状况效率。

第三，财政支农资金整合绩效评价效率的合成。在求得了“三农”发展资金配置效率和提升状况效率的条件下，面临的问题是如何将这两个效率指标合并为一个综合指标，这涉及两个指标的权重确定问题。二者权重的确定基于这样一种思想：各单元的生产有效性和管理有效性中，哪个变异较大就说明哪个在各单元综合效率差异的形成中影响较大，所以应赋予较高的权重，反之则赋予较低的权重。以各自的变异系数来衡量各自的变异程度，以各自的变异系数占两者变异系数之和比重来确定各自的权重，即：

$$V_\sigma^1 = \sigma_1 / \overline{z^1} \text{ , } V_\sigma^2 = \sigma_2 / \overline{z^2}$$

其中，$\overline{z^1} = \sum_{j \in J} z_j^1 / n$，$\sigma_1 = \sqrt{\sum_{j \in J} (z_j^1 - \overline{z^1})^2 / n}$，$\overline{z^2} = \sum_{j \in J} z_j^2 / n$，$\sigma_2 = \sqrt{\sum_{j \in J} (z_j^2 - \overline{z^2})^2 / n}$，$\overline{z^1}$，$\overline{z^2}$ 分别表示所有单元“三农”发展资金配置效率和提升状况效率的均值，$\sigma_1$，$\sigma_2$ 分别表示所有单元“三农”发展资金配置效率和提升状况效率的标准差，$V_\sigma^1$，$V_\sigma^2$ 分别表示所有单元“三农”发展资金配置效率和提升状况效率的变异系数（标准差系数）。采用此法可得到“三农”发展资金配置效率和提升状况效率评价的权重：

$$\alpha_1 = \sigma_1 / (\sigma_1 + \sigma_2) \text{，} \alpha_2 = \sigma_2 / (\sigma_1 + \sigma_2)$$

因此，得到第 $j$ 个单元财政支农资金整合的绩效评价效率：

$$z_j = \alpha_1 z_j^1 + \alpha_2 z_j^2$$

## 三、绩效综合评价与分析——以湖北为例

### （一）绩效评价指标确立和数据说明

把表 6-1 中的 6 个二级指标和 6 个涉农部门联系起来，其中每个部门都具有一个投入向量和产出向量，投入向量用支出表示，且是一维的；产出向量是多维的，即各个二级指标下的三级指标，产出向量是多维的，维数等于相应的三级指标的个数。所有（假设有 $m$ 个）财政支农资金整合的试点县（市）作为评价对象，对于第 $i$ 个部门来说，这 $m$ 个试点县（市）的实际投入产出数据形成一个参考集，运用 DEA 会形成一个关于第 $i$ 个部门的生产前沿面，据此可以评价任意一个试点县（市）关于该部门的投入产出效率。同理可测算任意一个试点县（市）关于任意一个部门的投入产出效率，可以按各部门的平均预算比重对某一决策单元的所有部门投

入产出效率进行合成，得该决策单元的“三农”发展综合投入产出效率，利用该决策单元（试点县）财政支农资金整合前的数据估算出的“三农”发展综合投入产出效率称为“参考效益”，利用该决策单元（试点县）财政支农资金整合后的数据估算出的“三农”发展综合投入产出效率称为“当前效益”。以此类推，我们可以测出所有决策单元（试点县）的“参考效益”和“当前效益”，据此可以求得各决策单元（试点县）“三农”发展的资金配置效率和提升状况效率，进而求出各决策单元（试点县）财政支农资金整合的绩效评价效率，据此可以对各试点县（市）财政支农资金整合的效果进行比较分析。

表 6-1　　**各部门投入产出表**

| 部　门 | 投入和产出 |
| --- | --- |
| 部门 1（城镇化和工业化） | X1：投入 |
| | Y1：农村城镇人口增长率 |
| | Y2：非农劳动力占总劳动力比重 |
| 部门 2（促进农业发展和农民增收） | X1：投入 |
| | Y1：农业产值增长率 |
| | Y2：农村人平纯收入增长率 |
| | Y3：有效灌溉率 |
| | Y4：农产品产量增长率 |
| 部门 3（促进农村就业和扶贫） | X1：投入 |
| | Y1：投入某年脱贫率 |
| | Y2：单位投资就业人数 |
| 部门 4（改善农民生活） | X1：投入 |
| | Y1：卫生厕所普及率 |
| | Y2：自来水通村率 |
| | Y3：电话通村率 |

续表

| 部　　门 | 投入和产出 |
| --- | --- |
| 部门5（促进农村社会事业） | X1：投入 |
| | Y1：农村贫困人口变化率 |
| | Y2：农村居民恩格尔系数 |
| | Y3：农村居民受教育程度指标 |
| | Y4：农村社会治安变化指标 |
| | Y5：最低生活保障覆盖率 |
| 部门6（生态效益） | X1：投入 |
| | Y1：太阳能普及率 |
| | Y2：森林覆盖率 |
| | Y3：耕地生产率变化率 |
| | Y4：土地侵蚀面积变化率 |
| | Y5：水环境质量指数 |
| | Y6：土壤质量指数 |

根据表6-1所示的涉农部门投入产出指标体系，这里选取湖北省京山县、南漳县、郧县、竹溪县、安陆县、老河口市、汉川市、松滋市、大冶市、鄂州市、咸安区、仙洪试验区等12个县（市、区）作为财政支农资金整合绩效评价的测算对象，并从《湖北年鉴》、《湖北农村统计年鉴》以及相关各县（市、区）年鉴获得了该12个县（市、区）2005年和2010年这两年的相关数据，以2005年的数据测算出的效率值作为各单元的"参考效益"，以2010年的数据测算出的效率值作为各单元的"当前效益"，并据此测算12个县（市、区）的二次相对效益。

## （二）各试点"效益状态"测算分析

"效益状态"分别指"参考效益"和"当前效益"，侧重反映决策单元的投入产出效率，如表6-2所示。其中，从一般预算支出情况来看，促进农业发展和农民增收、改善农民生活和促进农村社会事业这三个部门支出比重最大，累计比重达到 68.15%。按照本文提供的赋权方法，测算所得的“效益状态”集中反映在农业发展和农民增收、改善农民生活和促进农村社会事业这三个部门的投入产出效率上，而城镇化和和工业化、促进农村就业和扶贫、生态效益等部门的投入产出效率对“效益状态”影响作用相对较小。

表 6-2 **湖北省财政支农资金整合试点的“效益状态”表**

| | 南漳县 | 郧县 | 竹溪县 | 老河口市 | 京山县 | 松滋市 |
|---|---|---|---|---|---|---|
| 参考效益 | 0.57 | 0.54 | 0.59 | 0.51 | 0.62 | 0.71 |
| 当前效益 | 0.82 | 0.79 | 0.85 | 0.75 | 0.81 | 0.87 |
| | 安陆县 | 咸安区 | 大冶市 | 汉川市 | 鄂州市 | 仙洪试验区 |
| 参考效益 | 0.64 | 1 | 0.69 | 1 | 1 | 0.72 |
| 当前效益 | 1 | 0.79 | 0.81 | 1 | 0.87 | 1 |

从图 6-4 中可以看出，湖北省 12 个财政支农资金整合试点的“参考效益”和“当前效益”分布趋势较为接近，其相关系数为 0.75，这说明 2005 年和 2010 年湖北省 12 个财政支农资金整合试点的涉农部门的投入产出效率具有较强的相关性。但是，从各县（市、区）涉农部门的投入产出效率排名来看，分别有 4 个县（市、区）排名前升、5 个县（市、区）排名后降、3 个县（市、区）排名不变。此外，由表 6-2 还可以看出，相对于参考效率而言，当前效益有普遍提高的态势，12 个县（市、区）参考效率平均值为 0.72，而当前效率的平均值为 0.86，其含义是，2005 年，为达到现有产出水平，湖北省 12 个县（市、区）的涉农部门平均实际投入可以缩减 28%，即无效投入率为 28%，至 2010 年，该比率缩减至 14%，这表明，财政支农资金整合切实提高了财政支农资金投入的使用效率。

此外，从表 6-2 还可以看出，财政支农资金整合的效果还具有区域性，南漳县、郧县、竹溪县、老河口 4 县（市）整合效果最

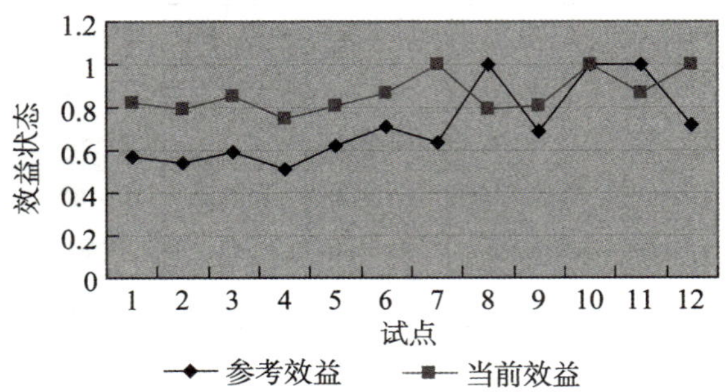


图 6-4 湖北省财政支农资金整合试点“参考效益”和“当前效益”分布

明显，其当前效益较参考效益提高 45.25%，即投入产出效率提升幅度为 45.25%，京山、松滋、安陆、咸安 4 县（市、区）整合效果次之，其当前效益较参考效益提高 16.84%，大冶、汉川、鄂州、仙洪 4 县（市、区）整合效果再次之，其当前效益较参考效益提高 7.92%。这种整合效果的区域差异性可能与各区域的自然地理条件相关，南漳、郧县、竹溪、老河口 4 县（市）属于山区，在财政支农资金整合前，由于资金使用分散，有限的资金难以形成合力，加上山区的恶劣自然条件，投入的边际产出较高，整合财政支农资金，相当于增加了支农投入，所以其效率提升幅度大；丘陵地区和平原地区由于土地肥沃，灌溉条件好，各种产业之间容易协调发展，在财政支农资金整合前，各种投入已经比较充分地发挥作用，增产潜力相对较小，所以整合的效果也相对较弱。

### （三）试点二次相对效益的测算分析

二次相对效益是基于各试点地区的“参考效益”和“当前效益”，从静态和动态两个角度进行测算，分别反映各试点地区资金配置和提升状况。采用本报告所述的方法，测算出 12 个试点地区的涉农部门资金配置效率和涉农服务提升状况效率，如表 6-3 和图 6-5 所示。

表 6-3　**湖北省财政支农资金整合试点地区的二次相对效益测算**

| | 南漳县 | 郧县 | 竹溪县 | 老河口市 | 京山县 | 松滋市 |
|---|---|---|---|---|---|---|
| 配置效率 | 0. 70 | 0. 67 | 0. 72 | 0. 63 | 0. 72 | 0. 79 |
| 提升效益 | 0. 95 | 0. 98 | 0. 94 | 1 | 0. 84 | 0. 87 |
| | 安陆县 | 咸安区 | 大冶市 | 汉川市 | 鄂州市 | 仙洪试验区 |
| 配置效益 | 0. 82 | 0. 90 | 0. 75 | 1 | 0. 94 | 0. 86 |
| 提升效益 | 1 | 0. 79 | 0. 81 | 1 | 0. 87 | 1 |

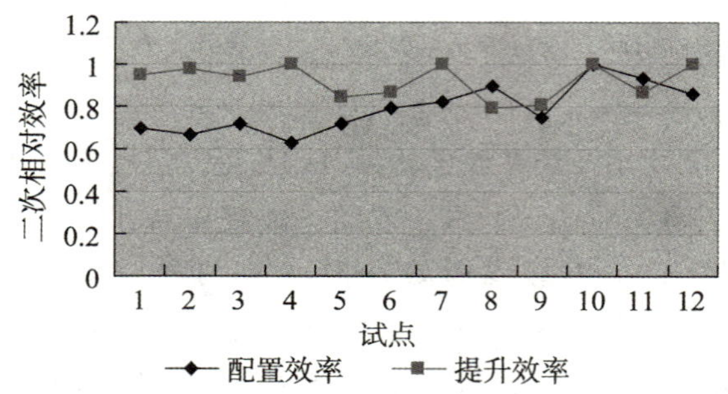


图 6-5　湖北省财政支农资金整合试点地区的二次相对效益分布

通过分析 12 个试点地区的涉农部门资金配置效率和提升状况效率的关系可知，两个效率值在各试点中的分布具有一定的差异，其离散系数分别为 0. 145 和 0. 087，这说明在财政支农资金整合的绩效评价中，各试点地区涉农部门投入产出效率差异较大，主观努力程度差异较小。12 个试点地区的配置效率和提升状况效率的平均值分别为 0. 79 和 0. 92，这表明，从静态角度来看，12 个试点地区的涉农部门投入产出效率平均为 0. 79，从动态角度来看，相对于投入产出效率的已有基础来说，各试点地区的投入产出效率提升潜力平均为 0. 18，即当前投入产出效率还有提升空间，尚有 18%的最优投入产出效率没有实现。同时，各试点地区涉农部门资金配置效率和提升状况效率不存在明显的线性关系，两组效率值相关系数仅为-0. 099，这说明并不是所有的试点地区在农业资金配置和提升状况上同时占有优势。

## （四）试点地区绩效评价的结果分析

根据本报告所设计的财政支农资金整合绩效评价体系，基于涉农部门考察资金配置效率的需要以及提升状况效率，采用变异系数法赋予权重，测算得到12个试点地区的资金整合绩效评价效率数值，如图6-6所示。根据测算出的离散系数可知，在基本公共服务资金配置效率方面赋予的权重为0.59%，而在基本公共服务提升状况效率方面赋予的权重为0.41%，由于各试点地区涉农部门资金配置效率相差很大，均等化程度偏低，有待于进一步提升，所以应该在资金配置效率方面赋予相对较大的权重。表6-4表明，地处鄂西的4个试点地区，其资金整合效率值的分布比较均匀，变化不大，而鄂中和鄂东的8个试点地区的整合总体效率值整体水平较高，但不同试点地区的差异也较大，这可能与各个试点地区的具体整合措施有关。

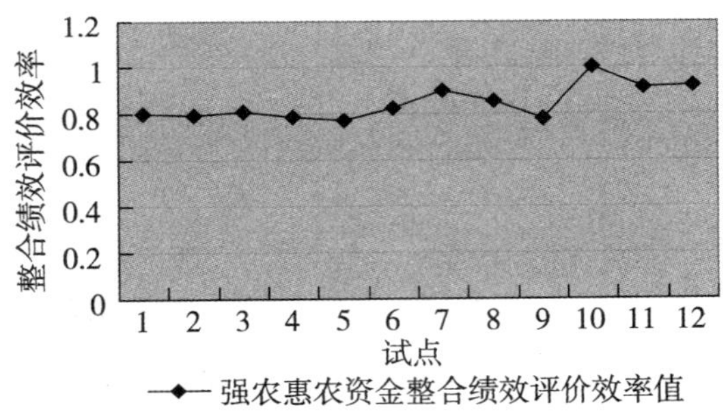


图6-6 湖北省财政支农资金整合试点地区的绩效评价效率值分布

表6-4 **湖北省财政支农资金整合试点地区的绩效评价效率值测算**

| | 南漳县 | 郧县 | 竹溪县 | 老河口市 | 京山县 | 松滋市 |
|---|---|---|---|---|---|---|
| 绩效评价总效率 | 0.80 | 0.79 | 0.81 | 0.78 | 0.77 | 0.82 |
| | 安陆县 | 咸安区 | 大冶市 | 汉川市 | 鄂州市 | 仙洪试验区 |
| 绩效评价总效率 | 0.89 | 0.85 | 0.77 | 1.00 | 0.91 | 0.92 |

# 专题七　湖北强农惠农资金整合问题研究

近年来，湖北省委、省政府高度重视“三农”问题，不断加大强农惠农投入力度，省市县政府新增财力的使用正逐渐向“三农”倾斜，强农惠农资金投入的绝对量呈大幅度增长趋势。据统计，2011年，湖北省各级财政用于“三农”支出规模达992亿元，比2010年增长33%。然而，我们的下乡入户调查发现，由于历史原因和体制惯性，“三农”投入特别是强农惠农资金投入还存在诸多问题，多头管理、分散使用、效率低下的现象十分突出。如何充分发挥强农惠农资金使用效益和政策效应？我们认为，加快推进强农惠农资金整合工作，构建强农惠农资金整合的长效机制是关键。

## 一、湖北强农惠农资金投入的基本态势

### 1. 强农惠农资金边界与范围

随着中国政府对“三农”投入的持续增加，“三农”发展目标的不断优化，“三农”投入的内涵与边界也在不断拓展。从2004年到2012年，中央连续9年发布以“三农”为主题的一号文件，中央的“三农”政策不断完善，从“支农”（2004年）到“支农惠农”（2006年），再到“强农惠农”（2008年），2012年进一步拓展到“富农惠农”，中央“三农”政策目标越来越具体，政策体系越来越完善。

强农惠农资金是指各级财政安排用于“三农”的各项资金投入，包括农村基础设施建设资金、农业生产发展资金、对农业和农民的直接补贴资金、农村社会事业发展资金等（见表1）。很显然，强农惠农投入的范围比国家财政用于农业支出的要大，包括了所有投向“三农”的财政支出，因此，强农惠农投入可以看作是广义的政府支农支出。

表1　　　　强农惠农资金投入的分类及其内容

| 分类项目 | 内　　容 |
| --- | --- |
| 支持农村基础设施建设类资金 | 主要是用于小型农田水利建设、病险水库治理、农村能源建设、农村饮水安全工程建设、农村公路建设、土地整理与耕地保护等资金。 |
| 涉农补贴类资金 | 主要是粮食直补和综合直补、农作物良种补贴、农机具购置补贴、畜牧良种补贴、重大动物疫病强制免疫与扑杀补助、退耕还林补助、生态公益林补偿、森林植被恢复费、林业生态建设资金、家电下乡补贴、汽车摩托车下乡补贴、产粮大县奖励、油料生产大县奖励、生猪调出大县奖励等资金。 |
| 支持农业产业化和社会化服务建设类资金 | 主要是支持农业产业化经营、现代农业生产发展、农村科技发展、万村千乡市场工程建设、新农村现代物流网络建设、政策性农业保险等资金。 |
| 农业综合开发类资金 | 主要是用于农业综合开发土地治理、农业综合开发产业化经营等资金。 |
| 农村综合改革类资金 | 主要是化解乡村债务和农村义务教育债务、国有农场税费改革、一事一议财政奖补试点等资金。 |
| 农业防灾救灾类资金 | 主要是特大防汛抗旱补助、农业生产救灾资金、救济资金、地质灾害防治资金等资金。 |
| 支持农村社会事业发展类资金 | 主要是农村义务教育经费保障、农村中小学校舍建设、农村公共文化体系建设、计划生育奖励扶助和特别扶助、农民体育健身工程建设、农村劳动力转移培训、农村低保、新型农村合作医疗、农村医疗救助、农村医疗卫生服务体系建设、基本公共卫生服务均等化补助等医改资金、农村“五保”供养和敬老院改扩建、农村安居工程建设、新型农村养老保险试点、民政专项救助资金、农村环境保护、选聘大学生到村任职等资金。 |
| 财政扶贫开发类资金 | 主要是各级财政部门安排的用于扶贫开发的资金。 |

续表

| 分类项目 | 内　　容 |
| --- | --- |
| 库区移民类资金 | 主要是各级财政安排的用于支持库区饮水、道路等生活生产设施建设和移民后期扶持、补助的资金。 |
| 支持农村基层组织建设类资金 | 主要是村级组织活动场所建设、村级组织运转经费保障、乡镇机关办公用房建设等资金。 |

自2004年起，中央财政支农支出呈现持续增长态势。2004—2012年间，中央“三农”投入的年均增长速度达到21.7%，其中2008年增长幅度最大，比上年增长了37.9%。最新统计数据显示，2011年中央财政对“三农”的投入首次超过1万亿元，达到10408.6亿元，增长21.3%（见图1），加上地方财政投入，全国财政用于“三农”的支出合计29342亿元，增长21.2%。其中：支持农业生产支出10393亿元，对农民的粮食直补、农资综合补贴、良种补贴、农机购置补贴支出1439亿元，促进农村教育、卫生等社会事业发展支出16240亿元，农产品储备费用和利息等支出1270亿元。从“三农”投入结构看，中国政府更加关注农村民生，农村民生支出比重已超过支出的一半。

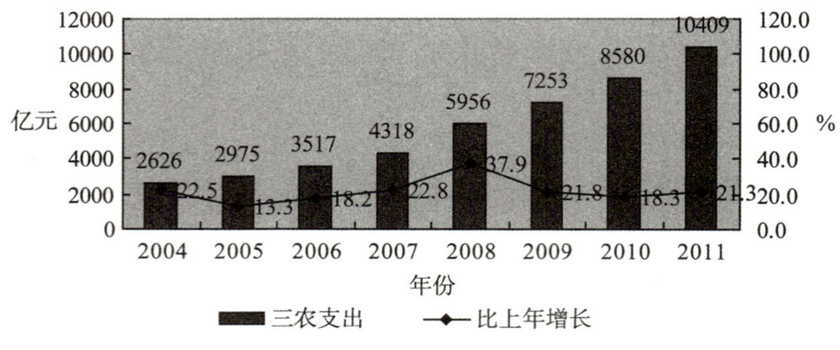


图1　2004—2011年中央财政对“三农”投入变化情况

2011年中央政府强农惠农资金分类项目及其具体支出情况如

表 2 所示，包括涉农补贴支出、现代农业建设支出、农村民生支出和农村体制机制改革支出。

表 2　**2011 年中央政府强农惠农资金范围及分类**

| 分　类 | 内　容 |
| --- | --- |
| 涉农补贴支出 | 农业“四补”资金；林业、畜牧业补贴资金；农业保险保费补贴资金；大中型水库移民后期扶持资金；消费补贴资金 |
| 现代农业建设支出 | 农田水利建设支出；农业综合开发资金；农业科技投入；现代农业生产发展资金；农业科技和技术服务体系建设资金；农林业生态建设资金；农业防灾减灾资金；财政专项扶贫资金 |
| 农村民生支出 | 农村教育支出；农村社会保障支出；农村医疗卫生支出；农村文化投入支出；农村基础设施投入 |
| 农村体制机制改革支出 | 农村综合改革支出；基层农技推广体系改革支出；农村金融服务支出；市场调控支出；粮食主产区利益补偿支出 |

资料来源：http：//www. ecz. gov. cn/structure/zwdt/ywdt/bmgzdtx/bmgzdtzw_50510_1. htm. 经整理。

## 2. 湖北强农惠农资金投入格局

一是湖北强农惠农资金投入规模。从最近几年湖北省强农惠农资金支出情况看，强农惠农投入总量呈现持续增长态势。自 2004 年发布以“三农”为主题的中央一号文件以来，一系列强农惠农政策陆续出台，中央和地方不断加大财政支农资金投入力度。由于强农惠农资金来源多，范围边界不断扩展，为了保持统计口径的一致性，本专题主要分析强农惠农资金中一个重要组成项目农林水事务支出投入规模变化情况。

农林水事务支出从 2004 年的 53. 87 亿元，增加到 2010 年的 305. 44 亿元，增长了近 6 倍，年均增长速度为 33. 54%。尤其是从

2006 年开始，农林水事务支出增长势头更加强劲（见图 2），可见，中国政府“三农”政策目标更加具体，旨在提高农业综合生产能力，增强农民收入水平。

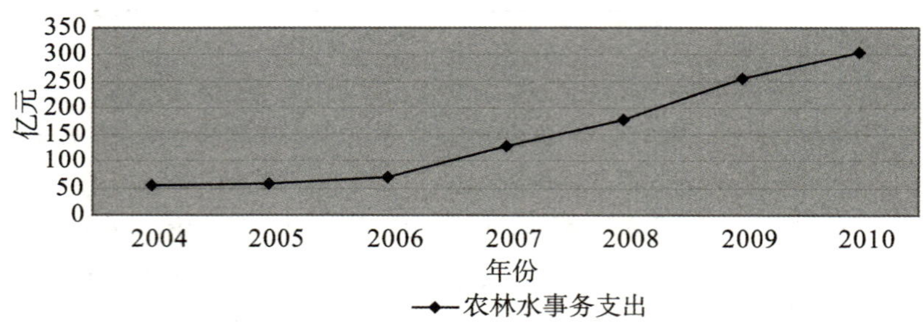


图 2　2004—2010 年农林水事务支出变化趋势图

二是湖北强农惠农资金投入结构。湖北省强农惠农投入结构不断优化，支农目标瞄准改善农业生产条件，着力培育农民增收能力，注重构建农村社会保障体系。随着强农惠农政策的相继出台，政府支农范围不断扩展，就目前而言，湖北省强农惠农资金包括涉农补贴、现代农业发展支出、支持农村金融保险事业发展支出、改善农村生活条件支出、深化农村综合改革支出。

在涉农支出方面，主要以“四补”资金投入为主。2009 年共发放农业四项补贴共计 48.02 亿元，增长约 7%，其中粮食直补资金 7.11 亿元，农资综合直补资金 27.41 亿元，良种补贴和农业机械购置补贴资金 13.5 亿元。此外，拨付农村耐用消费品补贴 13.77 亿元，其中“家电下乡”补贴资金 11.71 亿元，汽车、摩托车下乡补贴资金 2.06 亿元。农业补贴改变了以往对流通环节补贴方式，变暗补为明补，让补贴资金真正流到种田农户手中，即提高农民种田积极性，更为重要的是让农民得到实实在在的收益。

在现代农业发展支出方面，资金投入主要用于支持优势产业发展和优势农产品板块基地建设，扶持特色农产品生产、加工等产业化经营项目，支持国有农场发展现代农业，支持农民专业合作组织发展。2009 年，湖北省在现代农业发展方面的支出的资金超过 24

亿元，其中筹措现代农业项目建设专项资金5.1亿元，农业综合开发资金8.34亿元，以及拨付中央产粮（油）大县奖励资金11.04亿元。这部分资金投入旨在增强农业发展后劲，提高农业的综合生产能力，确保国家粮食安全。

在改善农村生活环境方面，政府相继实施新农村村庄整治、农村饮水安全工程、农村沼气推广和改厕补助、农家书屋建设。2008年，湖北省安排资金1亿元，支持“百镇千村”示范工程建设；安排资金1亿元，拨付政策性贷款4.64亿元，支持实施农村饮水安全工程；安排资金1.5亿元，用于农村沼气推广和改厕补助。2009年，安排专项资金和贴息资金1.58亿元，用于解决农村饮水安全问题；安排资金1.11亿元支持开展血防综合治理；安排资金1.5亿元，支持沼气等农村能源建设。2010年，安排新农村村庄整治、农村安全饮水、“百镇千村”示范村奖励、农家书屋建设等转移支付补助3.8亿元。

政府投入资金支持深化农村综合改革。2009年，安排资金6.12亿元，支持巩固完善农村公益性服务“以钱养事”新机制；拨付资金21.62亿元，支持市县化解农村义务教育“普九”债务；安排资金2.48亿元，支持各地全面完成了国有农牧渔良种改革；筹措资金2.8亿元，扩大农村公益事业建设“一事一议”财政奖补试点。

政府通过财政补贴方式引导金融机构服务农村。2009年，湖北省筹措农业保险保费补贴资金3.1亿元；安排资金1.8亿元支持县（市）级信用联社改革和发展。

## 二、湖北强农惠农资金整合面临的主要问题

从2004年中央提出整合财政支农资金工作要求，到2005年开展资金整合试点，2008年实施县级财政支农资金整合以奖代补，应该说，强农惠农资金整合工作稳步向前推进，并取得阶段性成效；但总体上看，强农惠农资金整合工作仍处在“初级阶段”，深化资金整合还面临着诸多现实难题。

问题一：条块分割、各自为政的资金管理格局，制约了资金整

合的纵深推进

强农惠农资金整合是要将分散在不同部门、不同渠道的资金进行统筹安排，整合使用，充分发挥资金整合的规模效益，充分彰显财政投入“四两拨千斤”的政策功效。可见，资金整合不是简单的“资金拼盘”，而是部门利益格局的调整和资金使用效益的提升。然而，从现实情况看，强农惠农资金投入较为分散，涉及财政、农业、水利、科技、发改委、教育、民政、建设、卫生、交通、林业、扶贫、国土、环保、商务等10多个行政主管部门，在实施中面临着预算环节归并难、分配环节协商难、实施环节操作难等多重现实障碍。各部门都有各自的专项资金，有各自的利益诉求，有自成体系的资金使用管理制度，由此导致各管理制度交叉重叠，目标指向不一致，程序控制差异较大。责、权、利不对等，管理体制不顺畅，部门利益冲突等诸多弊端，不仅影响了强农惠农资金整合的效果和效率，而且导致强农惠农资金整合仍停留在“浅表层次”：（1）各级财政之间整合容易，涉农部门之间整合难；（2）省级层面整合多限于增量资金整合，而存量资金整合由于牵涉部门利益的调整，只能是“雷声大雨点小”，难以迈出实质性步伐；（3）县级整合多限于优势产业培育和上级部门有刚性整合要求的项目，满足于县域经济短期快速发展目标与项目绩效考核要求；（4）整合项目中，“形象工程”、“政绩工程”多，可持续性差，“非农化”倾向难以避免，农户惠及有限。

问题二：边界不清、范围不明的整合行动，阻滞了资金整合示范效应的彰显

强农惠农资金整合的边界不清、范围不明、重点不突出，是强农惠农资金整合面临的又一现实难题。调研中，多位受访财政干部对课题组如此抱怨，“农业财政专项资金安排与资金整合行动之间本来是一对矛盾体，两目标之间难以兼得，整合工作我们常常无所适从。”其实，理论界和实际部门关于资金整合的边界范围、整合后资金的投向重点等问题并未形成共识：（1）是对所有强农惠农资金整合，还是只针对使用效率低下、受益范围广泛的资金整合？（2）是根据强农惠农资金使用性质整合，还是按部门归口整合？

(3) 中央和省级政府对整合工作与农业专项资金之间冲突的容忍度究竟有多大? (4) 在"级次"、"项目"、"资金"、"跨区域"等选择中，强农惠农资金整合应坚持以何为重点? (5) 在现代农业发展、新农村建设、农民增收三大目标中，整合后资金投入应重点投向哪个目标? (6) 在农业发展的具体项目中，整合后资金投向的优先序是什么? 上述事关强农惠农资金整合工作实效的重要问题，至今尚未在理论界和实践界达成一致的认识。

由于认识上的不一致、实践中的不明确，加之各地自然条件、产业发展、民生需求、财力状况各异，在整合实践中，各县依据本县实情采取形式各样的整合行动和整合模式。应该说，各县因地制宜开展资金整合工作，能有效利用资源，彰显区域特色。然而，由于各县的整合工作风格迥异，因而尚未总结出一套行之有效的"共性规则"来推广，资金整合的示范效应没有充分发挥，资金整合工作仍然停滞在各自为政、单打独斗的低层面上。

问题三:"以县为主"、"效率优先"的整合方式，凸显了县级财力的窘境

目前，强农惠农资金整合主要是在县级层面整合，以县为主。然而，由于县级政府（特别是中西部地区）普遍内生财力较弱，县级整合模式面临实施难度大、治标性项目多、整合短视化等诸多问题。

一是县级财政落实项目配套资金压力大。在现行财政项目配套体制下，县级政府由于财力微弱，往往在争取强农惠农整合项目时面临"两难": 若争取项目，将面临资金配套困难或"虚假配套"; 若不争取项目，将可能失去难得的发展机遇。另外，虽然现行资金整合主要是依赖县级平台展开，但是在资金整合中县级政府却缺乏主动权，不仅项目来源、资金数量完全听命于上级，而且随时要承担资金整合所带来的违规责任风险。如果县级政府对上级下达的项目根据实际需要而调整实施地点、建设期限或项目建设内容，即使这种调整更符合实际，甚至能大大提升资金的使用效率，仍然可能要承担挪用资金的责任。因而，整合工作留给县级政府的"空间"其实非常有限，县级整合在具体操作上谨小慎微，不敢"越雷池

半步”，从而窒息了县级政府推进资金整合的创新力和活力。

二是县级强农惠农资金整合项目规划与上级投入难以有效对接。由于项目立项权与审批权的分离，项目审批和资金拨付在上级，而资金和项目整合在县级，其运行结果是县级强农惠农资金整合项目规划与上级投入难以有效对接。县级政府对于自己申报的项目能否获批、资金额度多少、资金何时能到位等心中无底，一切都有待上级说了算。县级政府的被动整合现状，直接影响到强农惠农资金的整合力度和实施效果。

三是项目整合中偏重经济绩效的考量。在现行政府政绩考核体制下，县级政府在开展强农惠农资金整合工作中，往往会过度偏重“效率优先”和经济绩效的考量，常常忽略综合效益、长远效益和全局利益。主要体现在，项目整合多限于龙头企业支持、特色产业培育、先发区域发展等整合平台，常常忽略了对民生项目和落后地区发展项目的关注，虽然能有效促进龙头产业、重点项目的发展，但“垒大户”式整合投资模式，进一步加剧了“马太效应”，带来农村地区的贫富差距，有违社会公平。

问题四：政府主导、监管乏力的整合机制，抑制了资金整合工作的可持续发展

强农惠农资金整合涉及多个层级和多个部门，牵动多个受益主体，整合成功与否，不仅需要上下联动、部门互动以及项目受益主体的密切配合，还需要相关配套制度和措施及时跟进。然而，现阶段的强农惠农资金整合工作主要是依赖行政力量强力推进的，政府是主导者和推动者。我们认为，采用行政推动方式在整合的初级阶段有其合理性和必要性，但政府主导必须有社会特别是农民的广泛参与，有完善的制度性工作机制，有相关配套措施的跟进。遗憾的是整合所需要的制度框架还在构建之中，现实资金整合工作既不规范，缺乏约束，又不透明，缺乏监督。

一是相关资金分配、使用、管理等制度不完善、不系统，使得强农惠农资金整合难以实现规范管理。“各项制度之间相互打架，搞得我们常常无所适从!”，调研中多位受访财政干部向我们如是说。其直接后果是资金分配不规范、使用范围不明晰、管理监督不

严格、职责效能难统一。

二是基层配套改革滞后，致使政务公开、项目公示制、工程招标制、国库集中支付、物资集中采购、资金报账制等工具和手段不能有效运用，资金和项目难以实施跟踪管理。

三是强农惠农资金整合和统筹的监管力较为有限，多元化、全过程的监督机制尚未建立，借整合资金名义挪用强农惠农资金的现象时有发生，严重制约了资金整合绩效提升，甚至造成不良的社会影响。

## 三、加快推进强农惠农资金整合的建议

为进一步加快推进强农惠农资金整合工作，加大资金整合力度，提高资金整合实效，我们提出如下政策建议：

### 1. 组建资金整合领导小组

强农惠农资金包括农村基础设施建设资金、涉农补贴类资金、农业产业化和社会化服务类资金、农业综合开发类资金、农村综合改革类资金、农业防灾救灾类资金、农村社会事业发展资金、财政扶贫开发类资金、库区移民类资金、农村基层组织建设类资金等10大类近百个小项。从省级层面看，涉及省财政厅、农业厅、水利厅、科技厅、发改委、教育厅、民政厅、人社厅、建设厅、卫生厅、交通厅、林业厅、扶贫办等10多个厅级部门。可见，强农惠农资金整合涉及部门多，协调任何重，工作难度大。资金整合工作是一项系统工程，需要各级党委和政府的高度重视，需要各相关部门的密切配合，更需要建立一个高规格的协调工作机构，加强资金整合的统筹规划和组织领导。建议在省级层面，成立湖北省强农惠农资金整合领导小组，组长由省长或分管省长担任，成员由财政厅、发改委、各涉农部门分管厅局长担任，领导小组下设办公室负责日常工作，办公室设在省财政厅或省委财经办（省委农办）。领导小组主要研究制定资金整合政策，颁布资金整合文件，协调各部门的利益关系。市（州）、县（市、区）亦应成立相应机构，加强资金整合工作的组织领导、项目规划和部门协调。

### 2. 明确资金整合范围

强农惠农资金包括了各级财政安排用于“三农”的各项资金投入。资金面广，来源渠道多，因此，资金整合必须界定属性，明确范围。总体而言，除了政策性较强、有固定用途、救灾资金、补贴资金等特殊用途资金外，其余政府支农资金大都能够纳入整合范围。但是，从资金使用与管理实践看，并不是所有可以整合的资金都需要进行整合。根据强农惠农资金使用性质和用途，可以分三大类进行整合：一是现代农业建设类资金整合，包括农田水利设施建设资金、土地开发整治资金、农业综合开发资金、农业科技投入资金、现代农业发展资金、农业技术服务体系建设资金、农业生态建设资金；二是农村民生类资金整合，包括农村教育和农民培训资金、农村医疗卫生资金、农村文化投入资金、农村基础设施投入资金；三是农村体制机制改革类资金整合，包括农村综合改革资金、基层农技推广体系改革资金、农村金融服务资金等。

### 3. 搭建资金整合平台

从2004年中央提出整合财政支农资金工作要求，到2005年开展整合试点工作，再到2008年实施县级财政支农资金整合以奖代补，应该说，湖北强农惠农资金整合工作逐步向纵深推进，并取得较为显著的效果。但是整合工作仍然还停留在浅表层面，主要原因是缺乏有效整合的平台和载体。为此，我们建议，资金整合工作应按照“渠道不乱，用途不变，优势互补，形成合力”的原则，搭建三大整合平台。

一是以“优势产品”、“特色农业”为平台进行资金整合。湖北各地自然资源各异，资源禀赋不同，农业产业布局具有明显的区域特征。可按照比较优势原则培植优势产品，创新特色农业，形成支柱产业，并依次确定优势农业产业项目，搭建优势农业产业资金整合平台。

二是以“粮食安全”、“现代农业”为平台进行资金整合。湖北是农业大省，也是粮食大省，保证粮食安全是湖北对国家的重要贡献。湖北“三化”协调发展，现代农业是短板，为此，可将有关部门用于粮食生产、农业基础设施建设、农业科技推广、农业产业化、农业专业合作社、土地整治等方面的资金整合为现代农业发展资金。

三是以“农民教育培训”、“农村公共事业”为平台进行资金整合。包括：（1）以培养和造就新农民为目标的农民教育与培训资金整合平台。目前，各级财政安排有农村劳动力转移培训、农村科技培训、农村阳光工程、农业职业教育等专项资金，可将上述资金整合为“新农村农民教育培训”资金；（2）以推进农村公共事业发展为目标的农村公共品供给资金整合平台。主要是将农村义务教育、农村卫生、农村新型合作医疗、农村计划生育奖励、扶贫资金及乡村道路、农村沼气、人畜饮水等“六小工程”资金等整合为“农村公共事业发展”资金。

### 4. 创新资金整合方式

强农惠农资金整合是一项长期而又艰巨的工作，需要进一步创新整合方式，提高整合效率。

一是整合方式变“以县为主”为“以县为主，各级联动”。以县为平台进行资金整合，将资金使用权下放到县级政府，可以激发县级政府的积极性，有效发挥县级政府的综合优势，但是由于县级财政一般并不宽裕，且事实上县级政府也存在网状的资金分布结构和部门利益。单一的以县为主进行资金整合难以突破条块分割、各自为政、部门利益的桎梏。建议资金整合采用“以县为主，多级联动，整体打包，项目支持”方式。省级政府主要是切块资金，发布指南，设计制度，进行监管。县级政府负责项目资金运行，项目组织实施和中央、省级项目的委托管理，从而充分发挥省级政府的宏观调控作用和县级政府的信息优势，真正做到“各炒一盘菜、共做一桌席”。

二是整合路径变“前整合”为“前后整合”。目前，强农惠农资金整合主要是项目资金下达后的整合，蛋糕没有做大，容易导致部门利益冲突，是资金分配后的“后整合”。我们认为资金整合应从源头开始，按照“资金渠道不变、审批权限不变、使用性质不变、管理职责不变”的原则，将项目申报、审批到使用整合在一个管理系统。

在省级相关部门监管下，县级政府由财政局牵头，联合项目申报单位，对项目进行统筹规划，有效申报，以共同使用的资金为纽带进行资金全程整合，实现“前整合”与“后整合”相结合，确保强农惠农资金不出现“滴、漏”现象。

三是整合主体变“单打一”为“多元化”。强农惠农资金整合工作一直由政府主导，缺乏社会的广泛参与和监督。其实，农民是强农惠农资金的受益者，是项目的实施者，理当是资金整合的主体。然而，在现实资金整合过程中，农民没有话语权，对整合资金的使用缺乏有效的监督途径，农民的项目需求意愿不能表达。当务之急是培育各种类型的农村合作组织和行业协会，代表农民对资金整合过程进行有效监督，让农民真真切切地参与到资金整合的过程中。同时，要充分发挥强农惠农资金的导向功能和带动功能，引导社会资金整合。如探索开展财政支农资金与金融支农资金的整合试点工作，探讨资金与土地、劳动力、技术等要素的整合模式，通过整合形成新的战略资源。

### 5. 构建资金整合长效机制

强农惠农资金整合不是简单的整合，牵涉地方政府的职能和利益调整，地方政府以什么样的精神状态，以什么样的工作作风，以什么样的创新意识来推进资金整合工作，攸关强农惠农政策效应的发挥，攸关资金整合工作的成败。因此，构建强农惠农资金整合的长效机制尤为重要。

一是构建强农惠农资金的长效投入机制。强农惠农资金的无限需求与有限供给的矛盾将在一个较长时期客观存在，缓解资金供求矛盾的有效途径就是持续加大强农惠农投入力度，继续确保财政对“三农”投入的稳定增长，继续确保财政支农支出的增长速度高于财政支出的增长速度，构建以中央和省级财政为主，以市县及乡政为辅的财政支农投入保障机制；明确各级政府财权和事权范围，逐渐削减县级财政的项目配套比例，缓解县级政府的财政压力；不断创新财政投融资机制，吸引各类信贷资金、担保、再担保资金以及其他社会资本投资农业和农村建设。

二是构建强农惠农资金整合的长效激励机制。为了引导鼓励县（市、区）开展强农惠农资金整合工作，按照“自愿申报、择优考评、客观公正、科学规范、突出成绩、以奖代补”原则，省财政厅在综合考评基础上，对资金整合力度大，整合效果显著的县（市、区）予以现金或项目奖励，逐步构建“县（市）多整合，上级多奖励”的政策激励机制和资金整合绩效与职位升迁相挂钩的“政治”激励机制。同时，进一步健全资金整合的绩效评估体系，完善绩效考评方法，保证绩效评估的公正性和有效性。

三是构建强农惠农资金整合的长效监督机制。强农惠农资金整合后，资金规模更大，资金营运环节更多，如果监督不力，管理不到位，造成的损失亦会更大。因此，加强资金整合的全程监管和多元监督刻不容缓。一方面是前移资金整合的监督管理“关口”，建立贯穿资金整合全过程的监督管理机制，包括事前审查把关，事中跟踪检查，事后稽核考评等；另一方面构建由人民代表大会的宏观监督、财政部门的日常监督、审计部门的事后监督和社会监督、法律监督的多层次、多方位监督管理体系。

**本专题发表于湖北省人民政府智力成果采购重点项目《成果专报》第10期，获湖北发展研究奖一等奖（2014年12月）**

# 第七章 政 策 建 议

财政支农资金整合，绝不是一次简单的资金拼盘和组合游戏，而是一个工程繁杂的系统工程，事关相应各级政府部门的职能转型，事关相关利益主体的重大利益调整，各级政府及其相应职能部门以什么样的精神状态，以什么样的工作作风，以什么样的创新意识来推进资金整合工作，将直接关系到财政支农政策效应和制度效应的有效发挥，直接关系到资金整合工作的成败，直接关系到广大农民平等参与现代化进程、共同分享现代化成果。为此，在前面各部分研究的基础上，我们特提出以下政策建议：

## 一、继续加大财政支农资金投入力度，不断拓展整合的广度与深度

### （一）加大投入，构建财政支农资金的长效投入机制

针对我国财政支农资金极为短缺与资金使用效益低下之间矛盾日益凸显的现实，整合财政支农资金已成为实现我国农业跨越式发展的重大现实课题。进入21世纪以来，虽然财政支农资金的绝对规模和相对比重都增长较快，但是财政支农资金投入相对于“三农”弱势地位而言，仍然显得十分不够。鉴于我国县级财政普遍“捉襟见肘”和地方债务风险高的现状，持续加大财政支农资金投入力度，继续确保财政对“三农”投入的稳定增长，构建以中央和省级财政为主、以市县乡为辅的财政支农投入保障机制，确保财政支农支出的增长速度超过财政支出的增长速度，逐步降低市、县级政府配套比例，有效缓解县级政府财政压力，对于创新县级平台

的资金整合模式、改进资金整合工作、提升资金整合绩效作用重大①。

### （二）统一归并，不断拓展整合范围

在全面清理支农专项资金的基础上，凡是性质相同、用途相近的，都应无条件地纳入支农资金整合范围，以便统筹安排和集中力量办大事。支农资金整合的边界界定为：根据专项资金性质，除了极少几类特殊类型的专项资金如生产救灾资金、直补农民的资金等之外，应将其他所有财政支农资金都纳入整合范围，以支持主导产业和重点区域发展。营造良好的支农资金整合氛围，采取多项政策和措施，积极扩大整合试点战果，不断拓展整合的范围。各地区应立足产业和区域发展的实情，探索因地制宜的整合模式。依据支农资金整合的实践，支农资金整合项目可依据以下四类来实施统一申报，统一投放，统一监管：（1）农业基本生产条件改善类资金，涵盖农、林、牧、水领域的基建类投资、农业综合开发资金、水利建设资金等；（2）生态环境修复与建设类资金，涵盖水土保持补助、天然林保护资金等；（3）农业产业结构调整和农村劳动力就业类资金，涵盖促进农业结构调整、农村劳动力转移就业的培训资金等；（4）农村发展和基层治理类资金，涵盖支援欠发达地区发展资金、农村公共基础设施建设资金等。

### （三）变“资金整合”为“要素整合”，不断拓展整合深度

财政支农资金整合，不仅是财政资金本身的整合，还包括财政资金带动和引导社会资金的整合。当前拓展整合深度途径有二：其一是，突破深度整合的瓶颈，努力开辟资金来源的新渠道，努力发挥财政资金的“四两拨千斤”功能，创新财政融资机制，吸引各类信贷资金和私人资本投资农业和农村建设；其二是，财政支农资

---

① 李萍．促进广西财政涉农资金整合优化的研究．经济研究参考，2012（59）．

金整合应有利于农业资源要素整合，通过实施资金整合项目把土地、劳动力、资本、技术、品种资源、营销渠道等诸要素合理整合创新，通过整合创建形成新的战略资源。只有不断拓展整合深度，才能稳步提升财政支农资金的使用效益。

## 二、搭建全方位、多层次的资金整合平台，探索跨行政区域的整合模式

### （一）创新资金整合平台，巩固和发展县级整合成果

从2004年中央一号文件首次提出财政支农资金整合要求、2005年开始实施以县为主体资金整合试点以来，各级财政部门开拓创新，积极探索因地制宜的新的整合路径，使得整合工作逐步向迈向纵深推进，并取得了一定的成效。然而，从整体上来看，全国的支农资金整合工作仍“雷声雨点小”，仍徘徊于浅表层面，导致这一窘境产生的一个直接原因是资金整合的有效平台短缺。为巩固和发展县级整合成果，今后应搭建好以下四大财政支农资金整合平台：

#### 1. 平台之一：以“粮食安全”、“现代农业”发展为目的“现代农业发展资金整合平台”

我国是人口大国，“粮食安全”之剑始终高悬；推进“四化”协调发展中，现代农业当前是致命的“短板”。因此，各地推进财政支农资金整合中，可考虑将农业基础设施建设、粮食生产、农业产业化、农业专业合作社、农业科技推广、土地整治等6大块的财政支农资金整合成“现代农业发展资金平台”。

#### 2. 平台之二：以“优势农产品”、“特色农业”发展为目的“优势农业产业资金整合平台”

我国各地自然资源禀赋、人文资源禀赋差异较大，农业产业发展应彰显区域特色。支农资金整合项目的选择，理应立足于本地独

特的资源优势，培植优势农产品，发展壮大特色农业，发挥规模经济和范围经济的作用，打造地域性优势农产品品牌和支柱产业，搭建优势农业产业资金整合平台。

#### 3. 平台之三：以“农民教育培训”发展为目的“新型农民培育资金整合平台

为培养和造就社会主义新型农民，可考虑以农村劳动力转移培训、农村科技培训、农村阳光工程、农业职业教育等专项资金为基础，打造“新型农民教育培训资金整合平台”。

#### 4. 平台之四：以农村公共事业发展为目的的“农村公共事业资金整合平台”

本平台主要整合农村义务教育、农村卫生、农村新型合作医疗、农村计划生育奖励、扶贫资金、乡村道路、农村沼气、人畜饮水等“六小工程”资金等专项资金。

### （二）设立省级整合试验片区，探索跨行政区域的整合模式

“上面千条线，下面一针牵”，在现行农业财政投入体制下，县一级是财政支农资金配置的终端，应继续推进以县级平台为主的整合工作。适当探索跨县域的片区整合模式，建议在湖北仙洪新农村试验区资金整合模式的基础上，按照自然资源特征或产业特征相近的原则，在省内选择几个片区设立省级财政支农资金整合试验区。

试验区对来自发改委、财政、农业、林业、水利、水产畜牧兽医、气象、农机、扶贫、民委、经委、商务、粮食、教育、科技、文化、民政、卫生、社保等部门等上级各部门、各渠道的农业项目资金和农村发展资金有自主整合调配使用的权力，变目前资金的“条条流动”为“块块整合”，改变目前各部门分散和割据资金，管理层级多，运行环节多的状况，减少资金审批和管理部门，审批权限下放，缩短审批过程，精简审批程序，降低运行成本和相关费

用，提高财政支农资金使用效率。

## 三、成立高规格的统筹协调机构，强化整合工作的组织领导

### （一）成立高规格的协调机构，逐步推进上下联动型整合

以县级整合为基础，突破财政支农资金停留于县（市）层面整合的局限性，重视源头整合，逐步推进上下联动型整合，不断深化中央及省、市级涉农部门间的整合工作，为此，必须创新整合工作思路，构建高规格的财政支农资金整合协调机构，逐步推进上下联动型整合。

财政支农资金整合是一个系统工程，协调任务重，工作难度大，涉及部门多，需要各级党委和政府的高度重视和大力支持，需要各级财政、涉农部门的密切配合。创新资金整合工作思路，改变当前依赖“部门协商”为主的推进方式。为有效解决财政支农资金整合“多头共管”的问题，强烈建议成立一个高规格的统筹协调工作机构，可由各级政府各涉农部门选派人员参加这一机构，实行行政一把手负责制，统一安排财政涉农资金和项目的使用和管理，强化资金整合的组织领导。根据国家经济形势发展需要和相应的国家政策，协商制定因地制宜的农业发展规划，依照“减少交叉、强化协调、适应市场”的要求，进一步科学调适各部门的相应职能。

### （二）注重省级层面的资金整合，强化整合工作的协商与组织领导

在省级层面，及时成立省财政支农资金整合与统筹领导小组，组长由省长担任，组员由发改委、财政厅、各涉农部门分管厅长（主任、局长）担任，办公室设在省财政厅，由财政厅负责具体日常沟通、协调和联系工作；逐步构建常态化的定期议事机制，以省

政府名义出台有关财政支农资金整合的政策性指导文件，统领全省资金整合工作。创新资金整合管理机制，协调好财政部门和有关涉农部门的利益关系，重视“前整合”与“后整合”，深入推进县级平台整合，探索跨行政区域的片区整合。各市（州）、县（市、区）也应成立相应组织，加强财政支农资金整合工作的组织领导，强化部门责任，密切部门间合作，定期研究工作，并将工作落实到每一个具体环节，发挥应有作用。只有加强组织协调，采取强有力的行政手段，才能实现对财政支农资金的有效整合。

## 四、高度重视整合过程的农户参与，推进整合工作的规范化、程序化

### （一）着力打造农户参与性整合平台

我国财政支农资金整合一个显著的特征就是政府主导型的“单边型”整合，短缺农户的有效参与，好像资金整合工作与农户无关，整合工作从来都是政府的“自搭台自打鼓自唱戏”，农户只是“被动的观众”。殊不知，这正是整合项目绩效低下、农民强烈不满甚至损害农户利益的主要原因。农户是财政支农资金的最大受益者，但是在整合过程中却短缺应有的参与权与话语权，对资金的使用短缺有效的监督权。当前大多村级组织“名存实亡”，只剩一块牌子，当务之急是因地制宜地培育多样化的农村经济组织和行业协会，代表农户对资金整合运行全程参与和监督，以扭转政府单边型整合模式。

借鉴法国财政支农的经验，以农业互助合作方式为载体进行整合，对土地集中和农业合作提供相应的财政支持。当前，农村“龙头”企业或“大户”是财政支农整合的支持重点，虽然农业产业化制度安排（如：“公司+农户”、“公司+基地+农户”等），理论上可实现公司与农户的共赢，有效带动农户增收；然而，产业化实际运营过程中，由于公司与农户的利益在本质上是对立的，常常出现这样的“尴尬局面”，即财政支农资金投入越多，农业发展成

果越难惠及中小农户，并直接导致农村贫富两极分化，这将直接有悖于支农资金投入的初衷。基于此，现阶段我国财政支农资金整合必须要建立在农村经济合作组织发展的基础之上，逐步将支农重心转到扶持农村经济合作组织发展上来，着力打造农户参与性整合平台。因而，农户的全程参与和监督，将事关支农资金整合工作的成败。

### （二）推进整合工作的规范化、程序化

现行财政支农资金整合，主要是自上而下式、依赖行政力量推进的“指导整合”。该种整合方式具有灵活性强、易于发挥地方主观能动性的优势；然而，其最大不足是随意性强，易于引起地方政府的“违规操作”。由于信息不对称及监督成本高昂，中央和省级政府无法全面监测和掌握到下面各级政府财政资金的真正投向，再加之资金整合的边界模糊、整合后资金的投向重点不明确，县级平台资金整合过程中常常会出现“违规操作”，如虚假配套，资金投入非农化，给资金挪用、截留等贴上“资金整合”标签，项目管理混乱等，已成为当前制约财政支农资金绩效提升的重大障碍。创新资金整合机制，变“指导整合”为“文件整合”已成为当务之急！强化“文件整合”，及时出台各类财政支农资金整合文件，以文件的形式明确各类财政支农资金整合的原则、标准、目标、整合边界、整合重点等重要问题，克服资金整合和项目实施中的随意性，规范资金整合和项目实施行为，堵塞各种以资金整合为借口而大量存在的资金挪用、截留等违规问题的发生，最大限度地发挥财政支农资金的使用效率。

## 五、构建资金整合激励的长效机制，变“消极整合”为“主动整合”

### （一）健全资金整合的绩效评估体系

激励机制是指激励主体依据法律法规、价值取向和文化环境

等，对激励客体之行为从物质、精神等方面进行激发和鼓励以使其行为继续发展的机制，激励机制成功与否取决于“激励诱饵”对激励客体的吸引力强弱。为了引导和鼓励县（市、区）开展财政支农资金整合，按照“自愿申报、择优考评，客观公正、科学规范、突出成绩、以奖代补”原则，中央和省级财政部门对各县（市、区）实施考评的基础上，对资金整合力度大、整合效果显著的县（市、区）予以现金奖励，逐步构建“县（市、区）里多整合、上级多奖励”的激励机制。然而，“激励诱饵”的吸引力不强是现行激励机制面临主要问题，如项目管理费未纳入资金下拨计划，试点县各部门大多面临要么不做项目，要做就会陷入自己倒贴管理费用的尴尬处境，直接影响了部门参加整合工作的积极性，再比如现行激励忽视基层政府官员更关注的“政治租”等。

### （二）凝聚推进整合工作的正能量

进一步完善激励机制，变“消极整合”为“主动整合”。加大财政支农资金投入力度，将项目管理费纳入资金下拨计划，减免市县两级政府资金配套比例，建立健全严格的整合绩效评价体系和决策责任追究制度，强化定量和定性绩效考评，加大现金奖励和精神奖励力度，探索整合绩效与职位升迁相挂钩，强化“政治租”激励，从而加快我国资金整合工作的顺利开展。通过强化奖惩激励，从制度上激发各地深化支农资金整合工作的积极性，给那些整合工作落后地区形成相应“威胁”，从而凝聚资金整合的正能量，以便稳步、持续、高效地推进财政支农资金整合工作。

## 六、推进支农资金管理体制改革，探索财政支农与金融支农的有效整合

### （一）推进支农资金管理体制改革

按照财政支农资金整合管理的要求，制定整合项目管理办法和整合资金管理制度，逐步构建科学规范的资金整合管理制度体系，

变整合工作由“无序推进”为“有序推进”。从国家和省级层面来看，当务之急是：依照财政支农资金整合和统筹的目标要求，对现行财政支农资金管理制度进行全面清理、修订和完善，尤其是解决好各项制度之间的衔接问题，构建覆盖财政支农资金预算分配、拨付、使用、监管和绩效评价全过程的资金管理制度体系。对于县（市、区）层面而言，要结合区域实情，针对财政部、省级、市级财政部门制订的各项财政支农资金管理制度，制定具体的、切实可行的管理制度或实施细则。严格执行国库集中支付制度、政府采购制度、资金专户管理制度、资金报账制度和监督检查等资金管理制度，切实提高财政支农资金使用的规范性、安全性和有效性。加强农业投资管理立法，农业政策制定与执行、农业部与其他部关系都应由法律来安排，通过立法确保财权、事权、财力分配明确，逐步实现农业支持政策项目化，项目管理法制化。

### （二）积极推进支农资金整合的运行机制改革

逐步理顺支农资金管理运行机制：一是实行“因素分配法”。为建立起公平公正的分配机制，对财政支农专项和部门预算项目资金，应实行因素分配法；注重绩效考评，奖优罚劣，将因素分配和资金整合绩效考评相结合，以提升整合资金管理的规范化和资金使用效益的提升。二是“简政放权”。在信息明晰和结果可控的条件下，实行指标额度控制和项目备案制，有步骤地下放支农资金和项目的审批权限。三是“集中力量办大事”。各涉农相关部门应对本部门预算中的项目支出进行清理，依据“三农”事业发展的需要，对性质相同、用途相似的项目支出实施归并整合，以便在预算安排上加大对重点事业发展的有效支持。四是强化“制度整合”。创新支农资金整合的制度和政策，为整合工作的纵深推进提供环境支撑，科学策划和设计资金整合方案，加强涉农部门间的协调配合，培育良性互动的工作机制。

### （三）积极探索财政支农与金融支农的整合

整合财政支农资金只是代理人数量的减少和利益关系的调

整，整合后同代理人之间信息不对称问题依然存在，最终本次整合可能部分缓解老问题，但对委托代理难题依然没有很好的解决之策，且委托代理问题有较高的交易成本。同时，还存在由于行政阻止商业性金融，使得商业性金融没有得到很好的发展，在经济利益的驱使下农村信用社理性地脱农、背农，违背服务导向和市场法则等问题。因此，仅仅通过改革财政支农或仅仅通过改革金融支农，不把二者有机结合起来不能很好的提升各自的支农能力。所以应该突破财政支农或金融支农的单一方式，对二者进行有机的结合，让二者在支农目标指引下优势互补、发挥合力，提高支农的实际效益。

财政支农和金融支农分则两伤、合则两利。（1）财政很难克服自身的支农弱点，而金融也难以改善其所处的外部支农环境，若二者分别独立运作，支农的弱点和问题会更多；（2）对财政支农与金融支农进行有机整合，可大大提高财政支农资金的使用效率，增加财政支农资金总量，通过金融机构操作财政支农资金对于解决支农资金渠道过多、投入分散、管理混乱、效率低下等问题有重要作用①。

基于此，财政支农与金融支农整合可遵循以下原则实施整合：（1）立足创新，前瞻全局；（2）试点先行，立法保障；（3）整合财政支农资金与整合财政、金融支农两步走；（4）以财政支农资金为先导，以金融支农资金为主力；（5）财政支农与金融支农多层次整合；（6）以支农项目为平台，实现财政支农与金融支农的整合。整合中可采取以下主要形式：一是财政支农与农民金融培训的整合；二是财政支农与商业性金融支农的整合；三是财政支农与农信社改革、政策性金融支农的整合；四是财政支农与农村增量金融支农的整合。当然，二者之间的深度整合还需相应配套改革实施的配合，如：财政政策与货币政策有效配套衔接、相关涉农机构改

① 彭克强，陈池波．财政支农与金融支农整合论．中州学刊，2008（1）.

革的整体推进等①。

## 七、构建资金整合的全方位监管机制，变“事后监督”为“全程监管”

财政支农资金整合后，资金规模更大，资金营运环节更多，受委托经营的机构的数量就越少，贪污和挪用的风险就越大，如果对整合工作监督检查乏力，相应的管理不到位，由此导致的风险损失将会更大。因而，完善资金整合监管方式，实施全程监管和多元监督刻不容缓。切实完善资金整合监督方式，加强对财政支农资金整合的跟踪问效，严肃财经纪律，加强对资金整合项目的申报、立项、分配、使用、验收等全程的监督检查，变“事后监督”为“全程监管”，及时构建贯穿全程的监管机制。在加强日常监督检查的同时，采取不定期抽查、专项检查；实施多元监管，与人大、审计、纪检、检察等部门开展联合检查；充分发挥科研咨询机构、媒体网络等第三方力量的作用②。通过“全程监管”、多元监督，确保在部门矛盾利益比较突出的现实背景下，有限的财政支农资金通过整合发挥出更好的效益。

## 八、加强资金整合调查研究，变“经验决策”为“科学决策”

财政支农资金整合不是一次简单的“资金整合”，而是一项繁杂的改革进程，目前正处在探索阶段，尚有许多体制机制问题、操作运营问题值得深入研究和探讨。加强调查研究，为深化整合提供相应的理论支持，不断拓宽财政支农资金整合工作思路，从而大幅

① 彭克强，胡星城．财政支农与金融支农整合：基于新制度经济学的分析框架．社会科学辑刊，2008（3）．

② 邵晓琰．整合财政支农资金　提高其使用效益．山东工商学院学报，2009（1）．

度提升我国财政支农资金整合决策水平，变“经验决策”为“科学决策”。建议下一步重点探讨以下几个方面问题：一是结合资金整合，开展政府事权与财权划分问题的研究；二是开展资金整合边界、整合后资金投向重点问题的研究；三是开展集中连片区域资金整合模式的探讨；四是开展资金整合支持新农村建设方式的研究；五是深化我国资金整合工作的经验研究。通过调查研究，破解阻碍资金整合的理论性障碍，为科学决策“保驾护航”。

# 专题八 财政支农与金融支农整合论

## 一、引言：走出财政、金融支农二重困境急需另辟蹊径

财政与金融是当今世界各国支持农业发展的两大政策工具，其效率决定着各国农业发展的速度与质量。中国是农业大国，农业、农村与农民（以下简称“三农”）在经济社会发展中十分重要，而“三农”的弱质性决定了必须进行持续有效的扶持，其基本手段主要是财政与金融。从总体上讲，财政支农与金融支农的成效是显著的，但国家扶持”三农”的财政与金融手段在新的发展环境下也陷入困境。财政方面主要是支农效率低下且支农规模增长乏力问题；金融方面主要是农村金融因农村市场特质性导致其收益与成本不对称而大举撤离农村问题。

关于财政支农，现有学术观点大致分为三类：一是规模论，呼吁政府应增加财政支农投入，尤其是增加农村公共品投入，以改善农村居民的生产、生活条件和农村的投资环境（陈阿兴，2002；廉桂萍，2003）；二是效率论，强调应加强财政支农资金的使用管理以提高其效率（张悦玲，2001）；三是整合论，提出应通过整合分散于政府各部门的财政支农资金以提高其使用效率（姜长云，2004）。政府的财政支农政策受国家目标函数决定①，也受到学界主流观点的影响。近两年，财政部出台整合财政支农资金的政策措施即是二者综合影响的产物。由于商业性金融纷纷撤离农村，而政策性金融功能弱化，农村金融市场基本上只剩下合作金融。在合作金融支农问题上，目前学术观点大体有三种：一是存量②论，主张通过存量改革来增强其支农能力（谢平，2001；张雪春，2006）；

---

① 国家支农的目标函数主要是稳定并发展“三农”，为国家整体经济提供基本的环境条件和有力的要素支撑。

② 按目前官方口径，现有正规农村合作金融机构包括农村信用社、农村合作银行和农村商业银行，但笔者认为此划分比较混乱，因农村商业银行应属于商业性金融范畴而不应因为要求其履行支农义务就将其归入合作金融口径，故笔者将农村合作金融存量界定为农村信用社与农村合作银行两部分，且以农村信用社为绝对主体。

二是增量①论，强调应将民间金融合作化以增加支农投入（张乐柱，2006）；三是增量渐进发展论，主张农村合作金融应走增量渐进发展道路以突破“存量改革难”与“增量发展受阻”的双重困境，并实现在增加金融支农力量的同时力促存量改革之目的（陈池波，彭克强，2007）。同时，学术界关于设法阻止或减少农村资金外流并吸引外部资金回流农村的观点已被中央政府采纳。

但是，整合财政支农资金的难度大，成本高，在经济上未必合理，即使形式上实现了整合，也会由于整合成本大于整合收益使得整合的实效大打折扣；而在市场经济条件下，硬性阻止商业性金融及已异化的农村信用社（以下简称农信社）“脱农”未必可行，因农村市场特性决定了商业性金融在农村发展不太理性。可见，两大支农主体和两股支农力量分别改革以增强各自的支农能力效果并不明显，为此，需要转换思路，探寻新的改革路径。本专题试图超越财政支农或金融支农的单一视角，着眼于二者的整合，使二者同在“支农”目标约束下扬长避短、优势互补，提高支农绩效，并最终从困境中走出来。

## 二、财政支农与金融支农整合的客观必然性

在现行投融资体制下，金融支农的作用难以发挥，因农业的弱质性，金融不宜按商业化模式“支农”，政策性金融若支农方式不当也难有效果；而整合财政、金融支农则是同时发挥财政、金融支农作用的关键。财政支农与金融支农政策的根本目标一致，但因二者执行主体不同，支农原则、方式各异，加上部门协作意识不强、政策沟通不够及“三农”问题本身的复杂性等，导致二者各自为政。一是金融部门在制订信贷政策及组织信贷投放时，很少考虑财政支农政策；二是财政部门在安排支农支出时也很少寻求与金融资金的配合，未将两者统筹安排以发挥其杠杆效应。财政、金融支农

① 增量指自发产生的农村合作金融组织与形式，包括农村合作基金会（已被取缔），民间金融中的互助借贷、合会、合作担保等有形、无形的合作金融形式等。

的这种“单干”局面，大大弱化了支农资金的政策功能和使用效率。因此，迫切需要对财政支农与金融支农进行整合。

1. 财政支农与金融支农整合的必要性：(1) 财政支农与金融支农分则两伤、合则两利。一是分则两伤，因财政很难克服自身的支农弱点，而金融亦难以改善其所处的外部支农环境，若二者分别独立运作，即便各自开展改革以试图解决自身的矛盾与问题，最终仍将导致二者均陷入支农困境的局面；二是合则两利，若把财政与金融整合起来形成支农合力，二者扬长避短，发挥各自的支农比较优势，最终将带来提升两者支农绩效的合作共赢局面。(2) 整合财政支农与金融支农，可以提高财政资金使用效率，放大支农资金总量，且由金融机构操作支农资金可以有效解决财政支农渠道多、项目杂、投入散、管理乱等问题。(3) 在整合财政支农与金融支农并提高财政资金使用效率且放大支农资金总量的基础上，可以适当削减县级财政配套资金的数量以减轻县级财政压力，财政亦可能拿出更多资金投入农业科研，并带动更多的金融资本进入农业科研领域，以促进农业科技创新开发。(4) 当前，“三农”发展出现劳动力、土地、资金“三缺一”的局面，即“三农”发展遭遇资金短缺的制约。从更大范围讲，目前“三农”问题、金融问题乃至反腐倡廉工作举步维艰，其实都与当前的资金支农困境不无关系，因为“三农”问题牵一发而动全身。当前，政府正在财政支农与金融支农两个“战场”奋力突围，但效果均不理想。如果能将财政支农与金融支农整合起来，并确立金融机构的核心地位，则很可能盘活财政与金融两股支农力量。

2. 财政支农与金融支农整合的可行性。(1) 正在试点的整合财政支农资金的政策与实践表明，政府已认识到“整合”相关支农资源的重要性，既然必须整合分散于政府各部门的财政支农资金，那么为何不能适时整合财政、金融两股支农力量？因为分散的财政支农资金也好，金融支农资金也罢，其共性是支农资金，其政策本质在于“支农”，在“支农”大前提下，整合财政支农与金融支农不仅是必要的，而且是可行的。(2) 整合财政支农资金是整合财政支农与金融支农的必要准备，而整合财政支农与金融支农则是整合财政支农资金的必然趋势。虽然财政支农资金整合已经取得一定成效，但提高财政支农资金效率还需要金融支农政策的配套跟进。财政支农资金整合的成功须同时满足三项条件：一是整合后，财政支农资金的使用效率得以大幅度提升；二是整合后，财政支农资金的规模急剧扩张，能基本满足“三农”发展对资金的需要；三是国家开展配套的行政机构改革，大幅度精简涉农机构、人员，建立一支精干高效、务实负责、廉洁奉公的涉农公务员队伍。笔者认为，这三个条件均难以满足，原因有三：一是在现行行政管理体制下，部门间的利益关系盘根错节，整合就意味着利益关系的调整，而这正是改革的难点所在。二是在目前财政状况下，大幅度增加支农财政投入并不现实。改革以来，财政支农系数①在波动中以较快的速度从 1978 年的 0.48 上升至 2005 年的 0.61，升幅达 27.1%；若从 1984—2005 年看，财政支农系数从 0.26 快速升至 0.61，上升 134.6%。这说明，改革以来，国家对“三农”问题是高度重视的，近几年来政府在支农投入上保持了持续稳定增长态势，然而，农业是一个劳动密集型产业，作为一个各项事业均急需财政投入的发展中大国，不可能使财政支农系数达到 1 以上；且政府支农的缺陷主要不在于财政支农的规模而在于财政支农资金的使用效率。三是现阶段彻底改革行政体制并不可行，因为在构建和谐社会的环境下，大幅度精简涉农部门、人员只能是一种美好愿望，难以成为解决现实问题的依托。可见，整合财政支农资金只是达到整合财政支农目标的必要条件而非充分条件。（3）农业综合开发实践为整合财政支农与金融支农提供了宝贵的经验与教训。1988 年以来，国家实施农业综合开发的实践为财政支农与金融支农的整合提供了可资借鉴的经验与应当吸取的教训。总结近 20 年农业综合开发实践，其经验主要是中央财政支农资金初步发挥了“杠杆

① 财政支农系数，系本专题界定的一个新概念，指财政支农支出占财政总支出的比例与农业产值占 GDP 的比例之比，它定量地描述了财政支农支出占比与农业产值占比之间的动态变化关系，反映了财政支出对农业的相对倾斜程度，其值越大，表明政府对农业越重视。

资金”功能，较好地吸引了地方财政资金的配套、项目建设单位自筹资金的配合和金融资金的跟进；其教训主要是在农业综合开发实践中，财政部门和综合开发部门操控主导，金融机构信贷投入的积极性没有充分发挥。如果在农业综合开发中发挥财政资金的先导作用、金融资金的主体作用，并确立金融机构的支农核心地位，则开发绩效一定会更好。推而广之，在更大范围内将财政支农资金与金融支农资金予以整合，发挥各自的支农比较优势，将进一步提升整体支农绩效。

## 三、财政支农与金融支农整合的基本原则

1. 立足创新，着眼前瞻。政府要增强自身的学习能力，进一步解放思想、求实创新，扎实推进支农资金整合工程，在有利于扶持“三农”、建设新农村和小康社会的大前提下，着眼战略全局和前瞻性，勇于开拓，实现财政、金融支农双重困境的突破。

2. 试点先行，立法保障。由于“三农”问题的敏感性以及整合支农资金的宏观性、复杂性，应积极展开整合试点，在试点中积累经验、纠正偏误，尽快使整合方案更具操作性，并及时将经实践检验证明是可行的整合方案上升为国家意志，以便成功经验能在更大范围内得以有效推广，同时，考虑尽快出台《支农资金整合法》或类似法律。

3. 整合财政支农资金与财政、金融支农整合两步走。一方面，应以整合财政支农资金为基础，因为整合财政支农资金是财政、金融支农整合的必要准备；另一方面，应将整合财政支农与金融支农作为战略重点，因为整合财政、金融支农是财政支农整合的必然趋势。实践中，既坚持两步走的整合战略，又分清整合的优先序。

4. 以财政支农资金为先导，以金融支农资金为主力。一方面，财政支农资金具有公益性，在满足社会、经济效益的前提下，率先进入需要资金支持的涉农领域或项目，引导商业性金融资金进入农村市场。另一方面，财政资金总是有限的，往往不足以支撑一个社会经济效益良好的较大项目，所以必须有商业性金融资金的配合才能把支农项目做起来。考虑到财政支农资金的规模有限性尤其是无

偿性，在整合财政支农资金与金融支农资金时，应以金融机构为主角、政府部门为配角，确保金融机构在支农整合中的核心地位，使金融机构在政府部门的配合、监督下放手开展支农项目的审查、资金发放和回收等日常管理工作；政府部门应搞好项目初选，并与金融机构商定具体的支农项目、投资预算、财政扶持的额度与方式(补贴、担保或补偿)。

5. 财政支农与金融支农多层次整合。一是开发性财政支农资金应深度整合到支农金融机构之中，以有限的财政资金为先导，吸引盈利性的金融资金跟进，从而顺利开展支农、惠农的盈利性项目，同时，由财政资金充当金融信贷资金的利息甚至本金的补贴、担保或补偿资金，发挥财政资金的乘数效应，从而尽量放大财政资金的支农作用；二是非开发性财政支农资金应与支农金融机构进行浅层整合，由金融机构提供中间结算服务，如代发支农补贴、救济款、涉农部门人员工资及承担涉农部门的资金清算业务，这样既可保证涉农补贴、救济资金的及时、足额发放到位，又可通过开展结算业务加强对涉农部门支农资金使用的监控，为后续的审计活动提供可靠的原始资料。

6. 以支农项目为平台，实现财政支农与金融支农的整合。整合财政、金融支农资金须以具体的支农项目为平台。一是项目资金使用目标明确，便于核算成本收益，提高支农资金的使用效率；二是可发挥金融机构在管理具体贷款项目方面的优势。以支农项目为平台，引入市场竞争机制，通过招投标竞争出支农贷款的机构、规模、期限和利率的最佳组合，即政府应定期或不定期组织商业性金融参与支农贷款项目投标，报价最低、实力与信誉较强者中标，中标金融机构按定标的贷款规模、期限、利率和投向开展支农业务，由财政视具体情况给予差额贴息或以担保基金予以担保或由补偿基金给予补偿。

## 四、财政支农与金融支农整合的主要方式

1. 财政支农与农民金融培训的整合。由于中国广大农村的金融难题是供求双方扭曲的结果，且以农民的有效金融需求不足为主

要矛盾，所以，提升广大农民的金融意识和利用金融资源的能力刻不容缓，而金融培训是达此目的的必要途径。笔者认为，具体金融培训事宜应由金融机构进行，但若没有财政专项资金予以扶持，则金融机构很难有开展培训业务的积极性，尽管培训对其今后的展业具有重要现实意义。因此，金融支农的基础工程应是让农民长智，增强其现代金融意识和运用金融资源发展经济的能力，在此基础之上，金融支农或整合财政支农与金融支农才可能具有较理想的效果。在具体实施上，由金融机构负责具体培训，由财政投入培训专项资金予以扶持，并进行监督、检查、考核。

2. 财政支农与商业性金融支农的整合。财政支农与金融支农是增加农业投入的两翼，但二者的运作理念、原则、机制不同。须知，国有商业性银行撤离农村的主因是农村市场特质性决定了若在农村市场经营则不符合其商业性目标，即作为以批发业务为比较优势的国有商业银行，在信息不对称性严重、交易费用高、风险大的农村市场展业，其比较优势难以发挥，极易出现信贷风险增大、经营亏损的局面；若没有外力扶持，则其“脱农”必然势不可挡。而若将公益性的财政支农资金与趋利性的商业金融资金整合起来，以财政资金为补贴资金、担保资金或补偿资金，诱导逐利性的金融资本支农，则既可提高财政支农资金的使用效率，又可增强商业性金融机构的盈利能力从而不断消化存量金融风险，还可有效增加对“三农”的资金投入，最终达成政府财政、商业性金融、“三农”发展上的“三赢”局面。

3. 财政支农与农信社改革、政策性金融支农的整合。既然农信社改革的前途既不是合作制，也不是商业化，就应该是政策性，且政策性金融因其资金短缺而无力支农，加之财政支农的效率不高，那么，若将农信社改革目标调整为农村政策性金融，并辅以财政支农资金予以贴息、担保或补偿，则既可搞活农信社，又可增强政策金融的支农能力，还可提高财政支农效率，从而达到“一石三鸟”的改革绩效。

4. 财政支农与农村增量金融支农的整合。若将财政支农与农村金融增量整合起来，则可以较小成本扶持农村金融增量的发展。

应将一部分财政支农资金用于支持新型农村金融机构的发展，可考虑把一部分财政支农资金以奖励形式向新型农村金融机构注入，实现财政将其“扶上马、送一程”的目的，从而使更多的农村增量金融组织能顺利诞生并健康成长，以增强金融支农力量，同时也提高财政支农资金的利用效率。

## 五、财政支农与金融支农整合的配套政策

1. 对涉农金融机构实行税收优惠政策。税收优惠意味着财政收入的减少，也相当于财政支出的增加。对支农金融机构实施减免税优惠相当于给予其贷款风险补偿，具有很大的乘数效应，国家应明确县域内金融机构享受税收优惠政策要与其支农贷款挂钩，对其支农贷款业务实行长期免征营业税和所得税的优惠政策。

2. 实行差别存款准备金率政策①。为刺激各金融机构增加支农信贷投放，央行应将金融机构的存款准备金率与其发放支农贷款的情况挂钩，即金融机构发放支农贷款占其全部贷款的比例越高，则其适用的存款准备金率就越低，反之亦然。

3. 央行支农再贷款。央行应动用支农再贷款这个政策工具，对发放支农贷款积极性高、额度大的商业性金融机构发放低息或零息的支农再贷款，并对其实行动态连续考察和管理，若取得支农再贷款后其发放支农贷款的力度减弱，则央行在下一期间应削减甚至暂停向其发放支农再贷款；相反，若某金融机构的当期支农实绩突出，则央行在下一期应增加对其发放支农再贷款。

4. 公允市场利率的确定。央行应动态测算出不同时期农村金融市场的公允利率水准，并合理确定金融机构支农贷款的利率，二者的差额即是财政资金对涉农金融机构的利息补贴率，或以此差额确定担保或补偿的力度。

5. 深化邮政储蓄改革，合理定位新生的邮政储蓄银行。应把邮储银行的角色定位于农村批发性银行，把其资金批发给农村合作

---

① 差别存款准备金率政策可抑制资本充足率不足且资产质量不高的金融机构的贷款扩张。本专题尝试将该政策与发放支农贷款挂钩。

金融等农村其他金融机构，用以支农，以促进资金回流农村。这一方面利于邮政储蓄扬长避短（其长在资金较充足，其短在缺乏零售业务人才、网点等条件，若硬性推进零售贷款业务会加剧金融风险），另一方面可为农村其他金融机构支农营造较为宽松的环境。当前，邮储银行开展定期存单小额质押贷款试点值得商榷。

6. 调整农信社改革的目标定位。研究表明，现有农信社已经变异，基本丧失了合作制性质，向合作制回归已无可能或难度极大，其可能的前途不外乎商业化与政策化两条道路。若没有财政支农资金的支持，则农信社商业化改革前景暗淡；但若有财政支农资金的大力扶持，则部分经济较发达地区的农信社走商业化道路亦未尝不可行。在整合财政支农与金融支农的前提下，农信社（至少是经济发达地区的农信社）可适时向农村商业银行转变，并在财政支农资金的支持下不断增强其支农能力。

7. 农业银行支农功能的复归。因商业化改革而脱农的农业银行，应在整合财政、金融支农的背景下积极向农村市场复归，切实增大对农业产业化、农村基础设施和农村城镇化建设的信贷支持力度。其原因：一是农信社的资金实力相对较弱，不足以担当支农重任，“三农”发展需要农行积极参与支农；二是农业银行在农村拥有传统的金融品牌、熟悉业务及网点优势；三是由于农业银行在城市业务方面没有明显优势，故农业银行复归农贷业务是规避或分散其城市业务风险的合理选择。

8. 健全农业保险体系。农业生产的高风险特性决定了有必要建立有效的风险分担机制，而现有农业保险险种少、操作复杂、保费较高、理赔较难，加之农民的保险意识淡薄，农业保险的广度和深度都非常有限。农业保险体系不完善大大降低了金融机构支农积极性的发挥。可考虑将一部分财政支农资金用于重点扶持农村适应性保险组织的发育、建立与完善，通过保险功能的发挥来间接激发金融机构支农积极性，这属于整合财政支农与金融支农的间接模式。探索由财政注资建立政策性的农业保险公司，构建面向农业生产和农民生活的农业保险制度。一是建立农业保险基金。资金来源从建农基金、扶贫基金、救灾基金中安排。对种、养业保险的保费给予财政补贴，以解决农民承受力弱的问题。二是积极鼓励商业性保险公司经营农业险。对经营农业险的商业性保险公司，可考虑通过农业保险基金对其巨灾损失赔付给予补贴、补偿；同时免征营业税、所得税。三是培育农村保险合作组织并给予政策扶持。应积极引导农民和农村经济组织组建保险合作社，对管理严格、运作规范的，财政对其给予扶持。

9. 培育、发展农村担保机构。一是由政府牵头，由财政、农业发展银行注入资金，并吸收其他资金，组建一批支农担保机构；二是设法增加现有担保公司的资金来源，形成政府资金、法人资金和自然人资金的多元资本结构，提高其资金实力和担保能力；三是开展农民创业担保基金试点，培育农民的企业家精神，鼓励农民创业；四是财政对涉农担保公司予以贴息、补偿，对其担保损失给予适当贴补，以增强其抗风险能力；五是按“财政资金力争保本，农业发展银行资金保本、微利，其他资金获取合理收益”原则运作担保机构，实现在减轻农民担保费负担的前提下可持续运作。这既可降低金融支农信贷风险从而鼓励其支农，又可提高财政资金和政策性金融资金的支农效率，还可吸引足够的民间资本进入支农领域。

本专题发表于《中州学刊》2008年第1期第78—82页。

# 参考文献

[1] 毕瑞祥．财政支农资金监管研究——基于信息技术视角．财政监督，2012（3）.

[2] 财政部办公厅．财政支出结构优化与支出效率．北京：经济科学出版社，2001.

[3] 财政部农业司课题组．农业财政资金整合问题研究．内部资料，2003.

[4] 财政部农业司农业处．实行项目预算管理 加强财政资金监管 提高支农专项资金使用效益——兼析“跨越计划”实行项目预算办法．中国农业会计，2000（10）.

[5] 蔡立雄，何炼成．诱致性制度变迁与农村发展．经济评论，2007（6）.

[6] 蔡树华，等．农民增收 企业增效 财政增税——京山县农业财政资金整合试点的调查．财政与发展，2007（6）.

[7] 蔡思隆．“各炒一盘菜，共做一桌席”——关于整合财政支农资金试点情况的调查报告（上）．人民日报，2007-6-17.

[8] 曹国庆．创新农业生产经营制度 释放农村改革红利．江西日报．理论版．2013-6-10.

[9] 陈池波，胡振虎、傅爱民．新农村建设中公共产品供给问题研究．中南财经政法大学学报，2006（4）.

[10] 陈池波，胡振虎．整合财政支农资金的模式构建．中南财经政法大学学报，2007（6）.

[11] 陈池波，彭克强．农村合作金融存量改革与增量发展：一个增量渐进发展的分析框架．农业经济问题，2007（10）.

[12] 陈少晖．新农村建设与财政支农机制创新．福建师范大学学

报．社会科学版，2007（1）．
[13] 陈锡文．中国农村公共财政制度：理论、政策、实证研究．北京：中国发展出版社，2005.
[14] 陈智辉，等．浅谈整合省际财政支农资金支持农村社会经济发展．江西农业学报，2012（12）．
[15] 程俊杰，吕小军，郑江淮．财政支农资金整合的动因：以江苏省为例．财政研究，2010（6）．
[16] 崔东红，高丽峰．非对称信息的委托——代理模型浅析．沈阳工业大学学报，2001（2）．
[17] 单哲．健全完善财政支农资金运行机制的思考．中国财政，2010（10）．
[18] 邓启明，胡剑锋，黄祖辉．财政支农机制创新与现代农业转型升级．福建论坛：人文社会科学版，2011（7）．
[19] 丁勇．基于二次相对效益模型的上市公司绩效评价研究．中南大学硕士学位论文，2009.
[20] 段迎春．优化财政支农机制，促进农业发展．中国农业大学学报．社会科学版，2004（3）．
[21] 冯林．农村基础设施财政支出方式研究．山东农业大学博士学位论文，2010.
[22] 郭玉清．中国财政农业投入最优规模的估算．河北经贸大学学报，2006（2）．
[23] 韩林．我国财政农业支出结构优化研究．求索，2009（7）．
[24] 何振国．中国财政支农支出的最优规模及其实现．中国农村经济，2006（8）．
[25] 侯石安．财政支农专项资金使用效益评价的方法与指标体系的设计．湖北财税，2001（5）．
[26] 胡振虎．财政支农资金整合论．北京：经济科学出版社，2010.
[27] 胡振虎．财政支农资金整合问题研究．中南财经政法大学博士学位论文，2010.
[28] 胡振虎．基于Q方法的财政支农资金整合研究．广西财经学

院学报，2010（3）.
[29] 胡振虎．要“喷头”还是“漏斗”？——基于Q方法的财政支农资金整合研究．2008年全国中青年农业经济学者年会会议论文.
[30] 湖北省政府咨询办．2011—2012年湖北发展研究奖获奖成果汇编（湖北省强农惠农资金整合问题研究）．武汉：湖北人民出版社，2012.
[31] 黄小舟，王红玲．从农民增收的角度看我国财政支农资金绩效．中央财经大学学报，2005（1）.
[32] 姜长云．县乡财政困难及其对财政支农能力的影响．经济研究参考，2004（74）.
[33] 姜松．中国财政金融支农协同效率及其演化规律．软科学，2013（2）.
[34] 金人庆．扩大公共财政覆盖农村范围，建立支农资金稳定增长机制．宏观经济研究，2006（8）.
[35] 李含光．泰安市农村基础设施投资研究．山东农业大学硕士学位论文，2009.
[36] 李焕彰，钱忠好．财政支农政策与中国农业增长：因果与结构分析．中国农村经济，2004（8）.
[37] 李萍．促进广西财政涉农资金整合优化的研究．经济研究参考，2012（59）.
[38] 李若云．整合财政支农资金　确保提高使用效益．农村财政与财务，2008（4）.
[39] 李鑫、张爽．整合财政支农资金的几点建议．财政监督，2007（3）.
[40] 刘滨，康小兰，潘晓华．科技入户工程的绩效评价与政策建议——基于江西省3个试点县的实证．江西农业大学学报．社会科学版，2007（3）.
[41] 刘涵．财政支农支出对农业经济增长影响的实证分析．农业经济问题，2008（10）.
[42] 刘黎明，等．财政体制的理论与模型方法研究．北京：首都

经济贸易大学出版社，2007.
[43] 陆文聪，朱志良．上海财政支农结构及政策优化评析．技术经济，2008（11）.
[44] 毛程连．财政学整合论．上海：复旦大学出版社，1999.
[45] 聂勇，陈池波．财政支农资金管理体制变迁研究述评．武汉科技大学学报．社会科学版，2008（6）.
[46] 彭克强，陈池波．财政支农与金融支农整合论．中州学刊，2008（1）.
[47] 彭克强，陈池波．改革以来中国财政支农能力的实证研究．经济社会体制比较，2008（1）.
[48] 彭克强，陈池波．基于财政支农资金整合的理性反思与展望．新疆财经大学学报，2008（1）.
[49] 彭克强，胡星城．财政支农与金融支农整合：基于新制度经济学的分析框架．社会科学辑刊，2008（3）.
[50] 彭克强．财政与金融支农整合的理论架构与方略．社会科学，2008（12）.
[51] 彭克强．改革以来中国财政支农效率的实证分析．南京财经大学学报，2008（4）.
[52] 彭克强．基于财政支农资金整备的理性反思．调研世界，2008（2）.
[53] 彭克强．中国农村合作金融增量渐进发展论．中南财经政法大学博士论文，2008.
[54] 钱克明．中国“绿箱”措施的效果及投资优先序．经济研究参考，2003（31）.
[55] 上海财经大学课题组．公共支出评价．北京：经济科学出版社，2006.
[56] 尚晓贺．财政支农与城乡收入差距——基于2000—2009年省际面板数据的实证分析．山东大学硕士学位论文，2012.
[57] 邵晓琰．整合财政支农资金　提高其使用效益．山东工商学院学报，2009（1）.
[58] 沈淑霞，秦富．财政农业投入性支持的规模效率分析．农业

技术经济，2004（4）.
[59] 王奎泉，刘鹏．县级财政支农资金整合实现路径研究——基于浙江省的调研．财经论丛，2013（1）.
[60] 王秋石，张敬来．支持中国财政分权的一个模型分析．经济理论与管理，2005（12）.
[61] 王胜．分税制以来中国地方财政支农绩效评价：基于分级支出视角．中国管理科学，2010（1）.
[62] 王胜．区域财政支农资金配置：问题、根源与机制设计．探索，2011（1）.
[63] 王月辉．日本国际知名企业品牌策略的借鉴意义．商业时代，2006（10）.
[64] 王中飞．加强县乡财政支农资金使用管理的几点思考．农业经济，2013（4）.
[65] 魏朗．财政支农支出对西部农业经济增长的贡献．财经科学，2006（4）.
[66] 吴晓灵．合理运用财政杠杆和金融杠杆促进农业经济发展．理论前沿，2006（4）.
[67] 吴洋，陈杰，邓远建．西部地区农村公共品供给优先序研究——来自四川两县的实证分析．广西财经学院学报，2008（4）.
[68] 肖碧云，徐学荣．关于财政金融支农资金的文献综述．科技和产业，2010（9）.
[69] 行讯．2008—2015 年全国 16 个优势农产品区域布局．农产品加工．创新版，2010（12）.
[70] 徐怡红，李婧坤，李岩．黑龙江省财政支农资金整合效果的调查与评价．东北农业大学学报．社会科学版，2012（2）.
[71] 许晓东，谢欣，谢元态．加强财政支农支出监管，提高财政支农支出效益．江西农业大学学报，2004（1）.
[72] 闫锡杰，李贺东，卢丙文．整合财政支农资金，推进社会主义新农村建设．农村财政与财务，2006（7）.
[73] 杨华，丁胜利．关于湖北省乡村债务问题的调研报告．湖北

经济学院学报，2005（3）.
[74] 张宏翔．基于我国农业财政支出的效益再评估．财政研究，2012（11）.
[75] 张杰．解读中国农贷制度．金融研究，2004（2）.
[76] 张维萍，张晓明．财政支农资金亟待深度整合．农业经济，2006（6）.
[77] 张维迎．博弈论与信息经济学．上海：上海三联书店，上海人民出版社，2004.
[78] 张学良，周明军．整合支农资金　促进社会主义新农村建设．财政与发展，2006（4）.
[79] 张亦工，胡振虎．农村基础设施建设与农民增收研究——一个农业财政资金整合的视角．山东大学学报．社会科学版，2008（2）.
[80] 张志鹏，张悦玲，张丽明．财政支农资金监管中存在的问题及对策研究．经济与管理，2003（7）.
[81] 朱建文．城乡统筹发展视角下有效供给的财税政策研究——以安徽省为例．南京农业大学学报．社会科学版，2010（1）.
[82] 朱敏，黄洪琳．浙江农村公共产品供给状况的分析．浙江农业科学，2009（1）.
[83] 程国强．农业贸易政策论．北京：中国经济出版社，1996.
[84] 程国强．中国农业补贴：制度设计与政策选择．北京：中国发展出版社，2011.
[85] 费景汉，古斯塔夫·拉尼斯．劳力剩余经济的发展．北京：华夏出版社，1989.
[86] 基姆·安德森，速水佑次郎．农业保护的政治经济学．天津：天津人民出版社，1996.
[87] 石柱鲜，张晓芳，黄红梅．间接税对我国行业产出和居民收入的影响——基于 CGE 模型的分析．吉林大学社会科学学报，2011（2）.
[88] 速水佑次郎，神门善久．农业经济论．新版．北京：中国农业出版社，2001.

[89] 张冬平，刘旗，陈俊国．农业补贴政策效应及作用机理研究．北京：中国农业出版社，2011.

[90] 张欣．可计算一般均衡模型的基本原理与编程．上海：上海人民出版社，2010.

[91] 钟春平．中国农业税与农业补贴政策及其效应研究．北京：中国社会科学出版社，2011.

[92] 钟甫宁，顾和军，纪月清．农民角色分化与农业补贴政策的收入分配效应．管理世界，2008（5）．

[93] 穆月英．中国农业补贴政策的理论及实证分析．北京：中国农业出版社，2008.

[94] 陈慧萍，等．苹果套袋补贴实施效果评价．中国农业大学学报. 社会科学版，2010（1）．

[95] 王玉霞，葛继红．我国粮食补贴政策低效率的经济学分析．贵州社会科学，2009（3）．

[96] 张红玉．我国粮食补贴政策研究．上海：立信会计出版社，2010.

[97] Domar Evsey D. Essays in the Theory of Economic Growth. Oxford University Press, 1957.

[98] James Mcgill Buchanan. Fiscal Theory and Political Economy: Selected Essays. University of North Carolina Press, 1960.

[99] Jan Tinbergen. Economic Policy: Principles and Design. North Holland Publishing Company, 1956.

[100] Iu. Semenov. The Theory of "the Stages of Economic Growth" (An Essay on W. W. Rostow's Sociological Critique). Problems of Economic Transition, 1964 (2).

[101] Richard Abel Musgrave, Peggy B. Musgrave. Public Finance in Theory and Practice. McGraw-Hill, 1976.